FACULTÉ DE DROIT DE PARIS

DROIT ROMAIN

DE LA

LOCATION DES BIENS RURAUX

A PRIX D'ARGENT ET A PORTION DE FRUITS

DROIT FRANÇAIS

DU

BAIL A COLONAT PARTIAIRE

DROIT ET RÉSULTATS ÉCONOMIQUES

THÈSE POUR LE DOCTORAT

PAR

Louis DELAPLANCHE

Juge suppléant à Vendôme

PARIS

LIBRAIRIE NOUVELLE DE DROIT ET DE JURISPRUDENCE

ARTHUR ROUSSEAU, ÉDITEUR

14, RUE SOUFFLOT, ET RUE TOULLIER, 13

1889

THÈSE

POUR LE DOCTORAT

Châteauroux. — Typographie et Stéréotypie A MAJESTÉ.

FACULTÉ DE DROIT DE PARIS

DROIT ROMAIN

DE LA

LOCATION DES BIENS RURAUX

A PRIX D'ARGENT ET A PORTION DE FRUITS

DROIT FRANÇAIS

DU

BAIL A COLONAT PARTIAIRE

DROIT ET RÉSULTATS ÉCONOMIQUES

THÈSE POUR LE DOCTORAT

L'ACTE PUBLIC SUR LES MATIÈRES CI-APRÈS
Sera soutenu le jeudi 27 juin 1889, à 1 heure

PAR

Louis DELAPLANCHE

Juge suppléant à Vendôme

PRÉSIDENT : M. LABBÉ

SUFFRAGANTS : { MM. DEMANTE / LAINÉ / LE POITTEVIN } *Professeurs.* / *Agrégé.*

PARIS

LIBRAIRIE NOUVELLE DE DROIT ET DE JURISPRUDENCE

ARTHUR ROUSSEAU, ÉDITEUR

14, RUE SOUFFLOT, ET RUE TOULLIER, 13

1889

A MON PÈRE

A MA MÈRE

DROIT ROMAIN

DE LA

LOCATION DES BIENS RURAUX

A PRIX D'ARGENT ET A PORTION DE FRUIT

GÉNÉRALITÉS

La location des biens ruraux est le contrat par lequel une personne, *locator*, s'engage à procurer la jouissance temporaire d'un fonds frugifère à une autre personne, *conductor*, qui, en échange, s'oblige à payer une certaine redevance.

Les textes désignent souvent le locateur — bailleur dans le langage moderne, — sous le nom de *dominus*, parce qu'habituellement il est propriétaire du fonds qu'il donne en location. Le *conductor* — preneur, fermier dans notre droit, — est fréquemment appelé *colonus*. Ce nom, dans son sens étymologique, lui convient très bien, puisqu'il cultive la terre ; mais il est si large, qu'il ne donne pas une idée bien précise de la situation de l'individu auquel on l'applique.

La location des biens ruraux n'a pas tenu, à Rome, une aussi grande place que dans nos sociétés modernes, où tout individu qui ne cultive pas son bien lui-même, est obligé de recourir à ce contrat, ou à l'emploi d'étrangers salariés.

Pendant les premiers siècles de Rome, la famille de chaque propriétaire suffit à assurer la culture du petit héritage qui est son unique patrimoine. L'agriculture est en honneur : c'est la période de culture par les propriétaires.

Les plus riches remettent à leurs clients quelques parcelles de terre, non à titre de location, mais à titre de précaire : *(senatores) patres dicti sunt, quia agrorum partes adtribuerant tenuioribus perinde ac liberis propriis (Festus, v° Patres, édit. Muller, p. 246).* Avec la constitution des grandes fortunes terriennes, apparaissent les masses d'esclaves : les vaincus fournissent Rome, à la fois de terres et de cultivateurs. C'est la période de culture par les groupes d'esclaves.

Cependant, on trouve des traces assez anciennes de la location. Dès l'an 271 de Rome, Denys d'Halicarmasse mentionne des cultivateurs détenant le fonds d'autrui, en vertu d'un contrat et rapporte un discours d'Appius Claudius, où l'orateur parle de location:

Caton donne des conseils intéressants au propriétaire qui confie la culture de ses terres à un colon partiaire, dans un texte sur lequel nous aurons à revenir.

Si l'on en croit Cincius, qui vivait dans les derniers temps de la République, le neuvième mois de l'année aurait pris le nom de Mercedonius, parce que c'était celui où les fermiers payaient la *merces* à leur propriétaire[1].

Cicéron mentionne le louage des terres dans sa troisième harangue contre Verrès (III, 21). Et Varron signale au propriétaire une clause qu'il est d'usage d'insérer dans la loi de la location : *ob hoc in lege locationis fundi, excipi solet ne colonus capram in fundo pascat*[2].

Columelle[3] constate que le personnel d'une exploitation comprend des fermiers et des esclaves : il recommande au propriétaire d'user de modération envers ses fermiers et témoigne de l'importance qu'ils ont dans la culture : que le propriétaire se montre plus exigeant pour les soins de la culture que pour le paiement exact des *pensiones*, fermages. Dans le même passage, Columelle nous fait sentir les causes qui donnent toute la supériorité au travail libre, intéressé à la culture, sur le travail servile : *In*

---

1. Voy. Fustel de Coulanges, *Recherches sur quelques problèmes d'histoire*, p. 11.
2. *De re rustica*, liv. I, 2, et 17; liv. II, 3.
3. *De re rustica*, I, 7.

longinquis tamen fundis, in quos non est facilis excur-
sus patrisfamilias, quum omne genus agri tolerabilius
sit sub liberis colonis, quam sub villicis servis ha-
bere.

Le propriétaire qui veut tirer quelque profit du travail de ses esclaves est astreint à une surveillance personnelle incessante ; le grand propriétaire, qui possède plusieurs domaines éloignés les uns des autres,
situés parfois dans des provinces différentes, ne peut
exercer aucun contrôle efficace [1]. De plus, dès le
temps de Columelle, le nombre des esclaves tend à
décroître ; livrée à elle-même, la population servile
diminue rapidement. Pendant longtemps, les armées
romaines se chargèrent de fournir les marchés d'esclaves et de combler les vides que ne parvenaient pas
à réparer des naissances insuffisantes et qu'augmen-
taient de nombreux affranchissements. Après la République, cette source de recrutement de la population servile va toujours s'affaiblissant.

A ces deux causes, qui poussèrent les propriétaires
à louer leurs terres, il convient peut-être d'ajouter des
décisions de l'autorité souveraine, qui leur auraient

---

1. Il n'était pas rare qu'un propriétaire eût des domaines dans plusieurs provinces de l'empire ; Ammien Marcellin nous parle de *patri-
monia sparsa per orbem*. — Voyez Fustel de Coulanges, *Le domaine
rural chez les Romains*, *Revue des Deux-Mondes* du 15 septembre
1886.

enjoint d'occuper, sur leurs domaines, un certain nombre d'hommes libres[1].

Les jurisconsultes du *Digeste* nous fournissent des renseignements plus précis sur la location des terres et établissent, à n'en pas douter, qu'à l'époque classique, ce contrat jouait un grand rôle dans l'agriculture romaine. L'État, les cités et les particuliers l'employaient également : nous ne nous occupons que des baux de ces derniers. Ils se divisent en deux grandes catégories, ceux où le *conductor* paie une somme d'argent, *colonus qui ad pecuniam numeratam conduxit* (L. 25, § 6, D. *loc. cond.*) et ceux où le *conductor* (*partiarius colonus, ibid.*) remet au propriétaire une part des fruits produits par le fonds. Dans une troisième variété de location, la *merces* consiste en une quantité déterminée de fruits : *olei certa ponderatione* (L. 21, Cod. *loc. cond.*)

1. Voy. Suétone, *Vie de Jules César*, § 42. — Giraud, *Essai sur l'histoire du droit au moyen âge*, tome I, p. 160.

CHAPITRE PREMIER

Presque tous les textes qui, dans le recueil de Justinien, s'occupent de la location des biens ruraux,
parlent de la location à prix d'argent.

Parmi les fermiers, les uns disposant d'un certain
capital ne cultivent pas eux-mêmes : ils ont sous leurs
ordres d'autres fermiers ou des groupes d'esclaves.
Faisant du louage des terres un objet de spéculation,
ils cherchent à s'enrichir aux dépens de la propriété.
Le propriétaire, soigneux de ses intérêts, doit s'en
préserver comme d'une combinaison détestable, condamnée par les agronomes : *Pejorem tamen*, nous dit
Columelle, *urbanum colonum, qui per familiam ma-
vult agrum quam per se colere. Saserna dicebat ab
ejus modi homine fere pro mercede litem reddi*[1].

Cette catégorie de fermiers était peu nombreuse,
mais elle a subsisté jusqu'à la fin de l'empire romain,

---

1. *De re rustica*, I, 7.

et quand le nom de *colonus* fut réservé au cultivateur attaché à la terre qu'il cultive, ces fermiers sont exclusivement appelés *conductores*. (L. 2, Cod. Théod. II, 30.)

A l'époque classique, la plupart des fermiers cultivent eux-mêmes; ce sont de petites gens qui, sans capitaux, ne peuvent poursuivre une spéculation; ils louent quelques parcelles de terre, cherchant à utiliser leur travail et à assurer leur propre subsistance et celle de leur famille[1].

Sur la petite terre qu'Horace a reçue de Mécène, il y a cinq fermiers qui n'en cultivent qu'une partie: chacun d'eux occupe quelques arpents. Columelle recommande au propriétaire de choisir un campagnard qui fasse à peu près toute la besogne lui-même.

La situation pécuniaire de ces petits fermiers n'est pas toujours très florissante[2]. A une des époques les plus prospères de l'empire romain, les fermiers de Pline sont grevés d'arriérés; malgré les continuelles remises qu'il est obligé de leur faire, ils désespèrent

---

1. Voyez Fustel de Coulanges, *Le domaine rural chez les Romains*, *Revue des Deux-Mondes* du 15 septembre 1886, p. 346.

2. Voy. Giraud, *Essai sur l'histoire du droit au moyen âge*, p. 155 et suivantes.

« Au temps d'Auguste, la classe agricole se composait donc : 1º d'un très petit nombre de pauvres propriétaires qui cultivaient eux-mêmes leur champ avec leur famille; 2º de colons partiaires ou à rentes fixes, dont la condition était fort misérable et la liberté très gênée... Les maîtres se plaignent de l'accumulation des arrérages. »

de se libérer jamais [1]. A plusieurs reprises, cet écri-
vain revient sur la pauvreté des fermiers; cette situation n'est pas spéciale aux siens, elle paraît fréquente.
Dans la lettre 19 du livre III, Pline apprend à un de
ses amis qu'il a des vues sur une propriété attenante à
celle qu'il possède dans la Gaule cisalpine. Le prix
ne le ferait pas reculer et la situation du domaine lui
convient fort; en l'achetant, il arrondirait le sien, *sol-
licitat primum ipsa pulchritudo jungendi*. S'il hésite,
c'est que le domaine est entre les mains de petits fermiers qui ne paient pas. Le propriétaire actuel a dû
faire vendre déjà les instruments aratoires qui lui
servaient de gage, et, s'il a diminué ainsi leurs dettes,
pour un temps, il a épuisé leurs ressources et leur a
enlevé les moyens de se relever.

Les jurisconsultes du *Digeste* parlent aussi des arriérés des fermiers. On voit que ces arriérés sont
légués parfois avec le domaine [2] (L. 20, § 3. D.,
XXXIII, 7).

---

1. Pline, *Lettres*, IX, 37.
2. Nous avons assez de textes, relatifs aux arriérés des fermiers,
pour admettre que ceux-ci étaient souvent dans une situation critique. Il serait peut-être téméraire de généraliser et de dire que tous
les fermiers de l'Empire étaient obérés. Pour montrer que les fermiers
sont, à cette époque, singulièrement gênés et besoigneux, M. Fustel
de Coulanges (*oper. cit.*, p. 13) signale les remises qu'il faut leur accorder, pour peu que l'année soit mauvaise, et il cite, à l'appui de
cette assertion, un fragment très connu d'Ulpien (XIX, 2, D., l. 15).
On ne peut rien inférer de ce texte, croyons-nous, quant à la position
pécuniaire des fermiers, il ne s'occupe pas de remises volontairement

M. Fustel de Coulanges pense que les fermiers
obérés perdaient une partie de leur liberté ; qu'ils ne
pouvaient plus quitter la terre où ils avaient contracté leurs dettes, tant qu'ils ne s'étaient pas libé-
rés, sans l'assentiment du propriétaire qui loin de
les expulser s'efforçait de les retenir, parce que leur
travail était le seul gage de leurs dettes [1].

L'éminent historien appuie cette solution sur un
texte unique qui est de Scœvola (L. 20, § 3. D. XXXIII,
7) et qu'il traduit ainsi : Le jurisconsulte Cervidius
Scœvola a été consulté sur le point suivant : un testateur a légué des terres avec l'arriéré des fermiers ;
faut-il comprendre par ces mots, l'arriéré de ceux-là
mêmes qui, leur bail étant expiré et ayant trouvé
caution pour leur arriéré, ont quitté la ferme ? Scœvola a répondu : non ; l'arriéré de ces fermiers-là
n'est pas compris dans la disposition du testateur.

Il y a donc des fermiers arriérés qui partent et des
fermiers arriérés qui restent. Or ceux qui partent, ce
sont ceux qui ont trouvé caution, c'est-à-dire ceux
qui ont trouvé un homme assez riche et assez con-
fiant, à la fois, pour répondre de leur dette. Ceux qui

consenties par le propriétaire à un fermier obéré ; il règle une question de droit. Il a trait à la destruction des récoltes par cas fortuit.
Ulpien pose une règle, que notre Code a, en partie, adoptée dans les
articles 1769 à 1771 : cette règle de droit peut être invoquée par le
fermier riche, comme par le fermier pauvre.

1. *Recherches sur quelques problèmes d'histoire*, p. 17 à 22.

n'ont pas trouvé de répondant ne sont pas partis, ils
restent bon gré mal gré. « Ils ne sont pas encore liés
au sol par la loi, mais ils le sont par leur dette et la
terre les retient non pas encore à titre de colon,
mais à titre de débiteur. » Ce débiteur restera là
toute sa vie et ses fils y resteront après lui, héritiers
de sa dette comme de sa condition.

Je ne crois pas que l'expression « *interposita cau-
tione* » employée par Scœvola, désigne une caution,
un cautionnement, au sens moderne du mot, c'est-à-
dire l'intervention d'un tiers, qui garantit la dette du
fermier. Voici plutôt ce qui s'était passé. Les parties
avant de se séparer tenant à déterminer, à liquider la
créance qui résultait du contrat pour le *locator*, l'ont
« coulée dans le moule de la stipulation [1] ». Le fermier était tenu *ex locato*, il le sera *ex stipulatu*. Dès
lors, aucune contestation n'est possible sur le *quantum* de son obligation qui est exactement déterminée
par les paroles prononcées et quand, à l'échéance, le
locator réclamera ce qui lui est dû, il lui suffira de
prouver que la stipulation s'est régulièrement formée.

La créance de bonne foi née du louage s'est
éteinte, pour faire place à une créance de droit strict,
née de la stipulation ; il y a eu novation, c'est ce qui
engendre la difficulté soumise à Scœvola.

---

1. V. *le dernier livre de M. Fustel de Coulanges*, par M. Paul Four-
nier. *Revue des questions historiques* du 1ᵉʳ juillet 1886, p. 187.

Au reste, à supposer même que la traduction de M. Fustel de Coulanges soit la bonne et qu'il s'agisse bien, dans le passage qui nous occupe, d'un véritable cautionnement, il ne s'ensuit nullement que les fermiers qui ne sont pas partis, soient restés malgré eux sur le domaine, qu'ils y aient été contraints par leur dette.

Le jurisconsulte ne dit rien qui autorise cette hypothèse : la question qui lui est posée porte uniquement sur l'interprétation de la volonté du testateur ; il la résout, sans rien dire de la position des fermiers.

Cependant, une affirmation bien formelle et bien nette serait nécessaire pour établir, contrairement à une solution qui découle du droit tout entier, que, au temps de Scœvola, le fermier obéré perdait une part de sa liberté.

Il est vrai que, dans l'ancien droit, le créancier pouvait poursuivre sur la personne même de son débiteur le recouvrement de sa créance. Mais personne n'a encore soutenu que, sous l'Empire, après les deux lois *juliæ judiciariæ*, qui eurent pour objet d'abroger à peu près tout ce que la loi *Œbutia* avait laissé subsister des *legis actiones*, le créancier ait rien gardé du droit qu'il avait eu autrefois, de tuer ou de réduire en esclavage son débiteur insolvable. M. Fustel de Coulanges ne dit rien qui laisse supposer que, selon lui, quelque chose de ces voies d'exécution subsistait à l'époque des jurisconsultes[1].

Par la *bonorum cessio*, le débiteur échappe à l'emprisonnement (L. 1, C. VII, 71). Une question controversée est celle de savoir si le débiteur de mauvaise foi était admis à la *bonorum cessio ;* lors même que l'on pense qu'il ne l'était pas, cette restriction n'aurait, en fait, atteint les fermiers obérés que dans une mesure très restreinte. Le fermier obéré n'est pas un débiteur de mauvaise foi. La cause habituelle de sa ruine est l'insuccès des récoltes.

Cependant la prison privée existait sous l'Empire, la loi 224, au titre *de verborum significatione*, distingue les *vincula* en *privata* et en *publica* ; Ulpien fait la même distinction (L. 23, pr. D. IV, 6). Elle était encore pratiquée au temps de l'empereur Zénon qui la remplaça par la prison publique (L. 1, C. IX, 5). Justinien édicta des mesures sévères, tant contre le créancier qui emprisonnerait son débiteur, que contre le magistrat qui tolérerait que sa constitution fût violée (L. 2, Cod. *ibid.*)

Ces constitutions ne nous disent pas quelle catégorie de débiteurs étaient ainsi emprisonnés.

A en juger d'après la rareté des textes juridiques relatifs à cette voie de contrainte, elle était peu usitée, ce qui s'explique par l'effet de la *bonorum cessio* et

1. V. Mispoulet, *Bulletin critique*, 15 août 1886, p. 310.

ainsi par cette considération qu'une fois les biens du débiteur vendus, l'emprisonnement se résout en une rigueur inutile[1] et coûteuse pour le créancier qui est obligé de nourrir son prisonnier.

La prison ne se conçoit plus qu'avec la faculté pour le créancier, de tirer profit du travail de son débiteur ; appliqué à la culture, ce travail forcé n'eut guère été fructueux ; on a vu que, de bonne heure, les agriculteurs romains préférèrent le travail des hommes libres à celui des esclaves. (Columelle, *De re rustica* 1, 7). Des hommes libres enchaînés, astreints à un travail dont ils n'auraient pas bénéficié, auraient donné encore de moins bons résultats que des esclaves. En tous cas, on n'aurait pas pu leur confier l'exploitation d'un domaine ; ils n'auraient pu être occupés que comme des mercenaires, sous la surveillance d'un représentant du maître.

On ne peut voir, dans les fermiers *obærati, des nexi,* c'est-à-dire des hommes libres qui, débiteurs d'une somme d'argent, se sont engagés à travailler comme des esclaves pour le compte de leur créancier, jusqu'au complet acquittement de leur dette. Que le *nexus* engageât simplement ses services et ceux des personnes soumises à sa puissance, ou qu'au contraire, il mancipât à la fois sa propre personne et les personnes libres, placées en sa puissance, de telle sorte

1. V. Açcarias, n° 780.

qu'étant *in mancipio*, une *manumissio* fût nécessaire, pour les rendre *sui juris*, il est certain que ce procédé, qui portait atteinte à la liberté, fut interdit par une loi Pétilia du Ve siècle de Rome.

Quant aux enfants du fermier obéré, non seulement ils ont la faculté de quitter le domaine dont leur père est fermier, mais ils peuvent aussi échapper aux obligations contractées par lui. De bonne heure, le préteur protégea l'héritier sien et nécessaire, contre les rigoureuses conséquences d'une hérédité insolvable, en lui accordant le *jus abstinendi*.

Nous voyons par une *novelle* de Justinien (*Nov*. 134, chap. VII), que le créancier osait parfois retenir le fils de son débiteur *aut in servile ministerium, aut in conductionem*. L'empereur intervient pour réprimer cet abus et décide que celui qui s'en rendra coupable, non seulement sera déchu de sa créance, mais encore devra remettre à celui qu'il a ainsi indûment retenu, une somme égale au montant de sa créance, et de plus sera passible de peines corporelles.

Il semble que les propriétaires romains aient souvent tenté de garder malgré eux leurs fermiers et les fils de ceux-ci, mais le législateur le leur interdit : *invitos conductores seu heredes eorum, post tempora locationis impleta, non esse retinendos, sæpe rescriptum est* (L. 11, *Cod. loc. cond.*).

En fait, les fermiers grevés d'arriérés ne songent

pas à quitter le domaine où ils ont contracté leurs dettes, sans l'assentiment de leur propriétaire, car s'ils sont libres de partir, ils ne peuvent emporter ni leur mobilier, ni leurs instruments aratoires, qui sont le gage du *locator*, qui a là un moyen souvent efficace de les retenir. Dénués de toute ressource ils ne pourraient trouver aucune autre culture ; leur misère les maintient sur la terre qu'ils sont libres d'abandonner. Pour le même motif les enfants y restent comme leurs pères.

Mais quelque prolongé que soit le séjour d'une famille sur le même domaine, sa situation juridique ne change pas ; c'est toujours en vertu d'un contrat librement consenti, qu'elle le cultive : ce consentement sera souvent tacite, il n'en produit pas moins tous les effets juridiques de la *locatio-conductio*. Il résulte du seul fait qu'à l'expiration de chaque période, le cultivateur est resté et n'a pas été expulsé ; c'est ce qu'on appelle tacite reconduction. Grâce à la tacite reconduction, la même situation peut se prolonger indéfiniment, pendant plusieurs siècles.

Le cultivateur peut en venir à se considérer comme attaché à la terre où lui et ses ancêtres sont nés, il n'en conserve pas moins le droit de la quitter, à l'expiration de chaque année, comme on a celui de l'en chasser, et ses rapports avec le *locator*, continuent toujours à être régis par les règles de la *locatio-conductio*.

Cette permanence des familles de fermiers sur le
même sol a facilité leur transformation en colons,
mais je ne crois pas qu'elle ait suffi à créer le lien qui,
au Bas-Empire, attache le colon à la terre qu'il cultive et qui fait qu'il ne peut l'abandonner pas plus
qu'on ne peut l'en séparer ; ce qu'on a exprimé très
justement en disant : la terre le tient, et il tient la
terre.

A partir du quatrième siècle, les fermiers détenant
la terre en vertu d'un contrat disparaissent presque
complètement ; ils sont remplacés par les colons.

CHAPITRE II

COLONAT PARTIAIRE

A côté des fermiers à prix d'argent, nous trouvons les colons partiaires, hommes libres, à qui le propriétaire livre un fonds rural, à charge de le cultiver et d'en partager les fruits avec lui, dans la proportion convenue.

De tous les systèmes d'amodiation, le colonat partiaire est celui qui s'accommode le mieux d'un état de civilisation encore peu avancée. Rationnellement, il a dû précéder la location à prix d'argent, qui ne devient possible que le jour où l'usage de l'argent monnayé se généralisant et le prix des denrées suivant des cours réguliers, il est permis d'évaluer, avec quelque exactitude, pour un laps de temps déterminé, la valeur des produits de la terre. Jusque-là, le propriétaire qui s'adresse à un cultivateur étranger, pour tirer parti de ses terres, est obligé de se contenter d'une redevance en nature.

À Rome, la location des terres n'ayant été usitée qu'assez tard par les particuliers, par suite de l'organisation sociale que l'on a signalée, le bail à prix d'argent put être employé, dès l'abord, et nous n'avons aucun texte qui nous autorise à dire qu'il ne fit son apparition qu'après le colonat partiaire.

Le premier, Caton mentionne cette dernière combinaison culturale d'une façon certaine dans son *De re rustica : Vineam curandam partiario bene curet; fundum, arbustum, agrum frumentarium. Partiario fœnum et pabulum, quod bubus satis siet, qui illic sient. Cætera omnia pro indiviso* [1]. Caton trace les règles d'une bonne administration agricole; il ne nous dit pas quelle place le colonat partiaire tenait de son temps, dans l'agriculture romaine. Varron ne dit rien du colonat partiaire, et presque rien du bail à prix d'argent; il écrit surtout en vue de la campagne romaine où la location des terres ne joua jamais un rôle bien considérable, et, de plus, comme tous les agronomes romains, il se propose d'indiquer les procédés de bonne culture et non les systèmes d'amodiation usités.

Les mêmes observations s'appliquent à Columelle qui cependant fait la part plus large aux « coloni [2] », terme générique qui, à cette époque, désigne toute

1. *De re rustica*, cap. 137.
2. V. notam., *De re rustica*, liv. I, cap. iii et vii.

personne libre, détenant la terre d'autrui, en vertu d'une location.

Pour trouver une seconde mention expresse de la location à portion de fruits, il nous faut arriver jusqu'à Pline qui, dans une de ses lettres, extrêmement intéressante pour l'histoire de notre contrat, nous fait saisir, sur le vif, les motifs qui poussaient les propriétaires romains à passer du bail à prix d'argent, au bail à portion de fruits [1].

Les fermiers d'un de ses domaines, malgré les fortes remises qu'il leur a faites, ne peuvent s'acquitter de leur arriéré, qui monte si haut que, désespérant d'éteindre jamais leur dette, il ne se soucie même plus de la diminuer : *inde plerisque nulla jam cura minuendi æris alieni, quod desperant posse persolvi.* Ne se sentant aucun intérêt à ménager, ils consomment ou gaspillent tout ce que le domaine produit. Il faut trouver un remède à cette situation qui ne permet plus au propriétaire d'espérer aucun paiement.

Pline ne songe pas à changer de fermiers. Peut-être n'en trouverait-il pas d'autres. Peut-être craint-il que de nouveaux ne réussissent pas mieux que les anciens. De bonne heure, les Romains apprécièrent les avantages de la stabilité des familles de cultivateurs sur le même fonds. Columelle conseille de traiter les cultivateurs à bail avec équité et il rappelle à ce sujet

1. Pline, *Lettres*, livre IX, 37.

un propos qu'il avait entendu tenir par Volusius, consulaire et personnage très opulent, qui avait coutume de dire, *felicissimum fundum esse, qui colonos indigenas haberet, et tanquam in paterna possessione natos jam inde a cunabulis longa familiaritate retineret*. (*De re rustica*, I, VII.) Traduisant sans doute l'opinion des agriculteurs de son temps, exprimant, en tous cas, un principe de bonne culture, dont la valeur est chaque jour mieux démontrée. Aussi Pline ne cherche pas, dans un changement de personnel agricole une amélioration au mal dont il se plaint : il conserve les mêmes cultivateurs, mais il modifie le système d'amodiation. La substitution d'une redevance en nature au prix d'argent se présente à lui comme le meilleur remède : *Medendi una ratio si non nummo sed partibus locem*. Avec le bail à ferme, il n'obtient rien de ses fermiers ; avec le colonat partiaire, il est assuré d'avoir une part des fruits que produira son domaine.

Pline ne signale pas comme un fait extraordinaire ou exceptionnel cette transformation de fermiers à prix d'argent en colons partiaires. Ce devait être là un fait fréquent. A toutes les époques, dès que les fermiers ne paient pas exactement la rente, les propriétaires sont, par la force des choses, amenés à les remplacer par des colons partiaires : chaque jour nous fournit des exemples de ces changements.

Il faut remarquer que Pline écrivait au temps des Antonins, c'est-à-dire à une des périodes les plus florissantes de l'empire romain ; aux époques de guerre et de troubles intérieurs, le passage du fermage au colonat partiaire devait s'imposer plus souvent.

Bertagnolli[1] et Rumohr[2] nous présentent un document curieux qui montre qu'aux époques de crise, il a toujours été indispensable de recourir au bail à part de fruits. Bien qu'il s'agisse d'un fait de beaucoup postérieur à l'empire romain, il peut avoir sa place ici, parce que des situations identiques amènent toujours les mêmes conséquences.

C'est un contrat de fermage de l'année 1258, trouvé dans les *Archives de Sienne*, dans lequel on lit : *Salvo et dicto expressum inter me et te, quod si infra dictum tempus, res predictas devastarentur ab inimicis communis Senarum, vel degradarentur, non tenearis solvere affictum pro illo anno, sed tenearis mihi dare medietatem blade et vini.* Cette convention est un bail à prix d'argent ; mais, dans le cas où des ennemis dévasteraient les champs affermés, il se transformera en métayage.

La transformation que nous signale Pline n'a pu qu'être plus fréquente aux moments de crise et de malaise, et dès qu'on a établi qu'à Rome, sous l'em-

---

1. *La colonia parziaria.*
2. *Ueber die Besitzlosigkeit der colonen in Toskana.*

pire, les fermiers *obærati* étaient nombreux, on a
montré par là même que beaucoup de propriétaires
étaient contraints d'employer la location à part de
fruits.

Ce passage d'un genre d'amodiation à un autre ne
nécessite en rien l'intervention du législateur ; il ne
crée pas une situation juridique particulière ; les jurisconsultes n'ont pas à s'en occuper, et il ne faut pas
être surpris de n'en pas trouver une mention spéciale
dans leurs recueils.

Cette transformation ne peut être générale, elle n'a
pas pu frapper les historiens : elle est le résultat d'actes séparés, isolés, accomplis par chaque propriétaire,
au fur et à mesure que ses fermiers ralentissent leurs
paiements.

Le colonat partiaire paraît avoir joué un rôle particulièrement important dans la culture des *saltus*.

L'ancienne langue appelait *saltus* un terrain mon-
tueux ou boisé qui était inculte ou d'une culture difficile[1].

Plus tard, il désigne un ensemble de terres, de vastes domaines en labour ou en prairie, situés en dehors
du territoire des cités. Les *saltus* ont été peuplés et
défrichés[2].

1. Varron, *De lingua latina*. V. 36 : *Quos agros non colebant propter
silvas aut id genus, ubi pecus posset pasci, et possidebant, saltus nomina-
runt.* — Festus, éd. O. Muller, p. 302 : *Saltus est ubi silvæ et pastiones sunt.*

2. V. Fustel de Coulanges, *op. cit.*, p. 26. — Esmein, *Mélanges d'histoire du droit et de critique*, p. 299.

Quand on voulut les mettre en culture, le colonat partiaire apparut comme l'instrument nécessaire du défrichement.

Le fermage ne peut servir à cette opération. Il ne peut s'appliquer qu'à des terres déjà aménagées, dont les produits peuvent être évalués, pour un laps de temps déterminé, avec quelque exactitude. On ne peut fixer d'avance en argent le prix de ferme des terres encore incultes.

Le cultivateur, au contraire, ne court aucun danger à promettre une quote-part des fruits : si faible que soit le rendement, il est assuré de tirer sa redevance de la terre elle-même.

Le monument le plus considérable que nous ayons sur la culture des *saltus* est une inscription découverte récemment à Souk-el-Khmis, sur la route de Carthage à Bulla-Regia ; elle nous montre un *saltus* important appelé *Burunitanus*, occupé par des cultivateurs libres, dont plusieurs sont citoyens romains et dont la redevance consiste en une part des fruits venus sur la terre et en un certain nombre de journées d'hommes et de bœufs ; ils fournissent : *partes agrarias aut operarum præbitionem jugorumve* [1].

Ce sont bien là des colons partiaires.

---

1. V. la description de l'état matériel, le texte de l'inscription et les savants aperçus qu'elle suggère à M. Esmein, sur les origines du colonat, *op. cit.*, p. 293 et suivantes.

M. Esmein pense que ces colons exploitent la terre,
non en vertu d'un bail proprement dit, même perpétuel, mais par suite d'un lien différent, dont l'origine
n'est point le mutuel consentement. Un premier signe
révélateur, dit-il, c'est la corvée, qui partout et toujours, est imposée par l'autorité publique, ou asso-
ciée au servage.

Il est très vrai que, le plus souvent, la corvée ac-
compagne le servage ; mais il ne s'ensuit pas que des
promesses de journées d'hommes et d'animaux ne
puissent pas exister en dehors du servage. Aujour-
d'hui encore, nous voyons très souvent des colons partiaires et même des fermiers à prix d'argent, s'engager à fournir, chaque année, à leur bailleur propriétaire ou fermier général, tant de journées de
manœuvres, de charrois ou de labour. La personna-
lité du preneur n'est en rien diminuée par cet engagement qu'il accepte et exécute volontiers. Car la valeur
de ces journées est prise en considération dans la
discussion des clauses du bail et le paysan est toujours
plus avare de son argent que de sa peine. Le bailleur
qui possède, au milieu de ses métairies, une lot de
terre qu'il fait valoir directement, qui constitue sa réserve, apprécie beaucoup ces prestations de journées,
qui lui assurent un secours souvent indispensable aux
époques de grande activité agricole. Les deux parties
y trouvent leur compte.

On est autorisé à admettre que, soit par suite de la situation obérée de certains fermiers à prix d'argent, soit par suite du défrichement des *saltus*, les colons partiaires, sous l'Empire romain, étaient nombreux.

Cependant les jurisconsultes n'en disent rien ou presque rien.

M. Fustel de Coulanges en conclut que le colonat partiaire n'était pas un contrat sanctionné par le droit; il n'en résultait pas d'obligations légales, les jurisconsultes n'ont pas à s'en occuper. Nous voyons bien que le fermier a une action en justice, mais nous ne voyons pas que le cultivateur partiaire en ait une. Il semble qu'aux yeux des jurisconsultes, la culture à part de fruits ait été une pratique extra-légale, tolérée mais non reconnue. La situation légale du cultivateur partiaire est fort inférieure à celle du fermier par contrat. Le droit ne le protège pas : « Il ne reste aucune garantie au cultivateur, sauf celle que la loi assure à sa liberté native. Il conservera toujours son titre d'homme libre, dont rien ne peut le priver et que la loi lui défend d'aliéner. Le propriétaire ne pourra donc jamais faire de lui son esclave ; à cela près, il pourra tout sur lui [1]. »

Le colonat partiaire ne constitue pas une location, parce qu'il n'y a pas l'énoncé d'un prix certain. Dans les nombreux exemples que les jurisconsultes nous

1. Fustel de Coulanges, *op. cit.*, p. 14 et 20.

citent de ce contrat, ils parlent toujours d'un prix en argent : « On s'attendrait à ce que le prix pût consister en une part de la récolte, mais cela ne se voit jamais. » Et le seul jurisconsulte qui mentionne, en passant, un colon partiaire, le sépare nettement du fermier.

Il paraît bien difficile d'admettre, sur ce point, les conclusions de l'éminent historien. Une observation, tout d'abord, se présente à l'esprit. Mieux qu'on ne l'avait jamais fait, M. Fustel de Coulanges a démontré que le colonat partiaire tenait une place considérable dans l'agriculture de Rome : comment admettre, dès lors, que les Romains qui attachaient une si grande importance aux choses de l'agriculture, n'aient pas réglementé une combinaison culturale dont ils usaient si fréquemment qui, dans certaines situations, offre de sérieux avantages, s'impose, en quelque sorte, l'aient laissée complètement en dehors de leur droit.

En réalité, le colonat partiaire est, pour les deux parties, un véritable louage ; le propriétaire fait à un homme libre l'abandon temporaire de ses terres, afin d'en tirer un revenu ; le colon cherche à utiliser son travail et celui de sa famille, et à assurer sa subsistance : c'est le même but que les parties poursuivent dans le bail à ferme.

Pourquoi le droit romain n'aurait-il pas sanctionné

cette volonté du propriétaire et du colon ? On pourrait objecter le formalisme de ce droit, si nous nous trouvions en présence d'un de ces contrats, où une forme extérieure, rigoureusement définie, peut seule animer la volonté concordante des parties : la location n'est pas un de ces contrats et la première loi insérée au titre *locati conducti*, a soin de nous avertir, dès l'abord, que c'est un contrat consensuel et de l'opposer à la stipulation, ce type des contrats formels : *locatio et conductio*, nous dit Paul, *cum naturalis sit, et omnium gentium, non verbis, sed consensu contrahitur*.

La volonté des parties peut donc se donner libre carrière, dans la détermination des clauses du contrat, sous la seule condition d'en respecter l'essence[1]. Est-il de l'essence du contrat de louage qu'il y ait un prix en argent; voilà toute la question. Pour admettre qu'une pareille restriction ait été apportée à la volonté souveraine des parties, dans un contrat où cette volonté est indépendante de toute forme, et qu'une pareille entrave ait été mise à la facilité des combinaisons culturales, par une législation qui tient si grand compte des nécessités de l'agriculture, il faudrait un texte bien formel.

Plusieurs, il est vrai, mentionnent la nécessité

---

1. Voyez Mispoulet sur *Recherches sur quelques problèmes d'histoire*, de M. Fustel de Coulanges, *Bulletin critique*, 15 août 1886, p. 3 7.

d'une *merces certa* : *nisi enim merces certa statuta sit, non
videtur locatio et conductio contrahi* (Gaius III, 142).
Ce qui veut dire simplement que pour qu'il y ait contrat, il faut que les parties aient déterminé l'objet de
l'obligation du preneur. C'est là un principe général
de droit.

Le mot *merces* et ses dérivés, nous dit M. Mispoulet, signifient : « marchandise, marchand [1] ».
Aucun texte n'ajoute que la *merces*, dans le louage,
doive consister en numéraire.

Dans la vente, au contraire, le *pretium* étant nécessairement en argent, les *Institutes* et le *Digeste* le
disent formellement en rappelant la controverse, qui
exista, à ce sujet, entre Proculiens et Sabiniens (*D.*
XVIII, I, l. 1, § 1. *Institutes* III, tit. 23, § 2).

Il y a plus, nous avons plusieurs exemples de
louage, où, sans doute possible, la *merces* n'est pas en
argent [2]. Il suffit de rappeler la constitution où les empereurs Dioclétien et Maximien s'occupent d'un contrat
de louage dont la *merces* consiste en huile : *si olei certa
ponderatione fructus anni locasti* (L. 21, *Code. h. t.*) ;
les empereurs ne discutent pas la validité d'un pareil
contrat.

Ce point établi, que la *merces* peut consister en
fruits, il n'y a aucune raison de distinguer entre la

---

1. *Bulletin critique, loc. cit.*
2. Voy. *Dig.* XIX, II, l. 35, § 1, *in fine* ; Code l. 8, *De loc. et cond.*

quantité fixe de fruits, *certa ponderatio* et la part aliquote des fruits venus sur le domaine.

Ordinairement les jurisconsultes appellent *colonus* la personne qui cultive le sol d'autrui, en vertu d'un contrat de location; quelquefois ils ajoutent : *qui nummis colit — qui ad certam pecuniam conduxit*, c'est donc qu'il y a d'autres fermiers, qui eux ne sont pas des fermiers à prix d'argent ; ce sont vraisemblablement des colons partiaires. Et le mot *colonus* est un terme générique qui, pris isolément, embrasse les deux catégories de fermiers, ceux qui paient une somme d'argent et ceux qui remettent au *locator* une part aliquote des fruits venus sur le domaine.

On comprend très bien, dès lors, que les jurisconsultes n'aient pas à s'occuper, d'une façon spéciale, du colonat partiaire : en traçant les règles de la location des biens ruraux, ils indiquent, par là même, celles du colonat partiaire, qui est une variété de ce contrat. Sur un point, il s'en sépare ; le passage connu de Gaius nous donne justement la solution qui lui est propre. Ce texte ajoute, aux considérations que nous venons d'indiquer, un argument très solide en faveur de l'idée de louage.

Il faut remarquer d'abord qu'il est placé au titre *locati conducti* et forme le § 6 de la loi 25, entièrement consacrée au louage. Au début du paragraphe, Gaius pose en principe que la force majeure ne doit pas être à la charge du conducteur : *vis major quam græci* θεου βιαν *id est vim divinam appellant, non debet conductori damnosa esse.* Le jurisconsulte n'emploie pas l'expression mal définie, au point de vue du droit, de *colonus*, mais celle très précise de *conductor.* La règle est que le *conductor* ne supporte pas la force majeure, mais cette règle comporte une exception. Gaius en fait l'objet de la seconde partie du même paragraphe. *Apparet autem de eo nos colono dicere, qui ad pecuniam numeratam conduxit : alioquin partiarius colonus, quasi societatis jure, et damnum et lucrum cum domino fundi partitur.* Les deux phrases sont étroitement liées l'une à l'autre, de telle sorte qu'il en résulte invinciblement que le *colonus qui ad numeratam pecuniam conduxit* et le *colonus partiarius* sont deux *conductores.* Au reste, que serait-il besoin d'excepter le colon partiaire d'une règle applicable aux *conductores*, s'il n'en était pas un.

La lettre de Pline n'est pas moins formelle, dans le même sens. Il est retenu, dit-il, par la nécessité de pourvoir à la location de ses terres : *Quum me necessitas locandorum prædiorum plures annos ordinatura, detineat.* Nous sommes prévenus, dès l'abord, qu'il va procéder à une *location.* Puis l'auteur rapproche expressément la location à part de fruits, de la location à prix d'argent : *medendi una ratio, si non nummo sed partibus locem.*

Pour Pline, le colonat partiaire est une véritable location, ou bien le mot *locare* est un mot vide de sens : c'est de ce mot qu'est formé le nom même du contrat *locatio* ; et c'est celui qu'emploient continuellement les jurisconsultes. Bien que Pline ne s'adonnât pas spécialement à l'étude du droit, il était trop au courant des choses de son temps pour ne pas connaître le sens précis d'un terme aussi employé que le mot *locare* ; c'est donc, à n'en pas douter, qu'au temps de Pline, le colonat partiaire était une variété de la *locatio-conductio*.

Quand à la location des fonds ruraux, moyennant une quantité fixe de fruits, *certa ponderatione*, il résulte de plusieurs textes déjà cités et notamment d'une constitution des empereurs Dioclétien et Maximien (L. 21, *Code, h. t.*), qu'elle était usitée dans l'agriculture romaine et que le droit la considérait comme une véritable *locatio conductio*. Comme le colonat partiaire, ce système d'amodiation est surtout utile pour les cultures dont les produits sont soumis à de fréquentes variations, tels que l'olivier et la vigne : on en trouve encore aujourd'hui de nombreux exemples en Italie.

A partir du quatrième siècle, les colons partiaires et les fermiers payant une redevance fixe en fruits disparaissent, comme les fermiers à prix d'argent, et sont remplacés par les colons attachés à perpétuité à la terre qu'ils cultivent.

Le texte de Gaius relatif au colon partiaire a été, entre les commentateurs du droit romain, le point de départ d'une controverse qui est passée dans notre droit.

Le jurisconsulte romain faisait un rapprochement, d'une façon incidente, sur un point particulier, entre le colon partiaire et l'associé. La plupart des anciens interprètes ont généralisé cette comparaison : ils ne doutent pas que le colonat partiaire ne soit un contrat, reconnu par le droit et muni d'une action, mais c'est plutôt une société qu'une *locatio-conductio*.

Nous présentons leur opinion, sous cette forme atténuée, car, en général, ils ne sont pas bien formels dans le sens de la société et n'écartent pas toute idée de louage.

Tertio nota, écrit Bartole. *quod inter colonum partiarium et dominum non est propria locatio sed societas... pro cujus declaratione debes scire quod, aut fundus locatur certa mercede consistente in pecunia et est proprie locatio, aut fundus locatur ad partem fructuum et est societas* (*Comment.* sur la loi 25, § 6, *Dig. loc. cond.*) Ce n'est pas être bien affirmatif que de dire : le colonat partiaire n'est pas, à proprement parler, une location, c'est plutôt une société, ni exclure l'idée de location que de dire : il y a deux sortes de locations, l'une où la *merces* consiste en argent et une location à part de fruits.

Dans des termes presque identiques, Fachin apporte la même réserve (L. I, ch. 82).

Voët est encore moins affirmatif, il se contente de reproduire le texte de Gaius ; après avoir posé en principe que régulièrement *(regulariter)* la *merces*, dans la location, doit consister en argent et que par faveur seulement pour l'agriculture, il est permis de louer les fonds ruraux, moyennant une quantité fixe de fruits, il dit du colonat partiaire : « *Quod si non certa fructuum ponderatio, sed portio pro rata ejus, quod in fundo nascetur, dimidia forte vel tertia, constituta fuerit, colonus partiarius dicitur, magisque conventio talis ad societatem quam conductionem accedit, dum partiarius hicce colonus quasi societatis jure et damnum et lucrum cum domino fundi partitur* [1]. »

Cujas souvent cité, comme voyant sans aucune restriction, une société dans le colonat partiaire, ne paraît pas avoir suivi à ce sujet, une doctrine aussi ferme, qu'on veut bien le dire.

Cujas s'est occupé de notre contrat à plusieurs reprises. Les partisans de la société ne reproduisent habituellement que le passage suivant : *si quis colono aut poditori agrum colendum det ut partiantur fructus, non contrahitur locatio sed societas. Nam locatio fit mercede, non partibus rei* [2]. Il convient d'en rappro-

---

1. *Commentarius ad Pandectas*, tit. loc. conduc., t. I, p. 669.
2. Sur la loi 13, § 1, D. liv. XIX, tit. 5.

cher le commentaire de la loi 5 au code (*loc. conduct.*)
où l'illustre romaniste nous dit : *Partiarii non viden-*
tur esse conductores, id est, qui partem fructuum con-
ferunt domino, et nihil præterea, aliam partem pro
cultura sibi reservant. Hoc genere societas contrahitur
potius quam locatio.

C'est une société *plutôt qu'une location.*

Dans un autre commentaire Cujas se rapproche encore davantage de la location : *Fateor in emptione et*
venditione pretium in nummis debere consistere. At
in locatione conductione, dico etiam in alia quanti-
tate consistere posse, veluti mensura aut pondere, ac
proinde cum colono partiario contrahi locationem et
conductionem, si contrahendæ locationis animus fuerit,
ac præsertim si de certa fructuum quantitate veluti
modiis, vel amphoris tot quotannis inferendis conve-
nerit. Quin etiam tentari potest, et locationem esse, si
cum partiario ita convenerit, ut inferret quotannis
fructuum, qui perciperentur partem dimidiam, aut
tertiam, nullo adjecto modo [1].

Le fermage, moyennant une quantité certaine de
fruits, que Cujas appelle ici improprement colonat
partiaire, sera une location si les parties ont eu en
vue cette espèce de contrat. Bien plus, on peut être
tenté, *quin etiam tentari potest*, de dire qu'il y a loca-

---

1. Cujas, *Tractatus ad Africanum VIII, Sur la loi*, 35, D. liv. XIX,
tit. II. Édit. de 1722, t. I, col. 1486.

tion, s'il est convenu que le partiaire donnera une quote-part des fruits, le tiers, la moitié.

De ces différents textes, on est autorisé à conclure que, pour notre grand jurisconsulte, le colonat partiaire présente la plus grande affinité avec le louage.

Aux considérations tendant à établir que le colonat partiaire est une variété de location des immeubles ruraux et, par suite, tendant à écarter l'idée de société, il faut ajouter que ce dernier contrat implique un *jus fraternitatis*, difficile à admettre dans le colonat partiaire : chacun des associés ne subira qu'une condamnation, *in id quod facere potest* (L. 63, pr. D., *pro socio*).

De plus, si le colonat partiaire est un contrat de société, il prend fin au décès de l'une quelconque des parties et il peut toujours être dissous par la seule volonté de l'une d'elles. Chaque associé conserve la faculté de se retirer de la société, en faisant connaître sa volonté à ses coassociés. Il est vrai que si la renonciation est faite au mépris d'un terme, l'associé renonçant *«socium a se, non se a socio liberat»* (L. 65, § 6, D. *pro socio*) ; mais la responsabilité du colon sera le plus souvent illusoire, puisque le concédant n'étant pas un locateur, mais un associé ne pourra invoquer ni l'interdit *salvien* ni l'action *servienne*. Assimilé à une société, le colonat partiaire n'aurait pas constitué un système d'amodiation praticable :

les propriétaires auraient dû renoncer à l'employer.

Quelques auteurs ont assimilé le colonat partiaire à la *politio* et ont tiré de ce rapprochement un argument en faveur de l'idée de société [1]. En effet, Ulpien nous cite le *politor* comme un associé : « *Si in cœunda societate artem operamve pollicitus est alter, veluti, cum pecus in commune pascendum aut agrum politori damus in commune quærendis fructibus* (L. 52, § 2, D. XVII, 2).

Le *politor* n'est pas un colon partiaire mais un simple manœuvre que l'on rémunérait au moyen d'une part des fruits qu'il avait cueillis : c'est un mercenaire, un ouvrier travaillant à forfait [2]. C'est ce qui résulte d'un passage de Caton ainsi conçu : *Politionem quo pacto dari oporteat. In agro Casinate et Venafro, in loco bono parte octava corbi dividat, satis bono septima, tertio loco sexta; si granum modio dividet, parti quinta. In Venafro ager optimus IX parti corbi dividat (De re rustica, § 136).*

Dans le paragraphe suivant, Caton parle d'un colon partiaire, il l'appelle *partiarius* : on voit que ce colon est à la tête de toute une exploitation, qu'il a des

---

1. Voy. notam. Dureau de la Malle, *Economie politique des Romains*, t. II, p. 60; — de Gasparin, *Etude sur le métayage*, p. 40 et suivantes.

2. Sic Mommsen, *Histoire romaine*, traduct. Alexandre, t. IV, p. 118 et 119. — Humbert, *Dictionnaire des antiquités grecques et latines*, v° colonus.

bœufs, pour la nourriture desquels on lui abandonne
du foin et de la paille, en quantité suffisante ; le *politor*, au contraire, n'intervient que pour la préparation d'une seule récolte. Cette opposition de nom et
de situation, dans deux paragraphes qui se suivent,
montre qu'il s'agit de deux individus différents.

Ceux qui voient dans la *politio* un contrat de colonat partiaire, sont fort embarrassés pour expliquer,
en son entier, le texte de Caton.

Celui-ci nous dit : dans les bonnes terres, on prend
la huitième corbeille ; dans les passables la septième ;
dans les moins bonnes la sixième.

Quelle est la part que Caton indique ? celle du cultivateur, sans doute possible, puisque cette part
s'accroît à mesure que la qualité de la terre diminue. On ne conçoit pas une combinaison culturale, où la part du propriétaire serait d'autant moins
forte, que les terres seraient meilleures, c'est-à-dire
que le capital fourni serait plus considérable. Or est-
il possible à un colon partiaire de payer les frais de
culture et de pourvoir à sa propre nourriture et à celle
de sa famille avec la huitième ou la sixième partie des
récoltes ? M. de Gasparin s'est efforcé de le montrer ;
mais dans une autre partie de son ouvrage, il constate
que les métayers français, avec la moitié de tous les
fruits de la métairie n'arrivent pas toujours à échapper
à la misère.

Dans un autre chapitre de son *De re rustica*, Caton parle du *politor* et il l'assimile à un mercenaire : *Operarium, mercenarium politorem diutius* [1] *eumdem ne habeat die* (cap. v).

1. De nos jours, il existe dans le sud-ouest, une catégorie de cultivateurs qui paraissent correspondre au *politor* antique : on les appelle des estivandiers, du nom de la saison pendant laquelle on les emploie pour les travaux de la moisson et du dépiquage. Ces ouvriers sont payés en nature, proportionnellement à la quantité de récoltes qu'ils ont faite. Voy. Lavergne, *Economie rurale de la France*, 315.

CHAPITRE III

FORMATION DU CONTRAT DE LOCATION

Généralités. — La location des fonds ruraux étant une variété de la *locatio-conductio* et, en précisant davantage, une variété de la *locatio-conductio rerum*, est un contrat consensuel et synallagmatique.

La *locatio-conductio* appartient en effet à cette catégorie limitée de contrats, qui se forment *solo consensu* et échappent à la règle que « *nuda pactio obligationem non parit* ». C'est un contrat dont l'utilité apparaît chez toutes les nations et qui n'est pas particulier aux citoyens romains. *Locatio* et *conductio*, nous dit le jurisconsulte Paul, *cum naturalis sit et omnium gentium non verbis sed consensu contrahitur, sicut emptio et venditio.* (L. 1, *D. h. t.*)

Les points de ressemblance entre la vente et la location sont nombreux, ces deux contrats sont soumis aux mêmes règles générales ; les jurisconsultes les comparent fréquemment (L. 2, *D. h, t.*). L'analogie qui les rapproche apparaît dans les noms; les anciens romains se servaient des mots *emptio venditio*, comme équivalent de *locatio-conductio*[1] (LL. 19 et 20. *D*. XIX, I.) Le *conductor* prenait le nom de *redemptor* (L. 29, *D. h. t.*) Festus nous dit *Venditiones olim dicebantur censorum locationes; quod velut fructus publicorum locorum venibant*, (édit. Muller, p. 376.) D'après Pothier (*Du contrat de louage*, n° 139) : « Ce contrat s'analyse en une espèce de contrat de vente des fruits futurs ou de l'usage futur de la chose louée, dont le loyer est le prix. » Ce système qui « décompose la location en une multiplicité de ventes ayant des choses futures pour objet et, partant, selon Pothier, conditionnelles [2], » ne nous paraît pas exact. Dans la vente des fruits, c'est le vendeur qui jouit du fonds et qui le cultive à ses frais ; l'acheteur paye le prix des fruits, il ne paye pas les dépenses faites pour les labours et les semences. Dans le louage, au contraire, le preneur jouit du fonds, c'est lui qui cultive, le locateur n'intervient pas dans la culture. C'est donc cette faculté de jouir, de faire naître sur le fonds des fruits et de les recueillir qui fait l'objet du contrat ; aussi dit-on que le locateur doit procurer au preneur la jouissance de la chose louée : *præstare frui licere*. Si le preneur

1. Voy. Cujas, sur les deux lois citées, édit. de 1722, t. VII, col. 783 et 784.

2. M. Labbé, *Etude sur quelques difficultés relatives à la perte de la chose due*, p. 121.

ayant la libre disposition du fonds néglige de le cultiver ou si une clause formelle du bail l'a chargé des
cas fortuits, il n'en doit pas moins la *merces*, bien
qu'il ne soit venu aucun fruit ; et alors le louage ne
saurait s'interpréter en une vente conditionnelle des
fruits puisque dès lors qu'il n'y a pas de fruits, la
vente serait sans objet et le prix serait cependant dû.

Le louage des fonds ruraux étant un contrat consensuel, il suit que la manifestation du consentement
n'est soumise à aucune forme particulière : le lien
de droit est créé, dès que l'accord des volontés s'est
formé sur les éléments constitutifs du contrat. (Gaius,
III, 136). Les muets, les sourds ne peuvent s'engager
verbis, ils peuvent faire un bail à ferme.

Entre absents il peut être conclu *per epistolam* ou
per nuntium (Gaius, *ibid.*) Cette faculté avait une
grande portée pratique pour les propriétaires de ces
vastes domaines qui, dès l'époque classique, couvraient
l'empire romain.

Bien que la forme *verbis* ne soit pas nécessaire, il
peut arriver qu'une des parties pose l'interrogation
et que l'autre ne réponde pas : cependant, si le consentement de celle-ci existe, le contrat ne s'en forme
pas moins, parce qu'il n'y a pas à considérer la manière dont s'est manifesté l'accord des parties [1].

---

1. Paul, *Dig.*, XLV, t. I, l. 35, § 2, « *Valet quod actum est, quia hi contractus non tam verbis, quam consensu confirmantur.* »

La location crée entre les parties des obligations distinctes, mais réciproques, qui s'interprètent *ex bono et æquo : Item in his contractibus alter alteri obligatur de eo quod alterum alteri ex bono et æquo præstare oportet.* (Gaius, III, 137.)

La cause des obligations de chaque partie réside dans les obligations corrélatives de son co-contractant. Ces obligations sont sanctionnées par deux actions de bonne foi : le *locator* a l'action *locati*, le *conductor* a l'action *conducti*.

Toute clause obscure ou ambiguë s'interprète contre le locateur ; Papinien le rapproche à ce sujet du vendeur : *Veteribus placet, pactionem obscuram vel ambiguam venditori et qui locavit, nocere* (L. 39, D. II, XIV). Comme le vendeur, c'est habituellement le locateur qui dicte la loi du contrat, il n'a qu'à s'en prendre à lui, s'il ne s'est pas exprimé clairement.

Le louage peut être consenti sous condition : *sicut emptio ita locatio, sub conditione fieri potest* (L. 20, pr. *D. h. t.*) Cette solution est certaine pour l'époque de Paul et de Gaius : on a soutenu qu'il n'en a pas toujours été ainsi ; la discussion s'est élevée au sujet d'un texte de Gaius, relatif à l'espèce suivante. On se demande s'il y a vente ou louage quand je vous livre des gladiateurs avec cette clause que vous me donnerez vingt deniers pour chacun de ceux qui sortiront intacts de la lutte et mille deniers, pour chacun

de ceux qui seront tués ou blessés. On a décidé qu'il
y a louage pour les premiers, vente pour les autres.

Gaius ajoute : *jam enim non dubitatur, quin sub
conditione res veniri aut locari possint* (III, 146).

La controverse est venue de ce dernier membre de
phrase : le doute avait-il porté sur le point de savoir,
si la vente et le louage pouvaient être affectés d'une
condition, ou plutôt ne s'était-on pas demandé si la
nature même du contrat pouvait dépendre d'un événement postérieur à sa formation, de telle sorte qu'il
constituerait un louage ou une vente, selon que tel
événement viendrait ou non à se produire ?

C'est ce dernier sens qui nous paraît ressortir de
l'ensemble du texte[1].

§ 1er. Consentement.

C'est le consentement des parties qui forme le contrat, qui crée le lien de droit ; il consiste dans l'accord réel des deux volontés sur un même fait. Une
simple manifestation extérieure d'assentiment, dénué
de volonté consciente, ne constitue pas un consentement. Le fou furieux, quand il n'est pas dans un intervalle lucide, peut donner à la location un assentiment
matériel, d'où la volonté sera totalement absente,
il sera dénué d'effet ; *furiosus nullum negotium gerere
potest, quia non intelligit quid agat.* (Gaius, III, § 106).

---

1. *Sic.* M. Accarias, *Précis de droit romain*, n° 613 et note.

Le consentement doit porter d'abord sur la nature du contrat, puis sur ses éléments constitutifs : l'objet (*res*), la *merces*, la durée.

Vous entendez me louer le fonds Cornélien et moi je me propose de l'acheter ; ou bien, étant d'accord pour faire une location, vous avez en vue le fonds Cornélien et moi le fonds Sempronien. Il n'y a pas de contrat.

L'erreur sur le prix n'aura pas toujours les mêmes conséquences : *si decem tibi locem fundum, tu autem existimes quinque te conducere, nihil agitur. Sed et si ego minoris me locare sensero, tu pluris te conducere, utique non pluris erit conductio, quam (quanti) ego putavi* (52, **D.** h. t.). Le conducteur qui ne veut payer que 5, repousse le chiffre de 10 ; mais celui, au contraire, qui consent à donner 20 admet, à plus forte raison, que la *merces* ne soit que de 10. Le plus petit chiffre est contenu dans le plus fort et le consentement des parties s'est réellement formé sur le premier.

Le dol, la violence exercés à l'égard de l'une des parties, laissent subsister son consentement, mais l'affectent d'un vice qui peut entraîner la rescision du louage, d'après les règles générales admises à ce sujet, en matière d'obligation.

Quand la location se forme pour la première fois, le consentement est nécessairement exprès, mais au cas de renouvellement du bail, il peut n'être que tacite.

§ 2. Capacité.

Il ne suffit pas que le consentement existe et qu'il ne soit affecté d'aucun vice : il doit, de plus, émaner de personnes capables de donner et de prendre à bail. Les personnes qui n'ont pas la capacité de s'obliger ne peuvent pas participer à un contrat de louage. Cette capacité est déterminée d'après des règles générales qui n'offrent rien de particulier dans leur application à notre contrat.

Mais il y a certaines catégories de personnes qui, bien que capables en général de faire un contrat de louage, ne peuvent, en vertu de décisions spéciales, prendre à bail certains fonds déterminés.

Ainsi, d'après une constitution de l'empereur Sévère, les tuteurs et curateurs ne peuvent devenir locataires des biens de l'empereur, tant qu'ils sont en fonctions ; ni, en étant sortis, tant qu'ils n'ont pas rendu leur compte de tutelle ou de curatelle. Si, en dissimulant leur qualité, ils parviennent à se faire consentir un bail de ces biens, ils sont frappés des peines du faussaire. Cette disposition avait pour objet de protéger les intérêts du fisc contre les recours auxquels sont exposés les tuteurs et curateurs de la part de leurs pupilles et de leurs mineurs (L. 49. D. h. t. et L. 1. Co. V, 41).

Il était également interdit aux mineurs de 25 ans

de louer les biens du fisc (L. 14. § 14. D. XLIX, 14).
A partir des empereurs Théodose et Valentinien, les
curiales n'eurent plus le droit de prendre à bail les
terres appartenant à des particuliers ; déjà, auparavant, il leur était interdit de louer celles du fisc
(L. 2, § 1. D. L. VIII).

Il résulte d'une loi de Modestin que les militaires ne
pouvaient devenir fermiers (L. 50. D. h. t.). Les empereurs Léon et Justin renouvelèrent cette prohibition.

Justinien défendit à tous les membres du clergé de
devenir fermiers, soit des particuliers, soit du fisc.
En édictant cette prohibition, l'empereur se proposait d'assurer le service des édifices consacrés au culte
et de retenir les membres du clergé à l'exercice de
leur ministère sacré (*Nov.* 123, chap. VI).

Il n'est pas nécessaire d'être propriétaire du bien
que l'on donne à bail : le locateur ne s'engage pas à
mettre le conducteur en état d'acquérir la propriété
du fonds ; mais, simplement, à le mettre à même d'en
retirer les profits : c'est l'utilité, les qualités productives du fonds, qui sont l'objet du contrat. Il suffit que
le locateur en ait la jouissance. L'usufruitier peut
donner à bail la chose dont il a l'usufruit. Le conducteur peut sous-louer le fonds qu'il tient à bail,
à moins que la loi de son contrat ne le lui inter-
dise : *nemo prohibetur rem quam conduxit, fruendam*

alii locare : si nihil aliud convenit (6, *Code, h. t.*).

On sait que la vente de la chose d'autrui est admise par le droit romain : *a fortiori*, le louage de la chose d'autrui, sur laquelle on n'a aucun droit, est possible (L. 9, § 6, *D. h. t.*). Tant que le conducteur n'est pas évincé, qu'il conserve paisiblement la jouissance du fonds, il reste tenu vis-à-vis de son locateur, de tous les engagements qu'il a pris envers lui : car celui-ci, de son côté, exécute toute son obligation, qui est de lui procurer une jouissance paisible (*præstare frui licere*). Le conducteur n'est pas fondé à se plaindre que la propriété n'appartient pas au bailleur : ce point n'a pas été visé dans le contrat.

Il est clair que toute personne qui a la jouissance d'un fonds ne peut devenir créancière de cette jouissance en prenant le fonds à bail. Le nu-propriétaire peut bien devenir locataire de son fonds grevé d'usufruit ; mais le propriétaire, l'usufruitier ne peuvent prendre à bail le fonds dont ils ont la pleine propriété ou l'usufruit *neque pignus....*, *neque locatio rei suæ consistere potest* (L. 45, D. L, 17). Si le propriétaire prend sa propre chose à bail, pensant qu'elle est à autrui, il n'y a pas contrat de louage (L. 20, *Code h. t.*, L. 15, D. XVI, 3).

Le propriétaire par indivis peut donner la part qu'il a dans l'immeuble, en location à son copropriétaire (L. 35, § 1, *D. h. t.*)

§ 3. — Objet (Res).

Dans la location des fonds ruraux, la *res* est un fonds de terre destiné à la culture et sur lequel le preneur peut faire croître et récolter des fruits ; c'est à ce trait qu'on distingue le *prædium rusticum* du *prædium urbanum* ; il n'y a pas à considérer la situation du fonds : *urbanum prædium non locus facit sed materia* (L. 198. D. L. XVI).

Habituellement, le fonds rural comprend une maison destinée à loger le *conductor*, des bâtiments d'exploitation (*stabula*) destinés à recevoir les animaux et les récoltes : ils constituent un accessoire nécessaire du fonds.

Tous les biens ruraux qui sont dans le commerce peuvent faire l'objet d'une location. Cependant une servitude prédiale ne peut faire l'objet d'un louage séparé : *locare servitutem nemo potest* (L. 44 *D. h. t.*). Cette solution découle de la force même des choses : destinée à l'usage exclusif d'un fonds, la servitude prédiale prise isolément, n'a aucune utilité. Par contre, toutes les servitudes attachées à un fonds, sont comprises dans le louage de ce fonds et le preneur est responsable vis-à-vis du locateur, de la perte de celles qu'il laisse éteindre par non-usage.

§ 4. — Merces.

La location est un contrat à titre onéreux : en échange de la jouissance du fonds, le *conductor* remet au *locator* une prestation, qui prend le nom de *merces: donationis causa locatio conductio contrahi non potest* (L. 20, § 1, *D. h. t.*).

La *merces* doit être *vera*, c'est-à-dire sérieuse, *si quis conduxit nummo uno, conductio nulla est : quia et hoc donationis instar inducit* (L. 46, *D. h. t.*). Nulle en tant que louage, la convention peut valoir comme donation, d'après les règles particulières à cette espèce d'acte [1].

Rarement il y a équivalence parfaite entre la valeur de la jouissance et la *merces* ; lors même que celle-ci est sensiblement inférieure, le contrat n'en existe pas moins. C'est l'absence et non la vileté de la *merces* qui empêche le contrat de louage de se former. Le preneur a toute latitude pour obtenir des clauses avantageuses ; pourvu qu'il n'ait pas eu recours à des manœuvres dolosives, le bailleur ne peut faire rescinder

---

1. On cite cependant quelques cas où la *location*, faite *uno nummo*, produit ses effets juridiques : l'un est indiqué par un texte de Pomponius (L. 66, D., XXIII, 3). Un tiers a constitué en dot au mari l'usufruit d'un fonds dont il reste nu-propriétaire ; survient le divorce et le mari est tenu de restituer à la femme le droit d'usufruit qui, en principe, ne peut être cédé qu'au nu-propriétaire. Pour échapper à la difficulté, le mari loue le fonds *nummo uno* à la femme, qui aura ainsi tous les avantages de la jouissance du fonds.

le contrat, sous prétexte de lésion : *et ideo prætextu minoris pensionis, locatione facta, si nullus dolus adversarii probari possit, rescindi locatio non potest* (L. 23, *D. h. t*).

La *merces* est un élément essentiel de la location ; tant que les parties ne l'ont pas déterminée, il n'y a point d'engagement de la part du preneur : le contrat n'existe pas. Cette proposition ne souffre aucune difficulté si les parties n'ont rien prévu, concernant la *merces* ; mais, sans la fixer elles-mêmes, elles peuvent avoir convenu d'un tiers auquel elles remettent le soin de la déterminer. Il semble que dans ce cas, la détermination de l'obligation du *conductor* étant, dès lors, indépendante de la volonté des parties, le contrat de louage est formé sous la condition que le tiers choisi exécutera la mission, dont la convention l'a chargé. C'est la décision que Justinien donne dans ses *Institutes* et que la loi 25 pr., *D. h. t.* attribue déjà à Gaius. On pense généralement que ce dernier texte a été remanié par l'empereur, qui aurait voulu appuyer sa propre opinion sur celle de Gaius. Au temps de ce dernier jurisconsulte, la question était controversée pour la vente et pour le louage. Gaius signale l'existence de la discussion sans prendre parti (III, 140 et 143).

La *merces* doit être *vera* et *certa* ; doit-elle, de plus, consister nécessairement en argent ? On s'est efforcé par ailleurs de démontrer que dans la location des biens ruraux, elle pouvait consister soit en une quantité certaine de fruits « *olei certa ponderatione* » ou en une part *aliquote* des fruits venus sur le fonds : le quart, le tiers, la moitié [1].

§ 5. — Durée.

Le contrat de louage doit nécessairement avoir une certaine durée, pour que le *conductor* puisse tirer un profit appréciable du fonds loué. Cette durée peut être aussi considérable qu'il plaît aux parties ; elles peuvent aller jusqu'à la perpétuité : les baux perpétuels restent en dehors de cette étude. Appliqué aux biens des particuliers, le bail perpétuel prend le nom d'emphytéose et, dès la fin de l'époque classique, nous le voyons engendrer, au profit du preneur, un droit réel (L. 3, § 4, D. XXVII, 9). Le bail pouvait être à durée limitée ou illimitée et dans ce dernier cas, être laissé à la discrétion de l'une des parties : *quoad is, qui eam locasset, vellet,* dit Pomponius (L. 4, *D. h. t.*).

Plusieurs textes établissent que, à l'époque classique, la durée ordinaire des baux était de cinq ans : *quinquennium aut lustrum* (L. 9, § 1 ; 13, § 11 ; 24 § 2 et 4, *D. h. t.*). On est frappé que cette du-

1. Sic Maynz, *Cours de droit romain*, § 300, 3º édit., t. II, p. 213.

rée de cinq ans, — le lustre — soit aussi celle qui
s'écoule entre deux censures. Y a t-il lieu d'établir
un rapprochement entre ces deux faits qui, tout
d'abord, paraissent complètement étrangers l'un à
l'autre? M. Esmein pense que oui [1].

Les baux de l'État n'étaient consentis que pour
cinq ans par les censeurs, parce que ceux-ci ne pouvaient engager l'État que jusqu'à la prochaine cen-
sure. « Cela est si vrai, dit le savant professeur, que
l'on se demande par quel procédé on arriva, d'assez
bonne heure, à consentir sur les biens de l'État, à côté
des baux de cinq ans, des baux à longue durée, des
baux de cent ans ou même héréditaires. » La location des terres des cités avait également une durée
de cinq ans, parce qu'elle se faisait à chaque cen-
sure.

Or il est probable que la *locatio conductio* fût pratiquée par l'État et par les cités, avant de l'être par les
particuliers. Cette hypothèse est considérée comme
certaine par Mommsen, non seulement pour le louage
mais aussi pour la vente : c'est à ce fait qu'est dû, selon l'illustre savant, le caractère consensuel de ces
contrats : l'État n'ayant besoin d'aucun formalisme,
pour obliger envers lui les particuliers.

Il faut ajouter qu'aux temps anciens, l'État seul se

1. *Les baux de cinq ans du droit romain, Nouvelle revue historique
du droit français et étranger*, janvier-février 1886.

trouvait amené à user de la location, puisque seul
il avait des revenus et des terres considérables, qu'il
ne pouvait exploiter par lui-même. Les particuliers,
au contraire, n'avaient que quelques parcelles de terre,
dont ils assuraient facilement la culture, à l'aide de
leurs fils et de leurs esclaves et encore par le précaire. Quand plus tard, ils durent recourir à la location,
ils furent naturellement conduits à prendre pour mo-
dèles les baux des biens de l'État et des cités : le trait
saillant de ces baux était une durée uniforme de cinq
ans ; les baux des particuliers le reproduisirent.

Pour combien de temps est conclu le bail qui ne
contient pas une assignation expresse de durée ? Les
textes ne prévoient pas l'hypothèse. Au cas de tacite
reconduction, le nouveau bail est d'un an ; l'analogie
conduit à appliquer cette règle au bail dont la durée
n'a pas été fixée par les parties. Peut-être y avait-il lieu
de tenir compte, sur ce point, de l'usage des lieux.

CHAPITRE IV

DES EFFETS DE LA LOCATION DES BIENS RURAUX

Contrat synallagmatique, le louage des biens ruraux crée entre les deux parties des obligations réciproques.

SECTION PREMIÈRE

Des obligations du locateur.

Les obligations du locateur se réduisent à celle-ci qu'il doit, pendant toute la durée du bail, procurer au preneur une jouissance utile du fonds loué, telle que les parties l'avaient en vue en contractant.

Ayant pour objet « un fait durable, une durée de jouissance [1] », cette obligation ne peut être exécutée en une seule fois ; son exécution est successive et se perpétue, pendant tous les instants que dure le bail.

---

1. Voyez M. Labbé, *Etude sur quelques difficultés relatives à la perte de la chose due et à la confusion*, n°s 102 et s.

Cette obligation générale comprend les obligations suivantes.

§ 1er. — Le locateur doit délivrer le fonds loué, en bon état, au preneur.

C'est le premier acte d'exécution des obligations du locateur, celui qui, selon l'expression moderne, permet au conducteur d'entrer en jouissance du fonds loué. Cette remise du fonds loué au conducteur, ne lui transfère aucun droit sur le fonds, il n'acquiert pas la possession, mais une simple détention matérielle, qui lui permet d'en tirer le profit que les parties avaient en vue en contractant. Il est mis à même de pouvoir cultiver le fonds, d'y faire croître des fruits et de les récolter. Il n'acquiert les fruits comme l'usufruitier, que par la perception (*Inst.* § 36, II, 1). Mais tandis que l'usufruitier et le fermier ne les acquièrent qu'autant qu'ils les ont perçus eux-mêmes, ou les ont fait percevoir, le possesseur de bonne foi les acquiert dès qu'ils ont une existence distincte, c'est-à-dire lorsque, d'une manière quelconque, ils sont séparés de la chose frugifère (L. 48, pr. D. 41, 1). La délivrance doit comprendre tous les accessoires convenus, expressément ou tacitement.

Ulpien énumère divers ustensiles, nécessaires à l'exploitation, qu'il était d'usage de livrer au preneur pour la culture des olives et des vignes et que l'on désignait sous le nom d' « *instrumentum fundi* » (L. 19, § 2, *D. h. t.*) Ce sont des vaisseaux pour le vin ou l'huile, un pressoir pour les vins et un autre pour les olives, une chaudière pour laver les olives. Ces objets sont dus, s'il n'en a été autrement convenu : *Hæc omnia sic sunt accipienda, nisi si quid aliud specialiter actum sit.* On en peut conclure que, chaque fois où le fonds a été loué *cum instrumento,* le fermier doit recevoir tout ce qui est attaché au fonds et se trouve compris, d'après l'usage du pays, dans cette expression d'*instrumentum fundi.* Tous les objets compris au bail doivent être délivrés en bon état.

Le bailleur qui n'effectue pas la délivrance à l'époque convenue, encourt des dommages et intérêts, à moins qu'elle ne soit rendue impossible par la perte du fond loué, survenue par cas fortuit

§ 2. — Le locateur doit entretenir la chose louée, en bon état, pendant toute la durée du bail.

Il ne suffit pas que le bailleur ait délivré le fonds loué en bon état au conducteur, il doit le maintenir tel, pendant toute la durée du bail; c'est la conséquence forcée de ce que son obligation de procurer au conducteur une jouissance utile, se perpétue autant que dure le contrat. Il doit faire à la maison

d'habitation et aux bâtiments d'exploitation, toutes
les réparations nécessaires, autres que celles qui sont
occasionnées par la faute du preneur (L. 15, § 1 et
L. 25, § 2, *h. t.*)

§ 3. — Garantie des vices.

Le locateur répond des vices de la chose louée,
qu'ils aient existé lors du contrat ou soient survenus
depuis. Il n'y a pas à considérer, non plus, s'il en a
connu ou ignoré l'existence. Dans tous les cas, dès
l'instant où la jouissance du preneur est diminuée
ou empêchée, en tout ou en partie, l'obligation du
bailleur n'est plus entièrement exécutée, et celle du
preneur de payer la *merces*, cesse dans une proportion correspondante à la privation subie.

La bonne foi du locateur n'est à envisager que
pour savoir s'il est tenu à des dommages et intérêts.
Il y a, sur cette question, un texte d'Ulpien, qui paraît contradictoire (L. 19, § 1, *D. h. t.*). Quelqu'un a
donné en location des vaisseaux ou des tonneaux dé-
fectueux, qui ont laissé échapper le vin : le locateur
sera tenu, *in id quod interest : nec ignorantia ejus erit
excusata*. Au contraire, vous avez loué des pacages
où croissaient des herbes vénéneuses, qui ont fait périr
ou ont rendu malades les troupeaux de votre fermier ;

si vous connaissiez l'existence de ces mauvaises herbes, vous êtes obligé de réparer le préjudice qu'elles
ont causé à votre fermier ; si vous l'ignoriez, vous
n'êtes tenu qu'à ne pas réclamer la *pensio*.

Il est difficile de comprendre le motif qui dicte des
solutions différentes, dans deux espèces qui paraissent
bien voisines. On peut dire cependant qu'un propriétaire de tonneaux peut s'assurer, avant de les louer,
qu'ils sont en bon état : cela lui est facile. Tandis
qu'on ne saurait exiger d'un propriétaire de pâturage,
qu'il sache que son fonds est infesté de mauvais herbes, qui peuvent faire leur apparition à tout instant et
sans qu'on s'en aperçoive.

On est amené à conclure de cette dernière solution,
que le locateur n'est pas tenu à réparer le dommage
causé par les vices survenus au cours du bail : ils
ne pourront qu'entraîner une diminution de la *merces*.

§ 4. — Le locateur doit garantir au preneur une jouissance paisible.

Obligé de maintenir le conducteur en jouissance du
fonds loué, il va de soi que le locateur ne doit faire
aucun acte qui diminue ou empêche cette jouissance.

La première conséquence de cette obligation est

qu'il ne peut expulser le conducteur, tant que celui-ci
exécute ses obligations. La loi Æde (L. 3, Code *h. t.*)
apporte une exception à cette règle, en autorisant le
locateur d'une maison à expulser le conducteur, s'il
prouve qu'il a besoin de sa maison pour son usage
personnel, ou s'il veut la réparer. Cette dérogation
aux principes du louage ne doit pas être étendue,
hors de l'hypothèse à laquelle l'applique le texte :
elle ne concerne que la *locatio prædiorum urbano-
rum* et non la *locatio prædiorum rusticorum*. Sans
expulser le preneur, le bailleur d'un fonds rural, a le
droit de faire les réparations qui deviennent nécessaires.

Lorsque le conducteur est évincé, en tout ou en partie du fonds loué, il est libéré de ses obligations dans
une mesure correspondante à l'éviction subie. Il est,
de principe absolu que la *merces* n'est due qu'autant
qu'il y a eu jouissance : *ex locato tenetur conductor ut
prorata temporis quo fruitus est, pensionem præstet*
(L. 9, § 1, *D. h. t.*).

Parfois, le preneur évincé a droit à des dommages et intérêts ; le locateur est tenu envers lui,
*quanti ejus interfuerit frui : in quo etiam lucrum ejus
continebitur* (L. 33, *D. h. t.*). A ce point de vue, il
y a à distinguer, entre les diverses causes d'éviction. Quand le preneur est mis dans l'impossibilité
de jouir du fonds loué, par un fait imputable au

locateur, celui-ci est toujours tenu, *in id quod inte-rest.*

Le locateur a loué son fonds à deux personnes dif-férentes : le bail sera exécuté à l'égard de celui qui, le premier, entrera en jouissance, sans que l'on tienne compte de la date des baux : *in pari causa melior est causa possidentis.* Au contraire, si le conflit s'élève, alors qu'aucun des deux preneurs n'est en possession, celui-ci l'obtiendra dont le bail est le plus ancien. Le *con-ductor* évincé, quel qu'il soit, réclamera utilement au locateur, la réparation de tout le préjudice que lui cause l'inexécution du contrat : *in quo etiam lucrum ejus continebitur.*

On verra que l'acheteur n'est pas tenu de respecter le bail, s'il ne s'y est pas obligé par un pacte spécial. Le locateur qui vend son fonds, sans avoir la précau-tion de stipuler le maintien du bail en cours, sera obligé d'indemniser complètement le preneur expulsé par l'acquéreur. Il dépendait de lui d'empêcher cette éviction. La même règle s'applique au cas de consti-tution d'usufruit ou de legs ; dans cette dernière hypothèse, le preneur, évincé par le légataire, s'a-dressera à l'héritier contre lequel il a l'action *con-ducti* (L. 32. *D. h. t.*).

Pour accorder des dommages et intérêts au pre-neur évincé, on suppose que le locateur ne s'était pas réservé par le bail le droit d'expulsion, pour le cas de vente, de constitution d'usufruit ou de legs.

La jouissance du preneur peut être empêchée par un fait indépendant de la volonté du locateur : celui-ci devra parfois des dommages et intérêts, parfois n'en devra pas

Celui qui a loué un fonds appartenant à autrui, ne peut empêcher le propriétaire d'évincer le preneur. Dans le cas où il a agi *per fraudem*, c'est-à-dire en sachant que le fonds était à autrui et sans s'être assuré qu'il obtiendrait du véritable propriétaire le maintien du fermier, alors que celui-ci ignorait que la chose qu'on lui louait n'appartenait pas au *locator*, il doit, sans difficulté, indemniser le preneur évincé, des suites de sa mauvaise foi.

Mais il se peut que le *locator* ait cru louer sa chose, alors qu'en réalité, il louait celle d'autrui. L'éviction du preneur venant à se produire, il n'en doit pas moins l'indemniser.

Cette solution est formellement imposée par les textes, notamment par une loi d'Ulpien (L, 9, *pr. D. h. t.*) où la bonne foi du *locator* est expressément supposée : *si quis domum bona fide emptam vel fundum locaverit mihi, isque sit evictus sine dolo malo culpaque ejus: Pomponius ait, nihilominus eum teneri ex conducto ei, qui conduxit : ut ei præstetur, frui, quod on duxit, licere.* Le locateur est responsable dès que,

n'ayant pas, au moment du bail, un droit suffisant
sur la chose pour en procurer la jouissance au preneur « il n'a pas réussi à écarter les chances d'éviction qui découlaient de ce défaut de droit en sa personne [1] ».

La cause de l'éviction est antérieure au contrat et
on peut dire que le locateur est en faute de ne s'être
pas assuré, avant de louer le fonds, qu'il était à même
d'exécuter son obligation.

Ulpien indique au locateur d'une maison, dont le
conductor est ainsi expulsé, un moyen d'échapper à la
condamnation : *Plane, si dominus non patitur, et locator paratus sit alium habitationem non minus commo-
dam præstare, æquissimum esse ait, absolvi locatorem*
(*ibid*). Le locateur d'un fonds rural peut-il également
échapper aux dommages et intérêts, en fournissant
au preneur expulsé par le *verus dominus*, un domaine
pareil à celui qu'il lui avait loué ? Le texte d'Ulpien
ne paraît pas comporter cette extension : dans la première partie où il pose le principe de l'indemnité, il
met sur le même pied le locateur d'une maison et
celui d'un fonds rural : dans la seconde, au contraire,
il n'est plus question que du premier. C'est donc que
cette dernière décision lui est spéciale et que le bailleur à ferme n'a pas la même faculté. On comprend,

1. V. M. Labbé, *Dissertations de droit romain et de droit français,
« De la garantie »*, p. 49.

du reste, qu'il est bien plus facile de fournir une
maison aussi commode, que de trouver un domaine
ayant les mêmes qualités de fertilité et de conve-
nance, pour le preneur, que celui qui avait été
loué.

Quand la chose louée n'appartient pas au locateur,
le preneur qui en devient propriétaire, cesse évidemment de devoir la *merces* pour l'avenir. A-t-il droit à
une indemnité? Prévoyant le cas d'acquisition à titre
gratuit, la loi 9 § 6, *D. h. t.*, ne lui en accorde pas et
ajoute que la *merces* est due pour le temps écoulé.
En est-il de même, si l'acquisition est à titre onéreux?
Les textes ne prévoient pas l'hypothèse. La même
solution paraît devoir être admise: le contrat de location n'a causé aucun préjudice au preneur.

Quand la jouissance du fonds a été promise par
quelqu'un qui avait toute qualité pour cela et que,
au cours du bail, elle est enlevée au preneur par un
cas fortuit ou de force majeure, celui-ci n'a droit à
aucun dommage et intérêt. C'est ce que décide fort
justement la loi 33 d'Africain qui a donné lieu à de
graves difficultés, au sujet des risques en matière de
vente : *sin vero ab eo interpellabitur, quem tu prohi-
bere propter vim majorem, aut potentiam ejus non
poteris, nihil amplius ei quam mercedem remittere,
aut reddere debebis.* Le preneur ne tirant plus profit
du fonds ne doit plus la *merces*; mais, d'autre part,

on ne peut reprocher aucune faute au locateur ; puisque l'exécution de son obligation est rendue impossible, par un événement postérieur à la formation du
contrat, qui lui est complètement étranger et qu'il
n'a pu écarter ; il ne sera pas condamné à des dommages et intérêts, quelque préjudice qu'ait éprouvé le
conducteur. Le fait du prince, les ravages causés par
une armée ennemie, la perte matérielle du fonds,
sont des événements de force majeure.

§ 5. — Obligation de rembourser certaines dépenses

Cette obligation ne suit pas tout contrat de louage :
il faut supposer que le fermier a fait sur le fonds, des
dépenses *nécessaires* ou *utiles*, que ne lui imposait
pas le bail : *In conducto fundo, si conductor sua
opera aliquid necessario vel utiliter auxerit, vel œdifi-
caverit, vel instituerit, cum id non convenisset: ad reci-
pienda ea quæ impendit, ex conducto cum domino fundi
experiri potest.* » (l. 55, § 1, *D. h. t.*)

Les dépenses nécessaires doivent être faites, d'a-
près le contrat, par le locateur ; en s'en chargeant, le
preneur ne fait qu'exécuter l'obligation du bailleur.

Quant aux dépenses utiles, elles accroissent la valeur du fonds, augmentent le patrimoine du locateur ;
le caractère de bonne foi du contrat de louage ne permet pas qu'une des parties s'enrichisse au détriment
de l'autre.

Il est à remarquer que cette solution, favorable à
l'agriculture, après avoir été complètement repoussée
par notre droit, en ce qui touche les dépenses utiles,
est reprise dans une mesure très restreinte par le
projet du code rural, relatif au colonat partiaire. L'article 7 de ce projet décide que si le bail à colonat est
résilié par la mort du preneur ou par la vente de la
métairie en vertu d'une clause spéciale du bail autorisant l'acquéreur à expulser le colon, celui-ci a droit
à une indemnité pour les *impenses* extraordinaires
qu'il a faites jusqu'à concurrence du profit qu'il aurait pu en tirer, pendant la durée de son bail [1].

SECTION II
Obligations du Preneur.

D'une façon générale, le preneur d'un bien rural
doit livrer les diverses prestations qui constituent la
merces, aux époques convenues, jouir du fonds loué
en bon père de famille, en conservant à chaque partie la destination que lui assigne le contrat, et le restituer au locateur, à l'expiration du bail.

1. La Chambre des députés est actuellement saisie de trois propositions de loi, émanant de l'initiative parlementaire et tendant à accorder au fermier à prix d'argent, une indemnité pour la plus-value qu'il
a procurée au fonds loué par son travail ou par ses déboursés. Voir
sur ces propositions de loi, M. Escorbiac, *Lois nouvelles*, année 1889,
nᵒ 3.

L'étendue de ces obligations est déterminée par la convention, à défaut par la nature du contrat : *conductor omnia secundum legem conductionis facere debet*; *et, si quid in lege prætermissum fuerit, id ex bono et æquo præstare debet (Inst.* III, XXIV, 5*).* Ce caractère de bonne foi permet de tenir compte des usages du pays, les textes constatent l'importance qu'avaient ces usages, en matière de location : *Circa locationes atque conductiones maxime fides contractus servanda est, si nihil specialiter exprimatur contra consuetudinem regionis (l.* 19. *Cod. h. t.)*

§ 1er. — Le preneur doit acquitter la merces.

C'est la principale obligation du preneur; elle répond à l'obligation corrélative du locateur de procurer la jouissance du fonds.

Il faut séparer, à ce sujet, les locations à prix d'argent et les locations à part de fruits, ou colonat partiaire.

α. *Baux à prix d'argent.* — On conçoit que la *merces* se paye en une seule fois, ou se décompose en une série de prestations, exigibles à des époques périodiques. C'est ce dernier procédé qui paraît avoir été usité à Rome : il répond mieux à l'obligation du locateur, dont l'exécution, loin d'être unique, se réalise à tous les instants du bail. De plus, le premier système présente des inconvénients assez graves. Le paiement unique, effectué au début du bail, alors que le colon n'a encore tiré aucun profit du fonds, exige une avance qui sera lourde pour ce dernier, que bien souvent il serait incapable de faire.

En outre, il court le danger, dans le cas où le locateur n'exécuterait pas entièrement ses obligations, de ne pouvoir utilement répéter ce qu'il se trouvera avoir payé en trop. En sens inverse, le paiement unique, effectué à la fin du bail, devient périlleux pour le bailleur, au cas d'insolvabilité de son fermier et le prive trop longtemps du revenu de son domaine, dont il peut avoir besoin pour pourvoir à sa subsistance..

Ces considérations, ajoutées aux renseignements fournis par plusieurs textes, permettent de conclure que l'usage, très général à Rome, était que la *merces* se fractionnât en plusieurs prestations, dont chacune prenait le nom de *pensio*.

M. Maynz [1] pense que les loyers des maisons se payaient, tous les six mois, et les fermages, tous les ans. Ce fait put être très fréquent ; il comportait certainement des exceptions. La loi 24, § 2, *D. h. t.*, cite un exemple de fermage, payable tous les cinq ans. Une constitution de Valentinien (l. 3. C. Théod. XI, 19.), nous présente des emphytéotes payant une rente double en argent et en fruits ; la rente en fruits, tous les quatre mois, la rente en argent, à l'époque la

_____

1. *Cours de droit romain*, § 301, note 21.

plus favorable pour le preneur, selon la facilité qu'il avait, à vendre ses récoltes.

Bien qu'il ait été convenu que le propriétaire accepterait en paiement une certaine quantité de froment, pour un prix déterminé, il lui est loisible de refuser le froment et d'exiger que toute la *merces* lui soit payée en argent, mais il appartient au juge de tenir compte au fermier de l'intérêt qu'il avait à fournir la quantité de froment convenue, au lieu d'une somme d'argent : (l. 19, § 3, *D. h. t.*).

Quand la *merces* n'est pas payée au terme convenu, le locateur fait courir les intérêts par une simple interpellation : dans les contrats de bonne foi, les intérêts sont dus par le débiteur en demeure : *non ignarus, ex locato et conducto actionem, cum sit bonæ fidei, post moram usuras legitimas admittere* (l. 17 Co. IV, 65). Il peut aussi être stipulé dans le contrat, que les intérêts seront dus de plein droit, par le *conductor* en retard.

Quelque abondantes que soient les récoltes, le propriétaire ne peut jamais réclamer au preneur un fermage supérieur à celui qui a été convenu. Par contre, il est obligé, dans certains cas, de lui faire des remises totales ou partielles.

Quand le fonds, par suite d'un fait étranger au *conductor*, ne donne aucun fruit ou ne produit qu'une récolte sensiblement inférieure à celle qu'il donne habituellement, il est vrai de dire que le locateur n'a pas entièrement exécuté son engagement de faire jouir utilement le preneur du fonds loué, ne l'a pas mis à même d'en retirer des fruits; or, c'est cette faculté de tirer des fruits du domaine qui fait l'objet du contrat. Dès lors, le preneur n'est plus tenu d'exécuter son obligation, par suite de la corrélation absolue qui existe entre l'exécution des obligations des deux parties. Il suit que le *conductor* n'a droit à une remise qu'autant que la perte des fruits est survenue avant qu'ils aient été séparés du fonds — car, dès qu'il les a perçus, l'exécution de l'obligation du locateur est complète, — que cette perte a une certaine importance et qu'elle est le résultat d'un cas fortuit.

Une perte modique n'autorise pas le *conductor* à réclamer une remise : Gaius nous en donne la raison : *alioquin modicum damnum æquo animo ferre debet colonus, cui immodicum lucrum non aufertur.* Ce dommage fait partie de l'aléa que l'on ne peut éloigner d'aucun contrat : il faut un dommage considérable : *si plus, quam tolerabile est, læsi fuerint fructus* (l. 25, § 6, *D. h. t.*) Les textes ne précisent pas davantage, ils n'indiquent pas, comme le fait notre Code civil (art. 1769 et 1770), le *quantum* de la perte qui autorise le preneur à demander une remise. Ce point est laissé à l'appréciation du juge.

Quand le bail est de plusieurs années, on tient compte de toutes les récoltes, et le *conductor* n'a droit à une remise qu'autant que l'excédant des bonnes récoltes ne compense pas le déficit des mauvaises : le terme de comparaison est la récolte moyenne, que produit habituellement le fonds. Dans le cas où la perte a lieu alors que les années écoulées ne la compensent pas, le preneur demande utilement une diminution sur la *merces* afférente à la récolte qui n'a pas réussi, mais si, en fin d e l ail, es récoltes ultérieures l'ont indemnisé, il doit restituer la remise obtenue (l. 15, § 4, D. h. t.)

Il faut en outre, que l'insuccès de la récolte ne puisse pas être imputé à son fait ou à sa négligence et soit le résultat d'une force majeure et exceptionnelle, à laquelle il n'a pu résister et qu'il n'a pu prévoir : *si nihil extra consuetudinem acciderit, damnum coloni esse* (l. 15, § 2, *D. h. t.*) Il a dû prevoir l'événement qui se produit habituellement et en tenir compte dans la discussion du contrat.

Ulpien définit la force majeure, dont répond le bailleur et nous donne quelques exemples : *Servius omnem vim, cui resisti non potest, dominum colono præstare debere ait : ut puta, fluminum, graculorum, sturnorum, et si quid simile acciderit ; aut si incursus hostium fiat* (ibid.)

Si l'événement qui a détruit la récolte se rattache à

la chose louée, il n'y a pas lieu à remise ; *si quæ tamen vitia ex ipsa re oriantur*, *hæc damno coloni esse*, comme si les récoltes ont été dévorées par les vers ou étouffées par les mauvaises herbes. Il paraît y avoir antinomie entre cette solution et la précédente : on peut dire cependant que, par une meilleure culture, avec plus de vigilance, le fermier aurait pu détruire les vers et les mauvaises herbes, qui ne constituent pas absolument une force, à laquelle il n'a pu résister.

Quelle que soit la perte éprouvée par le fermier, il ne peut obtenir qu'une remise de la *merces*, proportionnelle à la quotité de la récolte détruite : en aucun cas, il n'a droit à des dommages et intérêts, pour ses frais de culture et de semence (l. 15, § 7, *D. h. t.*)

Le bailleur peut stipuler dans le contrat que le fermier n'aura droit à aucune remise, en le chargeant des cas de force majeure: *si quis fundum locaverit, ut, etiam si quid vi majore accidisset, hoc ei præstaretur, pacto standum est* (l. 9, § 2, *D. h. t.*)

6. *Colonat partiaire.* — Aucun texte n'indique à quelle époque le colon partiaire doit remettre au locateur la part de fruits qui lui revient : il n'est pas téméraire de supposer que cette délivrance s'effectuait, aussitôt la récolte levée. Les mesures de surveillance que Pline[1] organise, pour se prémunir contre les frau-

1. Pline, *Lettres*, IX, 37.

des de ses colons, montrent que les propriétaires romains, comme ceux des temps modernes, avaient à
redouter des détournements, qu'ils s'efforçaient d'é-
viter en se faisant remettre leur part de fruits aussitôt
que cela était possible.

La quotité de fruits revenant au locateur n'est pas
diminuée, au cas de mauvaise récolte. Mais on peut
dire que la réduction de la *merces* s'opère d'elle-même,
puisque le *quantum* de la part de fruits livrée au locateur varie avec les bonnes et les mauvaises récoltes.

Si peu sensible qu'ait été l'insuccès de la récolte, le
locateur en ressent les effets, tandis que, dans la location à prix d'argent, il ne les subit qu'autant qu'il est
d'une certaine importance. Cela résulte, par la force
même des choses, de la nature de la *merces* dans le
colonat partiaire et c'est bien ce que semble constater
le texte de Gaius, si on tient compte du membre de
phrase qui le précède : après avoir rappelé que la
perte modique est supportée par le *colonus*, le jurisconsulte continue immédiatement ainsi : *Apparet autem de eo nos colono dicere, qui ad pecuniam numeratam conduxit : alioquin partiarius colonus, quasi societatis jure, et damnum et lucrum cum domino fundi
partitur* (l. 25, § 6. *D. h. t.*)

Quant aux *operæ* (journées d'homme) et aux *juga*
(journées de bœufs) promises par le colon, elles sont

fournies, à l'époque déterminée par la convention. Les journées, auxquelles étaient astreints les colons du *Saltus Burunitanus*, avaient une destination fixée par le contrat lui-même ; ils devaient deux journées de labour, deux de·sarclage et deux de moisson. Cette détermination précise de l'usage que le *locator* doit faire des journées, stipulées dans le bail, devait être fréquente ; elle a l'avantage d'éviter les contestations sur l'étendue de l'obligation du colon. Aujourd'hui elle est généralement admise dans les baux très nombreux, qui contiennent une promesse de journées d'homme ou de charrois.

§ 2. — Obligation de jouir du fonds loué, en bon père de famille.

Le preneur doit jouir du fonds loué, en bon père de famille, en conservant à chaque partie la destination qui lui est assignée par le bail.

La première conséquence est que, s'il abandonne la culture, sans motif légitime, le locateur peut agir immédiatement contre lui (l. 24, § 2, *D. h. t.*) ; les terres laissées en friche ne tardent pas à perdre de leur valeur.

Le *conductor* doit les cultiver comme fait un père de famille diligent : il doit donner toutes les façons utiles et usitées dans le pays, avec soin et en temps opportun : *ante omnia colonus curare debet, ut opera rustica, suo quoque tempore faciat, ne intempestiva cultura deteriorem fundum faceret* (l. 25, § 3, *D. h. t.*) On comprend que l'étendue de cette obligation varie avec la nature des cultures, et que là, plus encore qu'en toute autre partie du louage, les usages du pays sont à considérer.

L'obligation de bien cultiver est plus rigoureuse pour le colon partiaire que pour le fermier à prix d'argent ; la négligence du second ne nuit au propriétaire, qu'autant qu'elle porte atteinte au fonds lui-même, tandis qu'il est lésé par celle du colon, dès qu'elle entraîne une diminution dans le rendement des récoltes qui constituent la *merces*. Dans un contrat de bonne foi, comme l'est la *locatio*, le juge peut tenir compte de cette différence qui résulte du but que poursuivent les parties en contractant.

Il paraît que les vignerons étaient surtout portés à mésuser de la chose louée : Caton (*De re rust.*, 137), recommande au propriétaire de surveiller attentivement les vignes confiées à un colon partiaire et Columelle conseille de ne pas les affermer, non plus que les champs d'oliviers (*De re rust.*, I. 7).

§ 3. — Obligation de restituer.

Le preneur a reçu la détention du fonds loué, pour un temps déterminé, il en a la garde ; le terme du contrat arrivé, il doit le restituer à son *locator*.

Cette obligation est absolue. Il doit restituer le fonds, lors même qu'il s'en prétend propriétaire. Ce n'est qu'après la restitution qu'il entamera le procès relatif à son droit de propriété : *si quis conductionis titulo agrum... accepit : possessionem prius restituere debet, et tunc de proprietate litigare* (l. 25, *Cod. h. t.*). Le *conductor* ne peut user de cette qualité pour se créer une situation avantageuse ; chaque partie occupera, au procès, la place qu'elle aurait, si le contrat de louage n'avait pas eu lieu.

Une constitution de Zénon décide que les preneurs ou leurs héritiers, qui refusent de rendre le fonds au locateur, avant la sentence du juge, seront tenus, s'ils succombent, non-seulement de lui restituer le fonds, mais encore de lui en payer la valeur : l'empereur les assimile aux envahisseurs (l. 34. C. *h.t.*; l. 7, VIII, 4).

L'obligation de restituer comprend naturellement les bâtiments, ainsi que tous les objets qui ont été remis au *conductor* pour la culture.

Celui-ci n'est dispensé de restituer les objets loués, qu'autant qu'ils ont péri par cas fortuit : car alors l'exécution de son obligation est rendue impossible, sans qu'on puisse lui reprocher aucune faute.

Il répond, au contraire, des pertes et détériorations survenues par sa faute. Quelle est l'étendue de cette responsabilité? Il va de soi qu'il est tenu des dommages imputables à son fait personnel et à son *dol*. Mais il doit de plus veiller à la conservation de la chose louée, il lui doit ce que les textes appellent *custodia*, c'est-à-dire une garde diligente [1] (l. 28, *Cod. h. t.*). Il ne se libère pas en établissant qu'il a apporté, à la garde du fonds, le soin qu'il met habituellement à ses propres affaires. Les *Institutes* de Justinien sont formelles sur ce point : la conduite du preneur est appréciée *in abstracto ;* on la compare à celle qu'aurait tenue, en pareil cas, un père de famille très diligent : *et ab eo custodia talis desideratur, qualem diligentissimus pater familias suis rebus adhibet.* (*Inst.* III, XXIV, 5.)

Cette obligation, déjà très étendue, était parfois augmentée par des clauses spéciales. *In lege locationis scriptum erat,* nous dit Alfenus, *redemptor silvam ne cædito, neve cingito, neve deurito, neve quem cingere, cædere, urere sinito* (l. 29. *D. h. t.*). Le preneur s'engage-t-il, par là, seulement à écarter les personnes qu'il verrait commettre un des actes prohibés par le contrat, ou bien à garder la forêt, de telle sorte qu'aucun de ces actes ne puisse être accompli ?

---

1. C'est le sens habituel du mot *custodia;* dans un texte des *Instituts,* relatif à la vente (l. III, t. XXIII, § 3), ce mot a un sens beaucoup plus compréhensif et signifie l'obligation de préserver la chose vendue des cas fortuits.

Le jurisconsulte répond que, bien que le mot *sincre*
autorise les deux interprétations, c'est à la seconde
qu'il faut s'arrêter.

Il est en effet probable qu'en insérant cette clause
dans le contrat, le locateur s'est proposé d'accroître
l'obligation du preneur ; or, celui-ci était déjà tenu
par son bail, en dehors de toute clause spéciale, d'é-
carter les gens qu'il verrait commettre des dégâts à
la chose louée.

Ou bien il a été convenu que le preneur ne pourrait
loger du foin dans une maison, celui-ci enfreint cette
prohibition et le feu est mis par cas fortuit : il sera
tenu : *quia ipse causam præbuit, inferendo contra conductionem* (l. 11, § 4, *D. h. t.*)

Le principe que le preneur n'est responsable que
des dégâts qu'il aurait pu empêcher, en veillant à la
conservation du fonds, avec les soins d'un bon père
de famille, reçoit exception, quand ces dégâts ont été
commis par un voisin, qui agit en haine de lui . *culpa
autem ipsius et illud adnumeratur, si propter inimi-
citias ejus vicinus arbores exciderit* (l. 25, § 4, *D.
h. t.*) La faute du *conductor* ne consiste pas ici, à
n'avoir pas écarté les dévastateurs, on suppose qu'il
ne le pouvait pas, mais bien à s'être créé des inimitiés
qui ont poussé les délinquants à ravager le fonds
loué. Cette décision qui fait peser sur le *conductor* les
conséquences éloignées de haines, qu'il n'a pas su

éviter, est très rigoureuse et n'a pas passé dans notre
droit.

Le preneur est-il personnellement responsable des
dommages causés par les esclaves, les travailleurs libres et, d'une façon générale, par les personnes qu'il
introduit sur le domaine ? Ulpien fait une distinction :
le preneur est responsable quand il a commis une
faute en introduisant sur le domaine la personne qui
l'a détérioré ; sinon, il se libère envers le propriétaire,
en lui faisant l'abandon noxal de l'esclave et en lui
cédant les actions qu'il a contre les personnes libres
(l. 11, pr. *D. h. t.*)

Bien que le texte ne le dise pas, il est probable que,
dans cette hypothèse, la faute du preneur consiste à
faire pénétrer sur le fonds des individus, habituellement malhabiles ou imprudents.

Notre Code n'admet pas cette distinction : le preneur est tenu des dégradations et des pertes, qui arrivent par le fait des personnes de sa maison (1735).

L'obligation de restituer s'applique aux servitudes
actives : le preneur est résponsable de celles qu'il a
laissé éteindre par non usage. Il doit veiller à ce que
le droit du locateur, ne souffre aucun atteinte :
*Item prospicere debet conductor, ne aliquo vel jus rei,
vel corpus deterius faciat, vel fieri patiatur* (l. 11, § 2,
D. h. t.)

Notons, en terminant, que le *conductor* supporte la

perte fortuite des objets qui lui ont été remis, avec
estimation, pour l'exploitation du fonds [1].

SECTION III

Des risques.

Dans la vente, le péril de la chose vendue est à la
charge de l'acheteur, dès l'instant où le contrat de
vente est parfait, sans qu'il y ait à distinguer selon
que la chose a été livrée ou ne l'a pas été, au moment
de sa destruction (*Inst*. liv. 3, tit. 23, § 3). La chose
vendue venant à périr par cas fortuit, le vendeur n'en
peut pas moins réclamer le prix à l'acheteur. Cette
solution se justifie, non point par une considération
d'équité qui voudrait que la même personne eût à la
fois « le *periculum* et le *commodum rei* », mais par
une règle de droit [2]. Les obligations du vendeur et de
l'acheteur doivent coexister au moment de la formation du contrat, puisqu'elles sont la raison d'être l'une
de l'autre ; mais, dès qu'elles sont nées, elles ont une
existence distincte et séparée. L'extinction de l'obligation du vendeur n'entraîne pas l'extinction de l'o-
bligation de l'acheteur. La perte fortuite de la chose
vendue — on suppose qu'il s'agit d'un corps certain
— rend impossible l'exécution de l'obligation du

---

1. V. Maynz, *Cours de droit romain*, § 30., 3ᵉ édition, T. 2. page
219.
2. V. M. Labbé, *op. cit.*, p. 96 et suiv.

vendeur, elle le libère. Cette destruction est sans influence sur l'obligation de l'acheteur, dont l'exécution reste possible.

Il semble que dans la location qui, comme la vente, crée entre les parties des obligations réciproques mais distinctes, la même solution devrait être admise, et que, le fonds venant à périr par cas fortuit, le preneur dût néanmoins rester tenu de payer la *merces*. Cependant, il est hors de doute que le preneur, dès qu'il est privé de la jouissance du fonds, cesse d'être obligé de payer la *merces* qui n'est due que proportionnellement à la jouissance procurée (l. IX, § 1, *D. h. t.*). Dans le louage, les risques sont à la charge du bailleur.

Pothier expliquait cette solution, en faisant du contrat de louage une vente des fruits futurs. « Or, de même que la vente des fruits futurs n'est valable et que le prix n'en est dû qu'autant que ces fruits naîtront et seront, par leur existence, la matière du contrat (*Traité du contrat de vente*, n° 5). On doit pareillement décider qu'il ne peut être dû de loyer, lorsque le conducteur n'a pu avoir aucune jouissance ni usage, dont ce loyer soit le prix [1]. »

En effet, dans la vente conditionnelle, les risques sont à la charge du vendeur jusqu'à l'arrivée de la condition. Mais nous ne pouvons admettre cette ex-

---

1. *Du contrat de louage* n° 139, éd. Bugnet t. 4, p. 54.

plication, puisque nous avons repoussé le système qui décompose ainsi le louage en une série de ventes conditionnelles.

Le louage n'a pas pour objet les fruits à naître, mais bien le droit de cultiver et de jouir.

Dès que le contrat est formé, le bailleur est obligé à faire jouir le preneur pendant toute la durée du bail. Mais, par la force des choses, cette obligation ne peut pas s'exécuter en une fois ; tandis que dans la vente « tous les droits que produit le contrat sont instantanés [1] », elle dure autant que le bail ; son exécution est successive, elle commence avec le bail et ne finit qu'avec lui ; c'est ce qui la distingue de l'obligation à terme, dont l'exécution peut avoir lieu en un seul instant de raison, mais ne doit se produire qu'à une époque, plus ou moins éloignée, de la formation du contrat.

L'obligation du fermier est aussi pure et simple : et dès que le contrat est formé, il est obligé au paiement de toute la *merces* : s'il paie des loyers d'avance, se référant à une jouissance, dont il est ensuite privé par un cas fortuit, il les réclamera par l'action *conducti* et non par la *condictio indebiti* (l. XIX, § 6, *D. h. t.*).

Mais l'exécution de son obligation dépend de l'exécution de l'obligation du bailleur.

---

1. Proudhon, *Traité des droits d'usufruit*, t. II, nº 993. — Bugnet sur Pothier, t. IV, p. 3.

L'obligation du preneur « cesse de se former et de s'accroître dès que son corrélatif nécessaire, l'obligation du bailleur, est arrêtée, faute d'objet, dans son développement[1] ».

SECTION III

Actions naissant du contrat de location.

§ 1er. — Actions locati conducti.

La *locatio-conductio* donne naissance à deux actions : le *locator* a, pour assurer l'exécution des obligations du *conductor*, l'action *locati*, et celui-ci réclame l'exécution des obligations du premier par l'action *conducti*.

Toutes les obligations que nous avons relevées à la charge des deux parties, sont sanctionnées par l'une de ces deux actions ; il serait superflu de les énumérer à nouveau.

Il faut noter que ces actions aboutissent, le cas échéant, à la résiliation du bail. Il paraît d'abord surprenant qu'une action destinée à assurer l'exécution d'un contrat, puisse être employée pour en obtenir la destruction. Cependant, comme cette résiliation résulte soit d'une condition résolutoire expresse insérée

1. M. Labbé, *oper. citat.*, p. 121.

dans le bail, soit de l'inexécution des clauses du contrat, on peut dire qu'elle a pour objet d'assurer l'exécution du contrat, qu'elle en est la sanction la plus énergique.

On voit dans la loi XV, § 9, *D. h. t.*, que l'action *conducti* est donnée au fermier, *ut locatione liberetur* : un pupille, héritier d'un fermier, sur la volonté de son tuteur, s'abstient de l'hérédité ; il est ensuite restitué *in bona paterna*, alors que le fonds a été reloué par le propriétaire ; il ne peut réclamer à ce dernier que sa propre libération : *ex conducto nihil amplius eum consecuturum, quam ut locatione liberetur (ibid.)*.

Comme toutes les actions destinées à sanctionner des contrats qui créent des obligations réciproques, les actions *locati* et *conducti* sont de bonne foi.

Il suit que le juge, statuant *ex æquo* et *bono*, peut, sous le système formulaire, sans que l'exception de dol ait été insérée dans la formule, tenir compte du dol émanant de l'une des parties, compenser les diverses prestations que se doivent mutuellement les adversaires, condamner le *conductor* aux intérêts de la *merces* que la convention ou une mise en demeure a fait courir, accorder aux parties les dommages et intérêts qui leur sont dus, pour inexécution des obligations. Les clauses du bail sont interprétées en tenant compte des coutumes locales et de l'intention présumée des parties.

Après la suppression des formules, le juge s'inspire des mêmes considérations d'équité et de bonne foi.

Un autre caractère des actions *locati conducti* est qu'elles sont personnelles ; chaque partie ne peut exercer l'action que lui donne le contrat, qu'à l'égard de son co-contractant. Si le preneur subit quelque trouble dans sa jouissance de la part de tiers, préten- dant un droit sur le fonds, il ne peut agir contre lui ; il n'a que la ressource de s'adresser par l'action *con- ducti* au locateur, qui doit le garantir.

Quand les fruits sont volés, alors qu'ils sont atta- chés au sol, le *conductor* n'a pas, contre le voleur, la *condictio furtiva*, qui n'appartient qu'au propriétaire de l'objet volé. Or le preneur, comme l'usufruitier, n'acquiert la propriété des fruits, que par la percep- tion ; jusque là, ils appartiennent au propriétaire du fonds (§ 36, *Inst.* II, 1). Sa situation est meilleure que celle de l'usufruitier, en ce qu'il peut agir *ex con- ducto* contre son *locator* pour l'obliger à exercer la *condictio furtiva* et à lui en remettre le bénéfice : la bonne foi ne permettant pas que le bailleur cumule le bénéfice des fruits et la *merces : messem, inspiciente colono, cum alienum esse non ignorares, sustulisti ? Condicere tibi frumentum dominum posse Labeo ait : et ut id faciat, colonum ex conducto cum domino actu- rum* (60, § 5, *D. h. t.*).

Par contre, le conducteur a l'action *furti* qui compète à toute personne intéressée : *furti autem actio ei competit, cujus interest rem salvam esse, licet dominus non sit* (*Inst.* IV, I, 13).

§ 2. — Interdit salvien. Action servienne.

La location ne fait naître, au profit du locateur, qu'une créance purement personnelle contre son preneur : l'insolvabilité de celui-ci rend cette créance illusoire.

Dans l'ancien droit, les parties qui voulaient affecter, à l'exécution du bail, une sûreté réelle, étaient obligées de recourir d'abord au contrat *de fiducie*, ensuite au *pignus*. Le gage avait le grave inconvénient de priver le débiteur de la détention de la chose, qui passait entre les mains du créancier gagiste. En fait, il devenait par là impossible dans la location des biens ruraux, le preneur n'ayant, le plus souvent, que le mobilier et les ustensiles nécessaires à l'exploitation.

En considération, sans doute, de cette exigence particulière, à une époque assez incertaine, on imagina de dispenser de l'obligation de la tradition au créancier, les meubles affectés par le *conductor* à la garantie de la créance du locateur, en vertu d'une convention spéciale et apportés par lui sur le fonds loué.

Un préteur du nom de Salvius créa l'interdit qui

prit son nom et qui eut *pour objet de faire acquérir,
en réalité, la possession au locateur*[1].

Plus tard, on alla plus loin, et on accorda au *locator* un *jus in re*, qui résulta également d'une simple
convention : ce progrès fut réalisé par le préteur Servius, au moyen de l'action, dite Servienne.

Nous adoptons, par là, l'opinion d'après laquelle la
création de l'action Servienne est postérieure à celle
de l'interdit Salvien [2].

Des controverses délicates se sont élevées entre
les commentateurs du droit romain, sur les conditions
de succès de l'interdit et de l'action et sur les diffé-
rences qui les séparent.

L'interdit Salvien et l'action Servienne ne compè-
tent qu'au locateur de fonds ruraux ; la convention
d'hypothèque, intervenue en dehors d'un contrat de
louage, est sanctionnée par l'action quasi-servienne.

L'action et l'interdit ne sont donnés qu'au sujet
des meubles affectés par une convention spéciale à la
sûreté du locateur et introduits par le fermier sur le
fonds loué : *res illatæ, inductæ, invectæ in fundum*
(L. L. I et II *D. de Salv. Inter.*).

Il n'est pas douteux que l'action Servienne pût
s'exercer contre tout possesseur de l'objet garantis-
sant la créance du bailleur. On a soutenu, au contraire,

---

1. Voy. Machelard, *Théorie générale des interdits*, p. 108.
2. Machelard, *loc. cit.*

que l'interdit Salvien n'avait d'effet qu'à l'égard du preneur.

Cette opinion a contre elle un fragment de Julien qui ne prête à aucun doute ; il est ainsi conçu : *singuli (domini) adversus extraneum salviano interdicto recte experientur* (l. I, § 1, *D. de Salv. Interdic.*). Un passage de Théophile nous prouve que cette doctrine était également celle de Justinien : *nam si solvere cessaverit (colonus), adversus quemlibet bona coloni possidentem salviano interdicto agetur* [1].

Cette solution, présentée comme certaine par deux textes d'époques très différentes, paraît combattue par une constitution de Gordien : *si te non remittente pignus, debitor tuus ea, quæ tibi obnoxia sunt, venumdedit : integrum tibi jus est ea persequi, non interdicto salviano (id enim tantummodo adversus conductorem, debitoremve competit) sed serviana actione, vel quæ ad exemplum ejus instituitur, utilis adversus emptorem exercenda est* (l. I, Code, *De Preca. et Salvia. Interd.*). Si l'on admet que cette constitution décide que l'interdit Salvien ne peut s'exercer qu'à l'encontre du preneur et non à l'égard des tiers détenteurs, on est amené à en conclure qu'une erreur a été commise, soit par Gordien, soit par Julien et Théophile, ou que, dans l'intervalle qui sépare ces deux derniers jurisconsultes, la législation a été momentanément modi-

---

1. *Paraphrase des Institutes*, traduction d'Otto Reitz, t. II, p. 896.

fiée. Ces trois conséquences paraissent également inadmissibles.

Heureusement, le texte de Gordien comporte une autre interprétation, beaucoup plus vraisemblable. L'empereur ne s'adresse pas à un *locator fundi*, mais bien à un créancier hypothécaire ordinaire, dont le débiteur a vendu et livré le bien hypothéqué, et il lui dit qu'il peut exercer contre l'acheteur l'action servienne, ou plutôt l'action servienne utile (quasi-servienne), mais non l'interdit Salvien, qui suppose l'existence d'un bail. L'empereur oppose ainsi la situation du créancier hypothécaire ordinaire à celle du créancier hypothécaire, qui agit comme locateur ; mais il n'oppose pas le preneur au tiers détenteur. Cette explication concilie les trois textes : il en résulte que l'interdit Salvien pouvait être exercé contre les tiers détenteurs [1].

L'interdit Salvien est *adipiscendæ possessionis causa*. Il n'a trait qu'à la possession et ne touche pas au fond du droit. Le locateur qui triomphe dans cette instance, en devenant possesseur, a l'avantage de tenir le rôle de défendeur dans le procès qui pourra s'élever sur l'existence de son droit réel. Pour réussir, le demandeur doit prouver que les objets, dont il réclame la possession, ont été affectés à la garantie de sa

---

1. *Sic*, M. Accarias, n° 963 et note.

créance par une convention et qu'ils ont réellement été introduits sur son fonds.

Contre le preneur, l'interdit Salvien est perpétuel, mais à l'égard des tiers détenteurs, il ne réussira qu'autant que le colon pourrait triompher par l'interdit *utrubi*.

L'action Servienne est une voie pétitoire; elle emporte décision sur la validité du droit d'hypothèque; le *locator* qui triomphe obtient la possession de l'objet hypothéqué, qui lui permet de le vendre ou d'en devenir propriétaire, dans certaines conditions. Il suit que pour obtenir gain de cause, il doit établir non seulement la convention d'hypothèque et la réalité de l'apport, mais encore la valeur de son droit réel; il lui faut prouver d'abord que le fermier avait qualité pour constituer l'hypothèque, c'est-à-dire qu'au moment de cette constitution, il avait la propriété de l'objet hypothéqué ou qu'il l'a acquise depuis. De plus, s'il agit contre un autre créancier hypothécaire, il est tenu de montrer son droit de préférence. L'action Servienne s'éteint par la *præscriptio longi temporis*.

On voit comment le locateur pouvait succomber à l'action Servienne et triompher à l'interdit Salvien ou inversement et on comprend que l'existence de l'une n'ait pas rendu l'autre inutile.

Le locateur pouvait également recourir à l'interdit Salvien et à l'action Servienne, pour acquérir la pos-

session des fruits, excrus sur son fonds. Au début,
ces fruits ne devenaient la sûreté du locateur, qu'en
vertu d'une convention spéciale; cette convention dut
devenir d'un usage général : on la considéra comme
tacitement sous-entendue, dans toutes les locations
de biens ruraux : *In prædiis rusticis, fructus, qui ibi
nascuntur, tacite intelliguntur pignori esse domino
fundi locati, etiam si nominatim id non convenerit*
(l. VII, pr. D., XX, 2).

CHAPITRE V

FIN DE LA LOCATION DES BIENS RURAUX

§ 1ᵉʳ. — Arrivée du terme. — Tacite reconduction

L'expiration du temps pour lequel il a été contracté, est la fin normale du louage, puisque c'est le terme que les parties ont assigné, par le contrat même, à la durée de leurs obligations.

On voit par les textes que les bailleurs, désireux d'assurer des cultivateurs à leurs domaines, cherchaient parfois, à la fin du bail, à retenir les fermiers malgré eux ; c'était là un abus de la force que les empereurs s'efforçaient de réprimer (1. XI, *Cod. loc. con.*).

Mais si, à l'expiration du bail, le *conductor* reste sur le domaine, avec l'assentiment du locateur, il s'opère un nouveau bail. Le preneur, en restant sur le fonds, alors qu'il était libre de le quitter, et le locateur, en tolérant la présence du *conductor*, quand il pouvait l'ex-

pulser, sont présumés avoir consenti à ce qu'un nouveau bail se formât : *hoc enim ipso quo tacuerunt,
consensisse videntur* (l. XIII, § 11, *D. h. t.*). Le caractère consensuel du contrat permet de sanctionner cet
accord tacite. Reposant sur le consentement présumé
des parties, la tacite reconduction ne peut se produire
qu'autant que ce consentement est possible et émane
de personnes capables de donner et de prendre un
fonds à bail. Si le propriétaire est devenu fou, nous
dit la loi XIV, *D. h. t.*, le nouveau bail ne peut se
former. Cette solution doit être étendue au preneur,
son consentement étant aussi indispensable à la formation du contrat que celui du propriétaire.

Le nouveau bail reproduit les conditions de l'ancien ; en ne manifestant aucune volonté de changement, alors qu'elles pouvaient tout modifier, les parties ont suffisamment montré leur intention de maintenir la situation existante. La *merces* sera la même
et les sûretés données par le *conductor* subsisteront :
sed etiam pignora videntur durare obligata (*ibid*). Cette
solution, conforme à l'intérêt et à la volonté probable des parties, ne peut être admise dans notre droit,
en ce qui touche l'hypothèque, à cause de la solennité de l'acte de constitution.

Quant aux sûretés données par un tiers, elles ne
garantissent pas le nouveau bail, à moins que le tiers
n'y donne son consentement : car la portée de son

engagement ne peut être accrue sans son assentiment (l. XIII, § 11. *D. h. t.*).

Une modification plus dificile à expliquer, apportée
aux clauses du contrat primitif, est que le nouveau
bail n'est réputé fait que pour un an, quel qu'ait été
la durée de l'ancien ; de même, si à l'expiration de
cette année, le preneur reste et est laissé en possession, il se formera, par le consentement tacite des
parties, un nouveau bail qui ne durera également
qu'un an et ainsi de suite.

Ulpien pose la règle, sans en indiquer les motifs
(l. XIII, § 11, *D. h. t.*). Le fait probable est cependant
que les parties, conservant une situation qu'elles pouvaient modifier à leur gré, sans témoigner aucune intention de changement, ont entendu la maintenir entière ; adopter la durée de l'ancien bail aussi bien que
ses autres clauses.

Comment expliquer, dès lors, que la tacite reconduction ne produise jamais que des baux d'une année.

Selon M. Esmein, c'est encore là un trait que le bail
du droit privé a emprunté au bail du droit public.
Voici comment l'éminent professeur justifie cette hypothèse [1].

Le bail du droit public, étant consenti pour un

---

1. *Les baux de cinq ans du droit romain, Nouvelle revue historique de droit français et étranger*, janvier-février 1886.

lustre, aurait toujours dû prendre fin à l'expiration de
la cinquième année ; mais cela présentait, en fait,
d'assez graves inconvénients. Le *census*, en réalité,
n'avait point une périodicité absolument régulière ;
il arrivait assez souvent qu'il fût retardé, même de
plusieurs années, les événements survenus n'ayant
point permis d'y procéder, en temps voulu. Allait-il
résulter de là que, les baux consentis par les derniers
censeurs étant expirés, les terres et revenus de l'État
resteraient sans fermiers, jusqu'à ce que de nouveaux
censeurs pussent les affermer à nouveau ? Cela eût
été absurde, préjudiciable à l'intérêt public, contraire
au désir des fermiers eux-mêmes. On décida, sans
aucun doute, que le bail serait prolongé de plein
droit, renouvelé en quelque sorte tacitement ; mais
cette prorogation ne valait que pour une année, sauf
à admettre, s'il y avait lieu, une nouvelle prorogation. On voulait ne point engager l'avenir : si le *census* n'avait pas pu avoir lieu l'année voulue, il fallait
espérer qu'on pourrait y procéder l'année suivante.

Cette règle passa dans le droit privé, lorsque celui-
ci emprunta le contrat de bail au droit administratif ;
ici encore il y eut une imitation.

§ 2. — Contrarius consensus.

Il est de principe que les contrats qui se forment

par le seul consentement se dissolvent par une volonté contraire (*Inst*. III, XXIX, § 4). Dans le louage, ce mutuel dissentiment peut dissoudre le contrat non seulement lorsqu'il n'a reçu encore aucune exécution, mais aussi au cours du bail. L'exécution des obligations des deux parties étant successive, se continuant pendant toute la durée du bail, les parties peuvent toujours convenir qu'à partir d'un moment donné, cette exécution cessera de part et d'autre, et par là éteindre simultanément, pour l'avenir, toutes les obligations nées du contrat.

§ 3. — Inexécution des obligations, Résiliation.

Le contrat de location peut prendre fin avant l'arrivée du terme, par suite de l'inexécution des obligations auxquelles il donne naissance.

La résiliation peut résulter soit de l'inexécution des obligations du locateur, soit de l'inexécution de celles du *conductor*.

La résiliation sera demandée par le preneur lorsque le locateur ne lui assurera pas la jouissance du fonds, telle qu'elle est définie par le contrat : Il appartient au juge d'apprécier souverainement quand la privation de jouissance, subie par le preneur, est assez considérable pour entraîner la résolution du contrat.

On a vu que les deux obligations principales du preneur étaient, pendant le cours du bail, de payer la *merces* aux époques convenues et de jouir du fonds loué en bon père de famille.

On admet généralement que la demande en résiliation ne peut reposer sur le défaut de paiement de la *merces*, qu'autant que deux années au moins sont dues (L. l. 54 § 1, 56, *D. h. t.*). Mais alors la résiliation est prononcée, bien que bail ne contienne aucune clause résolutoire à ce sujet. La vente au contraire n'est résolue, si le prix n'est pas payé à l'échéance, qu'en vertu d'une convention accessoire, appelée *lex commissoria*. Dans la location, cette clause résolutoire est sous-entendue : le propriétaire a besoin de ses revenus pour vivre. Si le locataire ne paye pas la *merces*, il faut que le locateur puisse relouer son domaine afin de pourvoir à sa subsistance et à celle de sa famille. Il ne faut pas que le mauvais vouloir et l'insolvabilité du preneur puissent priver la famille du propriétaire de ses moyens d'existence. Il y a là un motif d'intérêt social et de haute utilité pratique.

La question de savoir, s'il y a abus de jouissance et si cet abus est assez grave pour entraîner la résiliation du bail, est laissée à l'appréciation du juge. Les textes ne distinguent pas entre les divers abus dont le preneur peut se rendre coupable; ils sont conçus en termes généraux : *si tu male in re locata versata es* (L. 3, *Cod., h. t.*).

Les parties peuvent insérer dans le contrat de louage une condition résolutoire expresse, mais si elles n'ont pas spécialement décidé que, l'événement mis en condition venant à se produire, le bail cesserait de plein droit, sans l'intervention du juge, la résiliation, comme au cas d'inexécution des obligations, ne peut résulter que d'une décision judiciaire.

Une autre règle, commune aux deux hypothèses, est que la résiliation du louage n'a d'effets que pour l'avenir : elle ne touche pas au passé, dont les résultats sont définitivement acquis.

Il arrivait que l'acheteur ne pouvant pas acquitter son prix immédiatement, prenait en location le fonds acheté « *donec pecunia omnis persolveretur* ». (L. 21, *D. h. t.*) Par là il entrait immédiatement en jouissance, tout en laissant la propriété et la possession sur la tête du vendeur jusqu'au payement du prix : en cas de non paiement, celui-ci réclame le fonds par l'action *locati*. Il n'a pas à redouter l'insolvabilité de son acheteur, ni les aliénations qu'il pourrait consentir, s'il lui transmettait la propriété : dès que le prix est payé, le bail cesse.

D'après une constitution de l'empereur Zénon, chacune des parties peut, par sa seule volonté, rompre le bail *intra annum*, pourvu qu'elles ne se soient pas interdit d'user de cette faculté par une convention spé-

ciale, intervenue au début ou au cours du bail, (L. 33,
Code h. t.) Conçue en termes généraux, cette constitution s'applique aux locations des biens ruraux comme
aux locations de maisons [1].

§ 4. — Confusion.

Le bail prend fin par la réunion sur la même tête
des droits et obligations, auxquels il a donné naissance : son exécution devient impossible. Ainsi par
exemple, le conducteur acquiert la propriété ou l'u-
sufruit du fonds (L. 9, § 6, *D. h. t.*; L. 30, § 1, D.
XXXIII, II.).

§ 5. — Le bail prend fin avec le droit du locateur.

Le preneur n'a qu'un droit personnel contre le
locateur, qui s'engage à lui procurer la jouissance
d'un fonds ; quand cette jouissance, pour une cause
quelconque, échappe au locateur, on comprend qu'il
ne peut plus fournir au *conductor* ce qui n'est plus
à lui et ce dernier n'a que la ressource de lui réclamer, dans certains cas, des dommages et intérêts.

Les Romains appliquent ce principe, dans toute sa

---

1. Cujas, dans la *Grande glose sur cette constitution*, et Perezius, dans
ses « *Prælectiones in duodecim libros codicis Justiniani*, p. 344», ne font
pas de distinction.

rigueur, sans tenir compte des intérêts économiques et agricoles, qui ont conduit notre droit moderne à en modérer les effets.

Si le locateur est évincé par le véritable propriétaire, si son droit est résolu ou annulé, si, simple usufruitier il vient à décéder, le bail cesse immédiatement.

Bien plus, le locateur peut, à tout instant, par son propre fait, occasionner l'expulsion du *conductor*. Par le contrat de louage, il ne contracte qu'une obligation personnelle, il ne perd pas le droit d'aliéner le fonds loué ; s'il le vend, l'acheteur n'est pas obligé de respecter le bail.

La loi *emptorem* formule cette solution, qui est conforme à tous les principes de la matière du louage : *Emptorem quidem fundi necesse non est stare colono, cui prior dominus locavit* (L. 9, *Cod. loc. cond.*).

L'acquéreur de la propriété qui a, sur le fonds, le droit réel le plus complet, peut faire de sa chose ce que bon lui semble, il ne connait pas le preneur ; le bail est pour lui *res inter alios acta*.

Le preneur n'a que la ressource de se retourner contre son locateur et de lui réclamer la réparation du préjudice que lui cause une expulsion qui est son propre fait. Ce dernier a tout intérêt à éviter cette éventualité ; il le peut, tout en vendant son fonds, en stipulant dans le contrat de vente, que l'acquéreur sera obligé de respecter le bail. C'est ce que nous apprend

la même loi *emptorem* : l'acheteur n'est pas obligé de
maintenir le colon : *nisi ea lege emit.*

Une pareille clause devait être très fréquente : l'intérêt immense que les vendeurs avaient à l'insérer,
nous en est un sûr garant. Par là, on corrigeait les inconvénients qu'aurait pu présenter l'application d'une
règle rigoureusement exacte, mais dont les conséquences seraient allées parfois à l'encontre des intérêts
de l'agriculture et même de l'équité.

Cette clause était sous-entendue dans les ventes
des biens du fisc.

L'engagement que prenait le locateur dans le bail
même, vis-à-vis du *conductor*, de ne pas aliéner le
fonds loué, n'entraînait pas la nullité de la vente qu'il
consentait ultérieurement, en violation de sa promesse. Et l'acquéreur n'en pouvait pas moins expulser le colon : le pacte intervenu entre ce dernier et
le bailleur est toujours pour lui *res inter alios acta.*

L'acquéreur de l'usufruit a, comme celui de la
pleine propriété, la faculté d'expulser le preneur, à
moins qu'il n'ait promis de le maintenir (L. 59, § 1,
D. VII, 1).

§ 6. — **Perte de la chose louée**.

La perte du fonds, survenue par cas fortuit, met fin,
pour l'avenir, à toutes les obligations issues du con-

trat de louage : le fonds, par exemple, disparaît dans un tremblement de terre, est emporté par une inondation ou par un éboulement.

Le locateur n'exécutant plus son obligation de mettre le conducteur à même de tirer profit du fonds loué, ce dernier se trouve, par voie de conséquence, dispensé d'exécuter les siennes. Et comme on suppose que l'impossibilité de l'exécution n'est imputable à aucune des deux parties, mais bien à un cas purement fortuit, il ne naît aucune créance de dommages et intérêts.

§ 7. — Mort des parties.

En principe, ni la mort du locateur, ni celle du preneur ne font cesser le louage. Il semble cependant que l'on n'a pas admis, sans certaines hésitations, que les droits du *conductor* pussent passer à ses héritiers. Il y a, sur ce point, un texte de Labéon qui peut soulever quelque difficulté d'interprétation ; il est ainsi conçu : *Heredem coloni, quamvis colonus non est, nihilominus domino possidere existimo* (L. 60, § 1, *D. h. t.*). Le jurisconsulte se réfère-t-il à une règle générale, d'après laquelle la qualité de colon ne passe pas à l'héritier de celui-ci, ou plutôt ne s'occupe-t-il pas, dans ce texte, d'une hypothèse particulière, où cet héritier n'aurait pas succédé dans le droit au bail de son auteur, en vertu, par exemple, d'une clause du contrat ?

Au temps d'Ulpien, il n'est pas douteux que l'action *conducti* passe à l'héritier du conducteur ; *ex conducto actionem etiam ad heredem transire palam est* (L. 19, § 8, *D. h. t.*).

L'empereur Gordien (L. 10. *C. h. t.*) et Justinien, dans ses *Institutes* (III, XXIV, 6), posent la même règle. Ces textes prouvent clairement qu'à l'époque où ils ont été écrits, l'héritier du *conductor* continuait sans difficulté le bail de son auteur ; mais la nécessité que les jurisconsultes et les empereurs éprouvent de revenir si fréquemment sur cette règle, paraît bien établir qu'elle n'avait pas été admise sans contestation.

Si la mort des parties ne fait pas cesser le bail, d'après les règles habituelles du contrat, une clause spéciale peut donner à cet événement un effet contraire.

La location est faite avec cette clause, qu'elle durera autant que le locateur le voudra ; celui-ci venant à mourir, la location prend fin, car il n'est plus à même de vouloir la continuer (L. 4, *D. h. t.*).

La mort du locateur peut entraîner également, d'une façon indirecte, la résiliation du louage, s'il a légué le fonds loué. Le colon ne peut être contraint à continuer le bail, car l'héritier est sans intérêt pour exercer contre lui l'action *locati* et le légataire n'a pas d'action. Par contre, le légataire a le droit d'expulser le colon, lors même que celui-ci désirerait exécuter le contrat ; dans ce cas, le colon peut se retourner contre l'héritier et lui réclamer des dommages et intérêts par l'action *conducti* (L. 32. *D. h. t.*).

DROIT FRANÇAIS

BAIL A COLONAT PARTIAIRE

Le colonat partiaire est un contrat de bail, en vertu duquel le preneur, au lieu de s'obliger comme le fermier, à payer une somme d'argent, s'oblige à partager avec le bailleur les fruits venus sur le fonds, suivant une proportion convenue. Ce système d'amodiation est surtout connu sous les noms de colonat partiaire et de métayage. Le projet de Code rural lui consacre un titre spécial [1] qu'il intitule : bail à colonat partiaire. On l'appelle aussi colonage, bail à colonie, à mi-fruits, à portion de fruits. Le preneur prend le nom de colon partiaire ou de métayer.

1. Tit. IV.

CHAPITRE PREMIER

NATURE DU CONTRAT DE COLONAT PARTIAIRE

Généralités.

Le Code civil ne s'est pas prononcé expressément sur la nature du contrat de colonat partiaire. Les articles 522 et 524 parlent incidemment des *métayers* et des *colons partiaires*, au sujet des animaux et des semences que le propriétaire leur remet pour l'exploitation du fonds. L'art. 585 s'occupe de la portion de fruits qui peut être acquise au *colon partiaire*, au moment où l'usufruit commence ou prend fin. L'article 2062, au titre de la contrainte par corps aujourd'hui abrogé, visait également «les colons partiaires». Le chapitre IV, du titre du contrat de louage, intitulé: du bail à cheptel, mentionne le colon partiaire, à propos du cheptel qui peut lui être confié, d'abord dans l'article 1801, puis dans le § II de la section IV, consacré au « *cheptel donné au colon partiaire* ».

Les deux textes principaux de la matière se trouvent au même titre dans le chapitre II (*Du louage des choses*) section III. Notre contrat n'y est pas désigné par son nom, mais par son trait distinctif, à savoir le partage des fruits. Par l'art. 1763, il est interdit à celui qui cultive sous la condition d'un partage de fruits avec le bailleur, de sous-louer et de céder son bail, si la faculté ne lui en a été expressément accordée par la convention. L'art. 1771, faisant suite aux articles qui traitent de la remise accordée au preneur en cas de perte de la totalité ou de la moitié au moins de la récolte par cas fortuit, décide que « le fermier ne peut obtenir de remise, lorsque la perte des fruits arrive après qu'ils sont séparés de la terre, à moins que le bail ne donne au propriétaire une quotité de la récolte en nature ; auquel cas, le propriétaire doit supporter sa part de la perte, pourvu que le preneur ne fût pas en demeure de lui délivrer sa portion de la récolte ».

C'est tout ce que le Code contient au sujet de notre contrat, dont on chercherait vainement une définition ou une classification. Cette sobriété est regrettable, en ce que la controverse qui divisait nos anciens auteurs sur la nature du bail à portion de fruits, n'étant pas tranchée d'une façon formelle et explicite par le législateur de 1804, n'a pas manqué de se continuer sous l'empire du Code. La constitution complexe du bail à portion de fruits a contribué à perpétuer la discussion : il ne rentre pas nécessairement dans une catégorie déterminée de contrats et il a de grandes affinités, des points de contact nombreux avec plusieurs. En législation, il peut être diversement qualifié et c'est ce qui a eu lieu ; tandis que le Code autrichien, (art. 1103) l'assimile au contrat de société, le Code

italien en fait un louage de chose et la loi brésilienne un louage d'ouvrage. Enfin on a fait intervenir
dans la controverse juridique, des théories économiques et sociales ; et plusieurs sont amenés à voir dans
le colonat partiaire un contrat de société, par la considération des avantages qu'offre, au double point de
vue du rapprochement des classes et du succès de
l'exploitation, l'association entre le propriétaire du
fonds et le cultivateur. L'interprète doit avant tout re-
chercher quelle a été la pensée du législateur ; c'est
peut-être parce qu'on s'est écarté de cette règle e
parce qu'on a mêlé à la discussion juridique, des considérations, qui peuvent avoir leur valeur en législation, mais qui sont sans influence sur la portée d'un
texte, qu'il existe tant de doute et de divergences sur
la nature de notre contrat.

Les deux principaux systèmes en présence sont
celui qui voit dans le colonat partiaire une société et
celui qui en fait un louage. Quelques auteurs pensent
qu'il participe à la fois du louage et de la société, que
c'est un contrat mixte[1]. Un auteur[2] qui du reste n'a
pas trouvé d'imitateurs, poussant l'analyse encore
plus loin, voit réunis dans le bail partiaire, la société, le louage de choses et le louage d'ouvrage. Il
faut choisir dès l'abord, entre ces divers systèmes,
parce que chacun d'eux conduit à des solutions différentes, sur plusieurs points très importants. Le Code
rural enlève une part d'intérêt à cette controverse,

1. Marcadé, sur les articles 1763 et 1764.
2. Latreille, *Du contrat de colonage, Revue critique de légis. et de ju-
risp.*, 1864, t. XXV, p. 400 et s.

parce qu'il tranche la plupart des questions qu'elle laissait en suspens, sans poser une règle générale. Jusqu'à sa promulgation, attendue depuis longtemps, le système du Code civil est seul en vigueur et il importe de l'exposer brièvement.

PREMIER SYSTÈME. *Le colonat partiaire est un contrat de société.* — Les premiers interprètes du Code civil ont généralement envisagé le bail à portion de fruits comme une variété du contrat de société, sans écarter cependant toute idée de louage. « Le colonage partiaire, dit Duranton [1], tient plus encore du contrat de société que du contrat de louage. »

L'arrêt de la Cour de Limoges, du 21 février 1839, le premier monument de jurisprudence où la question qui nous occupe est traitée avec quelque développement, après avoir déduit les raisons qui militent en faveur de la société, détruit presque son système en disant du colonage que « c'est un de ces contrats qui n'ont pas de nature qui leur soit propre et participent de deux natures de contrats différents. » Pour la Cour de Pau, le colon partiaire peut être assimilé à une espèce d'associé. M. Troplong (*Du contrat de louage*, t. II, n° 642), considère le bail partiaire comme étant « surtout une société », bien que certaines des règles du bail à ferme servent à déterminer les rapports du propriétaire et du colon. Ceux qui ont ces hésitations, qui font ces réserves, tout en laissant la plus large place à la société et ceux qui, comme M. Meplain [2], disent que le bail partiaire, pour avoir

1. Duranton, 3ᵉ édit., t. XVII, p. 5, n° 3.
2. *Traité du bail à portion de fruits*, p. 27 et s.

des traits de ressemblance avec le louage, n'en est pas moins une société et rien qu'une société, arrivent ordinairement aux mêmes solutions d'espèce et appuient leur système sur les mêmes motifs [1].

Ils invoquent notamment la tradition qu'ils trouvent favorable à leur système depuis le droit romain, le texte connu de Gaius et les nombreux commentaires dont il a été l'objet. Le droit romain, dit-on, faisait du colonage partiaire un contrat de société, il n'en pouvait pas faire un louage, parce qu'il ne comporte pas de *merces*, c'est-à-dire de prix en argent. Le seul texte où le « *colonus partiarius* » soit expressément désigné, l'assimile à un associé [2]. Nos anciens auteurs ont adopté cette idée : *cum partiario colono non contrahitur locatio sed societas ; nam locatio fit mercede non partibus rei*, nous dit Cujas (sur la loi 13, § 1, *de præscriptis verbis.*) Et en cela, il n'avait fait que suivre la leçon de Bartole : *inter colonum partiarium et dominum non est propria locatio, sed societas.* Vinius, Fachin, Bruneman, Ferrière, le nouveau Denisart, enseignaient une doctrine analogue, qui était presque universellement adoptée dans notre ancien droit.

Les rédacteurs du Code civil connaissaient cette jurisprudence : ils n'ont rien dit qui montrât une intention d'innover. Loin de là, Galli, orateur du gouver-

---

1. Voy. Delvincourt, t. III, p. 433. — Les arrêts suivants font prédominer l'idée de société : Limoges, 21 février 1839, Sir., 39, 2, 406 ; Limoges, 6 juillet 1840, Sir., 41, 2, 167 ; Agen, 7 février 1850, D, 50, 5, 478 ; Bordeaux, 28 juin 1854, D, 54, 2, 272 ; Grenoble, 20 mars 1863, D, 63, 5, 237.

2. Texte de Gaius cité par le Trib. de Dax, jugement du 13 avril 1883, Dal. 1886, 2. 3.

nement, commentant l'art. 1763, dans la séance du Corps législatif, du 9 ventôse an XII, rappelle le texte de Gaius et appuie sur le caractère de société que présente le colonat partiaire, la disposition qui interdit au colon de sous-louer[1]. Le tribun Mouricault est plus explicite « le colon partiaire, dit-il, est une sorte d'associé et il est de principe, en matière de société, que personne n'y peut être introduit, sans le consentement de tous les associés. » C'est là l'expression de la volonté du législateur : elle n'est pas combattue par la position, au titre du louage, des articles concernant le colonat partiaire. La section relative au cheptel à moitié, est placée au même titre et la loi dit formellement que cette sorte de cheptel est une société.

C'est avec raison que le Code fait du colonage un contrat de société, car on trouve dans cette combinaison culturale tous les éléments du contrat de société, alors que plusieurs de ceux du contrat de louage ne s'y rencontrent pas. Le colon apporte son industrie, ses instruments de labour ; le bailleur fournit la jouissance des terres, de la maison, des bâtiments d'exploitation : les récoltes produites par la métairie, grâce au travail du colon, sont partagées selon la proportion convenue. Voilà bien un contrat par lequel deux personnes conviennent de mettre en commun quelque chose, dans la vue de partager le bénéfice qui pourra en résulter, ce qui constitue la société, d'après l'art. 1832. La perte sera commune comme le bénéfice : en cas de mauvaise récolte, le propriétaire qui n'a apporté à la société que la jouissance de la métairie et non la pro-

---

1. Fenet, t. XIV, p. 317.

priété, sera atteint dans son revenu comme le colon
dans son travail. Dans le louage, au contraire, l'une
des parties s'oblige à faire jouir l'autre d'une chose,
pendant un certain temps et moyennant un certain
prix, que celle-ci s'oblige à lui payer. Or le bailleur à
portion de fruits n'abandonne pas la jouissance du
domaine au colon, il conserve un droit de surveillance
et de direction très étendu[1]. Quant au prix, il est essentiellement incertain et indéterminé, s'élevant ou
s'abaissant, selon que les récoltes sont bonnes ou
mauvaises. Bien plus, il n'y a pas de prix. Il n'y a pas
la prestation d'une chose, qui sorte du patrimoine du
preneur, pour entrer dans celui du bailleur. Ce dernier ne reçoit rien, il prélève la part de fruits convenue, comme un accessoire de sa chose. (Troplong, II,
n° 639.) Les principes du louage conduiraient à accorder au colon la faculté de sous-louer, en l'absence
d'une clause prohibitive : les règles de la société justifient fort bien la disparition de l'art. 1763.

Enfin la loi du 23 août 1871 n'a fait qu'étendre au
droit fiscal la solution admise par le droit civil, en ne
comprenant pas le colonat dans les baux verbaux
qu'elle soumettait à la déclaration.

Deuxième système. *Le colonat partiaire est un contrat de louage.* — Cette opinion se présente sous
plusieurs formes : les uns voient dans le colonat un
contrat de louage et rien que cela[2]. D'autres font dominer l'idée de louage, sans écarter entièrement la
société. Quant aux arrêts, ils se contentent ordinaire-

1. Pau, 27 avril 1880, Dal. 1886, 2, 3.
2. Duvergier, III, 99; — Guillouard, II, 614.

ment de trancher dans le sens du louage la question qui leur est posée, sans établir de thèse générale, ou, s'ils l'essaient, c'est avec des réserves et des précautions qui ne laissent pas toujours leur pensée se dégager bien nettement. Ces hésitations sont dues aux affinités que la constitution intime du colonat présente avec celle de la société, elles sont sans influence sur la solution qu'il convient de donner à telle ou telle question particulière. Le fonds de ces opinions, plus ou moins tranchées, est que le colonat partiaire est avant tout un contrat de louage, qu'il faut lui appliquer les règles de ce contrat [1]. Telle paraît bien être la solution qui se dégage des précédents historiques et du Code civil.

Nous nous sommes efforcés, dans une autre partie de cette étude, de montrer que le texte de Gaius, point de départ de cette longue discussion, ne dit pas que le colonat partiaire est une société. Le jurisconsulte fait un simple rapprochement sur un point spécial, entre le colon et l'associé. Plusieurs commentateurs du droit romain sont, il est vrai, allés plus loin; mais ils repoussent avec peine l'idée de louage. Ce n'est pas être bien affirmatif que de dire comme Barthole qu'entre le propriétaire et le colon, il n'y a pas, à proprement parler, un louage, mais une société.

---

1. Aubry et Rau, t. IV, p. 511. — Colmet de Santerre, t. VII, n° 213 *bis*, I et II ; Laurent, t. XXV, n° 477 ; Baudry-Lacantinerie, III, n° 717. — Aix, 6 février 1822, D, A, saisiegagerie n° 8; Nimes, 14 août 1850, D, P, 51, 2, 144; Paris, 21 juin 1856, D. P. 57, 2, 26 ; Angers, 13 mai 1868, D. P. 71, 2, 176; Alger, 25 juin 1878, D. 79, 2, 209 ; Pau, 27 avril 1880 et 5 avril 1884 ; Tribunal de Chambéry, 23 avril 1884; Riom, 19 novembre 1884, Dal. P. 86, 2, 1 et suiv. — Ad. pour l'enregistrement, Cas., 18 février 1875, D. 75, 1, 69.

Voët est moins formel. Après avoir avoir rappelé que dans le louage, la *merces* doit consister en argent, il reconnaît que, par faveur pour l'agriculture, on peut louer un champ, moyennant une quantité certaine de fruits. Si au lieu d'une quantité fixe, le preneur remet au bailleur une part aliquote des fruits, qui viendront sur le champ « *dimidia forte vel tertia, colonus partiarius dici solet et quodam modo socius est* [1] ».

Le président Fabre [2] affirme nettement la grande affinité du colonat partiaire avec le louage. Guy Coquille fait une très large place au louage. « Par première apparence, semble que le contrat de métairie soit contrat de société, pour ce que le propriétaire confère ses terres et ses soins et ordinairement fournit le bétail ; et le métayer fournit son labeur, son industrie et son soin et tous deux fournissent les semences par moitié et partagent aussi par moitié les fruits [3]. » Coquille rappelle ensuite la glose qui accorde au métayer l'action *pro socio* ou l'action *præscriptis verbis* « ce qui montre, dit-il, que le contrat n'est pas vraie société ». Puis, le premier, il remarque très judicieusement que, dans la solution de semblable débat, il serait bon de tenir compte de la volonté des parties, du but qu'elles poursuivent « aussi est à considérer que pour juger la nature d'un contrat et d'un négoce, il faut avoir égard au premier mouvement et intention des parties ». Se plaçant à ce point de vue,

---

1. Voët, *Comment. ad Pand.*, tit. locat. cond. § 3, *in fine*.
2. *Ant. Fabri rationalia*, D. *locat. conducto*, loi XXV, § 6.
3. *Quest. et réponses sur les articles des Coutumes*, 204 ; édition de 1611, p. 414 et suiv.

Coquille est nécessairement amené à faire pencher la balance du côté du louage et c'est ce qu'il fait sur un point très douteux. « Donc, conclut-il, puisque c'est *ad instar* de location, ne finira par la mort du métayer ». Pour Pasquier[1], on peut affermer ses biens indifféremment à prix d'argent ou à moitié, dans les deux cas il y a louage. On ne peut donc pas dire que la tradition historique est entièrement en faveur de l'association.

Pothier, après avoir posé la règle que dans le louage la *merces* est habituellement en argent, constate que ce principe fléchit à l'égard des baux à ferme. « Quelquefois aussi les héritages s'afferment pour une portion aliquote des fruits, qui se recueillent, par exemple à la charge que le fermier donnera au locateur la moitié des blés, qui seront recueillis par chacun an, ou le tiers, ou le quart : ces sortes de baux se nomment baux partiaires[2] ». Et c'est tout ce qu'il en dit : du moment que le bail partiaire est une variété de louage, il est inutile d'en présenter un long commentaire, les règles tracées pour le louage suffisent. On sait en quelle considération les rédacteurs du Code civil avaient les théories de Pothier, qu'ils prennent bien plus volontiers pour guide que Bartole et Cujas : en matière de louage surtout, ils le suivent pas à pas.

Ils connaissaient certainement le passage de Pothier, relatif à notre contrat et qui semble indiquer le dernier état de la doctrine de l'ancien droit : s'ils

1. *Recherches de la France*, liv. VIII, ch. 46.
2. Pothier, *Traité du contrat de louage*, édit. Bugnet, t. IV, p. 18 et 19.

avaient voulu adopter une théorie contraire, ils l'auraient dit formellement. Loin de là, comme Pothier
ils parlent du colonat partiaire au titre du louage ; ils
imitent même la sobriété de leur guide et ils ne consacrent que quelques mots à ce genre de culture.
Cette manière de procéder est d'autant plus significa-
tive que le tribunal d'appel de Lyon, considérant le
bail à portion de fruits comme une espèce de société,
proposait d'en formuler les règles dans quinze articles spéciaux qui auraient été placés à la suite et
comme complément des dispositions relatives au contrat de société[1]. Au lieu de s'engager dans la voie tracée par le tribunal de Lyon, le Code traite du colonat partiaire au titre du louage, dans la section des
règles particulières aux baux à ferme, et il n'en parle
que pour le soustraire à quelqu'une des règles comprises dans le titre, montrant clairement par là son
intention de l'y soumettre en tout le reste. Il ne dit
pas que le colonat est une société, comme il a soin
de le faire pour le cheptel à moitié dans l'art. 1818,
mais bien un bail. Il appelle le propriétaire bailleur,
le colon preneur (1763 et 1771) ; il défend à ce dernier de sous-louer, de céder son bail. N'est-ce pas là
toute la terminologie du louage et ne faut-il pas enlever tout sens aux mots, pour voir sous ces expressions de bail, de bailleur et de preneur un contrat de
société et des associés. Ces mots n'ont pas été pris
au hasard. Le projet de l'article 1766 débutait par
« fermier d'un héritage rural ». Dans sa séance du
23 pluviôse an XII, la section de législation du tribu-

---

1. Fenet, t. IV, p. 319.

nat remplaça fermier par preneur, afin que le colon
fut compris, sans doute aucun, dans la disposition :
le mot fermier étant, dans la plupart des campagnes
de France, spécialement réservé au preneur à prix
d'argent.

Dans toute cette section, le colon et le fermier se
trouvant réunis dans l'expression de preneur, la loi
prend soin de dire, à quelles règles des baux à ferme,
elle entend soustraire le colon. Que serait-il besoin de
dire que le colon ne peut sous-louer ni céder son bail,
que le propriétaire supporte sa part de la perte des
fruits détachés de la terre, à moins que le preneur ne
soit en demeure, s'ils étaient des associés ? Ces solutions découleraient naturellement des règles du contrat de société : mais le colonat étant un louage, il
fallait défendre au colon de sous-louer, sans quoi il
aurait eu cette faculté, qui est la règle dans le contrat
de louage, comme tout autre preneur.

Ces considérations établissent la volonté du législateur : on leur oppose les paroles prononcées, au cours
des travaux préparatoires, par Galli et Mouricault. A
supposer que l'opinion de ces deux orateurs ait bien
été que le colonat est une association, elle ne saurait
prévaloir contre le texte même de la loi. Mais il semble bien qu'on leur a fait dire plus qu'ils ne le voulaient faire. Ni l'un ni l'autre n'ont présenté une théorie générale de la question ; ils n'en parlent qu'incidemment, au sujet de l'article 1763. Le colon partiaire est une *sorte* d'associé, dit Mouricault [1], et

1. Rapport fait au Tribunat, par Mouricault, séance du 14 ventôse,
an XII, Fenet, XIV, 335.

Galli : leur bail forme entre eux une espèce de société. C'est la paraphrase du texte de Gaius. Plus loin,
Galli établit la disposition de l'article 1763 sur une
considération qui la justifie pleinement, en fait une
nécessité, en dehors de toute idée de société. « C'est
là, dit-il, une disposition dans toutes les règles, puisque dans ces sortes de contrat, ainsi que disent les
praticiens : *electa est industria*. Or, le colon partiaire
étant celui *qui terram colit, non pacta pecunia, sed
prorata ejus quod in fundo nascetur, dimidia, tertia*,
etc., il est bien clair que c'est là le cas d'*electa industria*, c'est-à-dire pour labourer mes terres, les exploiter, j'ai choisi, j'ai contemplé l'adresse, la capacité de telle personne et non de telle autre [1]. » Tous
les propriétaires de métairie seront de cet avis. Mouricault et Galli ne disent pas formellement que le colonat partiaire est une société : une opinion manifestée, d'une façon si peu ferme, ne peut détruire un
système qui découle de l'économie d'une section entière du Code qui n'a fait que sanctionner l'intention
des parties contractantes.

Cette intention n'est pas douteuse : on surpren-
drait bien le propriétaire et le colon si on leur disait
qu'ils sont associés [2]. Les expressions affermer à moi-

1. Séance du corps législatif, du 9 ventôse, an XII, Fenet, XIV, 317.
2. Depuis quelques années, plusieurs agriculteurs qui ont écrit sur
le métayage, considèrent ce contrat comme une association et regret-
tent que le Code n'ait pas consacré expressément cette idée. Ils reproduisent ainsi l'opinion de plusieurs économistes, séduits par les avan
tages que présente l'association du capital et du travail. Cette idée
n'est pas encore dominante : elle l'était encore bien moins, lors de la
rédaction du Code.

tié, louer à mi-fruits, faire un bail de colonie, en usage
dans la pratique et que l'on trouve dans plusieurs auteurs, anciens et modernes, traduisent la pensée des
parties qui est de faire un bail à ferme, où le prix sera
une quote-part des fruits au lieu d'être une somme
d'argent. Une législation qui pose en principe que les
conventions légalement formées tiennent lieu de loi à
ceux qui les ont faites, où l'exécution de ces conventions n'est pas attachée à l'existence d'une action
particulière, spécialement nommée, devait consacrer
cette volonté des parties, d'autant plus aisément que
rien, dans le bail à portion de fruits, ne répugne à l'i-
dée de louage.

Dans le bail à portion de fruits, le bailleur s'oblige
bien à faire jouir le colon de la métairie, pendant un
certain temps et moyennant un certain prix, que celui-ci s'oblige de lui payer. L'article 1709 ne dit pas
que ce prix doit consister en argent et personne ne
pense, qu'il n'y a pas un véritable louage de choses,
dans la convention, par laquelle le preneur s'oblige à
remettre au bailleur, cent hectolitres de vin ou de
blé. Tout ce qu'exige le texte, c'est que le preneur
s'oblige à payer au bailleur une prestation certaine,
c'est-à-dire fixée, déterminée par la convention ; car
si cette prestation n'était pas déterminée, il n'y aurait
pas d'engagement. Le quart, le tiers ou la moitié des
fruits de la métairie constitue un prix parfaitement
déterminé, peu importe qu'il varie dans sa quantité ;
la base de l'engagement du preneur ne change pas,
elle est irrévocablement fixée. Quant aux droits de
surveillance ou même de direction, qui appartiennent

au bailleur, ils ne détruisent pas le droit de jouissance du preneur ; ils ont pour objet d'assurer la conservation des intérêts du bailleur et sont une conséquence forcée de ce que le prix consiste en une
quote-part des récoltes. Dans le bail à ferme, le propriétaire a toujours le droit de visiter son domaine,
de s'y promener, pour veiller à ce que le fermier ne
mésuse pas de la chose louée. Dira-t-on que la jouissance du fermier s'en trouve atteinte et qu'il n'y a pas
là un véritable louage de chose? L'article 1709 ne
dit pas que la jouissance doit être complète, absolue.
Les parties peuvent en limiter la portée, sans enlever
au contrat le caractère de louage.

Tandis que les éléments du louage se trouvent dans
le colonat partiaire, plusieurs traits essentiels de la
société manquent à ce contrat. Dans la société, les
parties se proposent de partager le bénéfice de l'exploitation : ici c'est la moitié du produit brut qui revient au bailleur, sans décompte des frais de production, qui sont en entier à la charge du colon. Quelqu'élevés qu'aient été ces frais, le bailleur reçoit toujours sa part quitte et nette : il ne contribue pas aux
pertes ; l'article 1855, *fine*, ne reçoit pas d'application. Le colon est seul tenu, à l'égard des tiers, des
dettes qu'il contracte dans l'intérêt de l'exploitation.
Enfin, personne ne va jusqu'à dire que la mort du
bailleur met fin au contrat de colonage, c'est cependant ce qu'on devrait décider, si c'était une société
qui, aux termes de l'article 1865, § 3, finit par la
mort naturelle de quelqu'un des associés. L'article 3
de la loi du 25 mai 1838 sur les justices de paix assi-

mile entièrement, pour la compétence, les colons partiaires aux fermiers à prix d'argent, notamment au
sujet des demandes en validité de saisie-gagerie, ce
qui implique l'existence, au profit du bailleur à métairie, du droit de saisir-gager les meubles de son
colon.

La législation fiscale fournit encore un argument
en faveur de la théorie du louage : l'article 15 de la
loi du 22 frimaire an VII assimile les baux à portion
de fruits aux autres baux, pour la perception des droits
d'enregistrement : cette disposition était en vigueur à
l'époque de la rédaction du Code, si le législateur de
1804 avait voulu donner, en matière civile, une solution différente de celle qu'admettait la loi fiscale, il
s'en serait expliqué expressément.

Troisième système. — *Le colonat partiaire est un
contrat tripartite.* — M. Latreille a introduit un troisième élément dans le colonat partiaire : le louage
d'ouvrage. « La pratique, dit en substance M. Latreille[1], décide que le colonage prend fin par la mort
du preneur et continue, nonobstant celle du bailleur :
la première solution viole l'article 1742, la deuxième
l'article 1865. Le louage ni la société ne peuvent justifier cette solution ; il y a donc autre chose dans le
colonat. » Le tribun Jaubert disait au Corps législatif :
« Le fermier traite par spéculation, au lieu que le colon partiaire n'engage ses soins que pour se procurer
sa subsistance. » C'est bien là le but poursuivi par
le colon, qui est, avant tout, un ouvrier louant son
travail pour obtenir un salaire. Quant au propriétaire,

1. *Op. cit.*, p. 400 et suiv.

ce qu'il considère surtout, c'est l'habileté, en un mot, la personne du colon.

Ainsi : « Le propriétaire donne son domaine à faire valoir ; donc il y a fermage. Le colon doit non pas jouir, comme dans les baux à ferme ordinaire, mais simplement cultiver sous l'œil, sous le contrôle, et jusqu'à un certain point sous la direction du maître ; donc il y a louage d'ouvrage et d'industrie. Les fruits doivent se partager ; donc il y a société. » Il est, dès lors, facile d'expliquer par l'article 1795, que le colonage soit dissous par la mort du colon.

L'analyse de M. Latreille montre bien les motifs, d'ordre divers, qui poussent les parties à faire un bail de colonie, mais elle ne dit rien pour prouver que le Code ait réuni côte à côte, dans le colonat partiaire, trois contrats différents, ni que le législateur de 1804 n'a pas eu l'intention d'en faire uniquement un louage de choses ; c'est cependant ce qu'il s'agit de savoir, du moment qu'on discute, non un point de législation, mais une question de droit positif. En prenant comme point de départ de sa démonstration la résiliation du colonat partiaire par la mort du colon, l'auteur résout la question par la question, puisque s'agit justement de savoir si l'article 1742 est ou n'est pas applicable au contrat de métairie.

CHAPITRE II

FORMATION DU CONTRAT DE COLONAT PARTIAIRE

Le bail à colonat partiaire étant une variété du louage de choses, il résulte de l'article 1709 que ce contrat est parfait dès que les parties sont d'accord sur la chose qui en fait l'objet, sur les prestations que le colon fournira au bailleur, et enfin sur la durée du bail. Il faut, de plus, que les parties aient la capacité et que le consentement ait les qualités requises.

§ 1er. — Du consentement des parties.

Le consentement doit porter sur tous les éléments constitutifs du contrat de colonat, mais il n'est pas nécessaire qu'il soit exprès ; il peut être tacite. Les vices du consentement sont rares dans notre contrat : le colon est un homme du pays, connaissant parfaitement le bien qu'il se propose de prendre à métairie ; l'erreur et le dol seront sans prise sur lui. Quant à la violence, elle établirait, entre les deux parties, des haines et des rancunes qui rendraient le contrat également nuisible aux deux. Si, néanmoins, le consentement se trouve affecté de quelque vice, il y a lieu de se référer aux règles générales posées dans les articles 1109-1117 Civ., et dont l'application au colonat partiaire n'offre rien de particulier, sauf le point suivant.

En principe, l'erreur sur la personne, avec laquelle on a intention de contracter, n'est pas une cause de nullité ; il en est autrement quand la considération de cette personne est la cause principale de la convention (1110, 2°). Il ne peut y avoir de doute au sujet de l'erreur commise par le bailleur sur la personne du colon. Le bailleur considère avant tout les qualités morales et techniques, l'intelligence, l'activité de l'individu qui se présente pour louer sa métairie ; sa famille ne lui est pas non plus indifférente. A la campagne, les traditions bonnes et mauvaises se perpétuent plus que partout ailleurs, et il est des familles de métayers dont le nom seul détermine le propriétaire. Un propriétaire, éloigné de ses terres, qui afferme à Paul tandis qu'il avait en vue Jacques, dont la famille lui est bien connue, commet une erreur telle, que presque toujours il n'aurait pas consenti au bail, s'il eût su que c'était Paul qui se présentait. La personne du colon est bien la cause principale de la convention. Les travaux préparatoires [1] reproduisent avec insistance cette idée traditionnelle [2], et le Code l'a consacrée en interdisant la sous-location.

La personne du bailleur importe moins au colon, qui envisage surtout en contractant la qualité et la

---

1. Voir exposé des motifs de Galli, *loc. citat.*
2. V. notamment Guy Coquille, *loc. cit.*

position des terres ; elle ne lui est pas indifférente ;
une direction éclairée, des avances en argent peuvent
contribuer au succès de l'exploitation, tandis qu'une
surveillance inhabile et vexatoire peuvent gravement
le compromettre. Faut-il aller jusqu'à dire, que l'erreur sur la personne du bailleur sera une cause de
nullité de la convention ? Je ne le crois pas. Bien que
très importante pour le colon, la personne du bailleur
n'est pas la considération principale qui le détermine
à contracter : en traitant, il sait qu'il est exposé à
changer de maître à tout instant, celui-ci pouvant
toujours aliéner son domaine.

Les partisans de la société doivent admettre une
solution contraire ; il y a *intuitus personæ* de la part
de tous les associés. Bien plus, un associé ne peut se
subtituer un étranger, sans le consentement de ses
co-associés ; le bailleur perdrait le droit d'aliéner le
fonds ou du moins de céder son droit au bail, car en
le faisant, il imposerait un associé au colon, sans son
consentement.

§ 2. — Capacité et pouvoir.

Le bail à colonat partiaire est, pour le bailleur, un
moyen d'obtenir un revenu de ses terres par un abandon temporaire de la jouissance au colon, qui, en
échange, lui remet diverses prestations ; c'est un acte
d'administration, il faut et il suffit que le bailleur ait
l'administration des terres, qui en font l'objet. Le mineur non émancipé, l'interdit ne peuvent consentir un
bail à portions de fruits ; le mineur émancipé le peut.

Les baux de plus de neuf ans, sans constituer dans notre droit moderne [1] une aliénation, peuvent être un acte dangereux, diminuant sensiblement la valeur de l'immeuble, dont la jouissance se trouve engagée pour un si longtemps. Au reste, les baux de neuf ans suffisent à assurer une bonne gestion aux revenus immobiliers ; pour dépasser cette limite, il faut être propriétaire et avoir la capacité d'aliéner. Telle paraît être la pensée du Code qui, sans poser de principe général, a réglé dans ce sens, les situations les plus importantes et les plus fréquentes. Ainsi, il assigne expressément cette limite au mari commun en biens (art. 1429 Civ.) pour les baux des biens de sa femme ; au tuteur (art. 1718 Civ.) pour les biens des baux des mineurs ; à l'usufruitier (595 Civ.) au mineur émancipé (481 civ.). L'art. 509 assimile l'interdit au mineur, pour sa personne et pour ses biens, et soumet par suite à l'art. 1718, la durée des baux consentis par son tuteur. Ces décisions indiquent la pensée du législateur, elles peuvent être généralisées. Le père, administrateur légal, l'individu pouvu d'un conseil judiciaire [2], agissant sans l'assistance de ce conseil, ne pourront faire des baux de plus de neuf ans : la même limite sera imposée à la femme mariée, séparée de biens et, d'une façon générale, à la femme mariée, qui a l'administration de tout ou partie de ses biens.

On s'est demandé si le bail, consenti par l'héritier

1. Dans notre ancien droit, il en était autrement. Voy. Ferrière, *Dictionn. de droit et de pratique,* vo Bail fait pour plus de neuf années.

2. En ce sens : Guillouard, no 58. Toulouse, 23 août 1855, Sir. 55, 2, 748.

apparent, par le possesseur de bonne foi est opposable à l'héritier réel, au véritable propriétaire ; l'intérêt de l'agriculture, celui même du propriétaire exigent qu'il le soit. Il importe avant tout d'assurer l'administration des biens ; en l'absence de l'héritier et du propriétaire, le possesseur de bonne foi et l'héritier apparent en sont les administrateurs naturels. Les droits du preneur qui a traité de bonne foi, doivent être protégés ; cette protection est surtout nécessaire au colon qui s'adresse à celui qui détient ostensiblement la métairie et que la voix publique désigne comme propriétaire, et traite de confiance, sans penser à exiger des titres de propriété.

Aux termes de l'art. 1673, le vendeur qui rentre dans son héritage, par l'effet du pacte de rachat, est tenu d'exécuter les baux faits sans fraude pour l'acquéreur. Pour garantir la situation du preneur et assurer, en tout état, l'administration des biens, la loi n'hésite pas à faire fléchir le principe exprimé par le brocart connu, *resolutio jure dantis*, *resolvitur jus accipientis*. Cette exception ne doit pas être étendue au delà du nécessaire : les baux de neuf ans peuvent donner satisfaction aux exigences d'une bonne administration. Au reste, le vendeur n'est tenu de respecter que les baux faits sans fraude ; l'acquéreur qui connaît la précarité de sa propriété, agirait en fraude des droits du vendeur, s'il consentait des baux de plus de neuf ans.

Le bail consenti, pour plus de neuf années, par une personne qui n'avait pas le droit de dépasser ce chiffre, n'est pas nul, mais celui que la loi a voulu proté-

ger ou ses ayants cause, peuvent le faire réduire à neuf
années. De plus, les baux consentis par le tuteur sont
obligatoires pendant toute la durée de la minorité [1],
ceux faits par le mari, pendant toute la durée de la
communauté, et d'une manière générale, on peut dire
que le bail passé par une personne détenant ou admi-
nistrant le bien d'autrui dure autant que l'état de
choses, sous l'empire duquel il a été passé.

Toute personne qui a le pouvoir d'administrer sa
fortune peut prendre des terres à bail partiaire, qui
est moins périlleux et qui exige moins d'expérience
que le bail à prix d'argent. En promettant une quote-
part des fruits de la métairie, le colon n'a pas à évaluer la valeur moyenne des produits, il est certain de
tirer du domaine qu'il afferme, les moyens d'exécuter son obligation.

§ 3. — Objet du bail à colonat partiaire.

C'est le seul point sur lequel le consentement des
parties doit être expressément formulé : sans doute,
en fait, bailleur et colon discuteront longuement toutes
les clauses du bail, en fixeront minutieusement les
détails : mais à défaut de clause expresse, l'usage local détermine la part de fruits que le colon remet au
bailleur et la loi fixe elle-même la durée du bail : dès
lors, le contrat est parfait, dès que les parties en ont
précisé l'objet.

D'après l'art. 1711, 3°, le bail à ferme est celui des
héritages ruraux ; et, si l'on admet la définition du

1. Cassation, 7 février 1865, D. 65, 1, 219.

tribun Mouricault [1], qui ne fait que reproduire Denisart, l'héritage rural est celui qui produit des fruits
naturels et industriels : les terres labourables, les
prairies de toute nature, les bois, les vignes, les jar-
dins, les étangs rentrent dans cette définition et peuvent certainement être affermés à prix d'argent ; sont-
ils tous également susceptibles d'être l'objet d'un bail
à portion de fruits ?

La question se pose pour les bois et les étangs : on
admet sans difficulté qu'ils peuvent être compris à titre d'accessoire dans le contrat de métairie d'un corps
de biens, dont ils ne sont qu'une faible partie ; mais
certains auteurs pensent qu'un bois, qu'un étang ne
saurait constituer l'objet principal de ce contrat [2],
parce que le colonat partiaire ne peut s'appliquer à
des héritages, dont les fruits se perçoivent sans travail. Le propriétaire, dit-on, apporte dans la société
la jouissance de l'immeuble, il faut que le colon y
mette son industrie, sans quoi son apport serait nul.
Cet argument est sans valeur du moment que le colonat est un louage de biens ruraux ; la loi ne distingue
pas entre eux. Au reste, il n'est pas exact de dire que
les fruits d'un bois et d'un étang se perçoivent sans
travail : qu'il en faille moins que pour la culture d'un
champ ou d'une vigne, d'accord ; mais des soins multiples n'en sont pas moins nécessaires à l'exploitation
d'un bois taillis. Quant à l'étang, il faut le récurer, le
repeupler aux époques utiles, couper les mauvaises

---

1. Voy. *Rapport du Tribun Mouricault au Tribunat*; Fenet, XIV,
p. 322.
2. Meplain, *op. cit.*, n° 49 et s.

herbes qui l'envahissent, procéder à la pêche. La
part revenant au colon diminuera avec les travaux
qu'exige l'exploitation de l'objet loué, mais, dès
qu'il s'agit d'un héritage rural et que le prix consiste en une part des fruits de cet héritage, il y a colonage. Un arrêt généralement critiqué de la cour de
Paris [1], a décidé que le louage d'un chantier était un
bail à ferme : il ne peut, en tout cas, constituer un
bail à portion de fruits. Un chantier ne donnant aucun fruit naturel ou industriel qui puisse être par-
tagé.

Le projet de Code rural ne modifie en rien la législation existante : d'après son article 1er le bail à colonat partiaire est celui « d'un héritage rural ».

Ordinairement notre contrat s'applique à un ensemble d'héritages comprenant des terres labourables, des prés, quelquefois un peu de vigne. Une maison et un jardin, un verger dont tous les produits sont
pour le métayer, des écuries, des granges destinées
à recevoir les récoltes, les ustensiles aratoires et à loger les animaux forment le centre de l'exploitation,
qui, selon les régions, s'appelle domaine, métairie,
locaterie, bordage, borderie. Ce corps de biens a une
sorte d'individualité et presque toujours un nom spécial. Quand les parties en passent le bail, elles ne le
désignent pas autrement que par ce nom, et sa composition rarement modifiée, est bien connue de tous
les métayers de la contrée. Si le bailleur en veut dé-
tacher quelque partie, il doit le stipuler expressément

1. Paris, 16 juin 1815, Sir. C. N, VIII, II, 93.

dans le bail, sans quoi tout ce qui compose le domaine sera compris dans le contrat.

Un héritage isolé peut naturellement faire l'objet
d'un bail à portion de fruits : dans certaines régions,
cet usage est très répandu [1]. Le propriétaire faisant
valoir lui-même « donne à travailler à moitié » presque chaque année, une partie de ses terres, ordinairement celle qui est consacrée aux plantes sarclées.
Cette convention n'est faite que pour la culture d'une
récolte ; elle enlevée, le colon n'a plus aucun droit
sur l'héritage. Le même procédé est fréquemment
employé pour la culture de la vigne.

La location des biens de l'État, des départements
et des communes est soumise à certaines formalités,
et notamment à celle des enchères, qui pratiquement
écartent le bail à portion de fruits. De plus, la conver-
sion en argent des denrées remises par le colon exi-
gerait d'autres formalités, qu'il est avantageux de
supprimer en adoptant le fermage à prix d'argent.

§ 4. — **Durée**.

Dans notre droit moderne, les baux ne peuvent pas
être perpétuels. L'art. 1709 définit le louage des choses, un contrat par lequel l'une des parties s'oblige à
faire jouir l'autre d'une chose, *pendant un certain
temps ;* et l'art. 1er du projet de Code rural définit le
colonat partiaire, un contrat par lequel le possesseur
d'un héritage rural le *remet pour un certain temps* à

---

1. Voy. *Situation du métayage en France*, Rapport sur l'enquête faite
par la société des agriculteurs de France, par de Tourdonnet.

un preneur. Ce principe posé, le Code ne fixe pas de limite à la durée des baux. Une loi antérieure du 18-29 décembre 1790, relative au rachat des rentes foncières, assigne une durée *maxima* de quatre-vingt-dix-neuf ans à l'emphythéose et prohibe les baux à vie, constitués sur plus de trois têtes. On doit penser que le législateur de 1804 avait cette loi en vue, lorsque, décidant que les baux seraient temporaires, il ne donnait aucune sanction à ce principe. Car un bail de deux ou trois siècles, bien que théoriquement temporaire, revêt, pour l'homme, tous les caractères de la perpétuité. Aussi une doctrine générale admet qu'un bail ne peut dépasser 99 ans, ou être constitué sur plus de trois têtes. Si le bail dépasse cette limite, il peut y être ramené.

Cette double règle s'applique sans doute aucun, aux baux partiaires consentis sous l'empire de la législation actuelle. Il existe encore aujourd'hui, dans les provinces de la Marche et du Limousin, des « baux à métairie perpétuelle » dont l'origine remonte à plusieurs siècles. Ces baux présentent tous les caractères du contrat de colonage ordinaire[1]. Sont-ils atteints par la loi des 18-29 décembre 1790 et les prestations fournies par le colon, doivent-elles être considérées, comme une rente ou redevance foncière, qu'il est libre de racheter? Un arrêt de cassation du 2 mars 1835[2] admit l'affirmative, en la basant sur ce que le détenteur actuel, dès qu'il est autorisé par son contrat, à jouir des fonds à perpétuité, peut les affranchir des

1. Voy. un contrat de 1625 rapporté dans Dalloz, P. 1835, 1, 433.
2. D. 1835, I, 433.

charges dont ils sont grevés, sans qu'il y ait à examiner si originairement le contrat lui avait transféré
un élément de la propriété.

Mais depuis, la Cour suprême est revenue de cette
opinion [3] et, avec raison, selon nous, en posant comme
principe que les lois de 1789 et 1790 et les dispositions législatives subséquentes qui ont pour objet de
soumettre les rentes foncières perpétuelles ou toute
autre redevance de même nature à la faculté du rachat ne doivent recevoir leur application que lorsque,
par l'acte constitutif de ces rentes ou redevances, il y
a eu transmission des fonds qui s'en trouvent grevés,
en faveur de celui qui en est déclaré débiteur. Or dans
le contrat de métairie perpétuelle, tel que l'organi-
saient les *Coutumes* du Limousin et de la Marche, le
bailleur se réservait la pleine propriété. Le preneur
n'avait que les droits compétents à un colon à bail
temporaire : il ne pouvait abattre aucun arbre, ni
changer le mode d'exploitation, intenter aucune action pétitoire ou possessoire, ni constituer d'hypothèque. Son droit se perpétuait dans ses héritiers, mais il
lui était interdit de subroger un étranger en son lieu
et place, sans l'assentiment du bailleur. Encore plus,
celui-ci conservait, d'après la jurisprudence locale, la
faculté d'expulser le preneur, en lui abandonnant le
tiers du domaine ou en lui payant une indemnité,
égale à la valeur de ce tiers. Enfin, l'art. 331 de la
Coutume de la Marche, autorisait la résiliation du
bail, pour défaut de culture ou dégradation. Il résulte

---

3. Cas. 11 août 1840, D. 1840, 1, 303; Cas., 30 mars 1842, S. 42.
1, 617; Cass. Req. 23 décembre 1862, S. 63, 1, 96.

de deux avis du Conseil d'État du 4 thermidor an VIII
et du 23 messidor an X que les baux à complant, usités surtout dans la Loire-Inférieure, variété du contrat
de colonage partiaire, conservent au bailleur la pleine
propriété du fonds [1].

Les baux passés sous l'empire de la législation actuelle atteignent rarement la limite assignée par la loi:
communément ils sont de 3, 6, 9 ans au plus; dans
quelques régions, les baux annuels sont très fréquents.
La loi appelle baux sans écrit ceux dont la durée
n'a pas été fixée par les parties et baux écrits ceux
où elle l'a été, verbalement ou par écrit, peu importe.
Le bail sans écrit est censé fait pour le temps qui est
nécessaire afin que le preneur recueille tous les fruits
de l'héritage (1774 § 1er). Le Code supplée l'intention
probable et non exprimée des parties, par une disposition tirée de notre ancien droit [2], il l'explique par des
exemples. Le bail à ferme d'un pré, d'une vigne et de
tout autre fonds, dont les fruits se recueillent en entier dans le cours de l'année, est censé fait pour un
an. Le bail des terres labourables, lorsqu'elles se divisent par soles ou saisons, est censé fait pour autant
d'années qu'il y a de soles (1774 § 2 et 3). Le bail durera deux, trois ou cinq ans, selon que l'assolement
sera biennal, triennal ou quinquennal.

La jachère n'est pas un élément essentiel de l'assolement : au temps où écrivait Pothier et même à
l'époque de la rédaction du Code, la plupart des terres restaient incultes une année sur trois ; depuis les

1. V. Duvergier, I, 190.
2. Pothier, *Du louage*, n° 28.

progrès de l'agriculture ont permis de remplacer sur
bien des points, la jachère par une culture de plante
sarclée ou de prairie artificielle. L'assolement n'en
est pas détruit par cela même : il est formé de la série
entière des récoltes qui se succèdent dans un ordre régulier, jusqu'à ce qu'on soit revenu au point de départ
d'une nouvelle série : ainsi l'assolement triennal comprend une sole à blé d'automne, une 2ᵉ à blé de mars,
une 3ᵉ à plante sarclée ou à prairie artificielle : on applique à la lettre le dernier § de l'art. 1774, en décidant
que le bail des terres soumises à cet assolement sera
de trois ans. C'est ce qu'a jugé la Cour de cassation,
par arrêt du 16 août 1853 [1].

L'art. 1774 ne s'occupe que des baux comprenant
une seule espèce de culture ; presque toujours la métairie en comprendra plusieurs, des prés, des vignes,
des terres labourables. Appliquera-t-on les solutions
du Code séparément à chacune de ces cultures, de
façon que le bail cessera au bout d'un an pour les
prés et les vignes et seulement au bout de 2, 3 ou 5
ans pour les terres arables? Ce serait aller à l'encontre de l'intention des parties ; dans leur pensée, le
contrat forme un tout indivisible : les prés et les
vignes auront tenu une grande place dans la discussion du marché et auront amené le colon à accepter
des clauses onéreuses, qu'ils n'admettraient pas pour
les seules terres arables. Le bail aura une durée unique, qui sera celle afférente à la culture la plus importante de la métairie, *accessorium sequitur principale.*

1. Dal., 1854, 1, 83.

Dans certaines contrées, l'usage veut que le bail à
métairie, sans écrit, soit d'une année seulement[1] quel
que soit l'assolement des terres. L'article 1774 ne
comporte aucune exception, je ne crois pas que sa
disposition puisse être détruite par un usage contraire. Le projet de code rural admet une autre solution : le projet ne contient aucune disposition relative
à la durée des baux à métairie, conclus sans assignation expresse de durée, et il renvoie formellement à l'usage des lieux, pour tout ce qu'il ne règle
pas.

Pour les partisans de la société, le colonat partiaire dont le terme n'a pas été fixé par les parties est
une société illimitée et la société illimitée prend fin,
dès qu'un des associés exprime la volonté de n'être
plus en société. La renonciation doit être notifiée à
tous les associés, être de bonne fin et non faite à contre-temps (1869). Il résulterait de cette faculté, accordée au bailleur et au preneur, de mettre fin à la société par un simple renonciation, une incertitude sur
la durée du bail, très préjudiciable à la marche de l'exploitation.

§ 5. — Prix.

Ce qui caractérise le bail à colonat partiaire, c'est
que, dans cette variété de louage, le prix consiste
principalement en une quote-part des fruits venus sur

---

1. V. notamment *Usages ruraux des arrondissements de Laval et de
Château-Gontier*. V. aussi l'enquête faite par la Société des agriculteurs de France, citée plus loin.

la métairie. Dans le bail à prix d'argent, le prix doit
être fixé expressément par les parties ; dans le bail à
portion de fruits, l'accord sur ce point peut n'être que
tacite. Dans les pays de métayage, des usages locaux
bien établis déterminent la quote-part de fruits que le
colon doit remettre au bailleur. Si les parties n'en ont
point parlé dans le bail, elles sont censées avoir adopté
l'usage en vigueur, dans la région où est située la métairie. Le Code n'établit aucune présomption générale ; le projet de code rural au contraire décide par
son article 2 que les fruits et produits se partagent par
moitié, s'il n'y a stipulation ou usage contraire ; la loi
brésilienne de 1879 a aussi posé le principe « que le
partage se fera par moitié, sauf stipulation contraire ».
Ces dispositions ne font que consacrer une pratique à peu près universellement suivie pour les
terres arables, en France tout au moins, et qu'indiquent suffisamment les expressions si usitées de métayage et de culture à mi-fruits. Pour les vignes, la
quotité à livrer est très variable : elle change non seulement par région, mais par terroir et par vignoble.
Dans la même commune, tel vigneron livrera la moitié des raisins, tandis que tel autre en devra remettre
les 2/3 et même les 3/4 ; souvent le second réalisera
un plus gros bénéfice que le premier, tant sont parfois différentes les qualités de vignes situées dans la
même contrée.

Quand le bail à métairie comprend tout un corps
de biens avec maison et bâtiments d'exploitation, le
colon remet ordinairement au propriétaire, outre
la part de fruits, une certaine somme d'argent

qui prend les noms de « prestation colonique, impôt, loyer, charges de culture, etc. » De très bons
esprits se sont élevés avec vigueur contre cet usage,
qui met, selon eux, un obstacle insurmontable à l'a-
mélioration du sort du colon, qu'il décourage et détourne de toute idée de progrès agricole [1]. L'excès de
la prestation colonique peut, dans certains cas, compromettre la marche de l'exploitation ; mais le même
inconvénient peut se produire avec plus de force dans
le bail à prix d'argent, car l'exagération du prix de
ferme est facilement plus considérable que celle de la
prestation colonique ; le fermier, qui désespère de se
libérer, a aussi des motifs de découragement et sa
ruine est plus prompte que celle du colon. Au reste,
colon et fermier ont une égale liberté pour défendre
leurs intérêts dans la discussion du marché, ce à quoi
ils ne manquent guère : le principe si fécond de la
liberté des conventions ne permet pas de regretter
l'absence d'une disposition législative qui interdirait
de stipuler, dans le colonat partiaire, le paiement
d'une certaine somme d'argent. Elle figure dans la
plupart des baux, mais le bailleur ne peut la réclamer qu'autant qu'il l'a formellement stipulée ; en cas
de silence du bail, il ne pourra en appuyer la demande sur ce que, dans la contrée où est située la
métairie, les colons y sont habituellement soumis.
Cette solution n'est pas en contradiction avec celle,
d'après laquelle les parties, qui n'ont pas fixé la proportion du partage, sont réputées s'en être référées à
la coutume. La prestation d'une somme d'argent

1. Meplain, *op. cit.*, introduction, p. 14 et s.

n'est pas, comme celle d'une part de fruits, un élément essentiel du colonat partiaire ; de plus, cette dernière est exactement déterminée par l'usage, le quantum de la prestation en argent est nécessairement indéterminé : il varie avec chaque domaine. Ajoutez que le bailleur, intéressé à la stipulation, se taisant, est censé y renoncer ; le silence du créancier profite au débiteur.

Fréquemment, le colon s'oblige à donner accessoirement une certaine quantité de menus suffrages : diverses volailles, quelques livres de beurre, etc. Il s'engage à faire un certain nombre de charrois[1] pour le compte du bailleur et à lui fournir un chiffre déterminé de journées d'homme.

Preuve.

On peut louer par écrit ou verbalement ; l'écrit est utile pour la preuve du bail, qui se forme par le seul consentement. Les parties négligent souvent de se ménager cette preuve : le peu d'importance de la métairie les fait reculer devant les frais d'un acte notarié ; l'ignorance du colon rend l'acte sous-seing privé impossible. De plus, quand on entend adopter entièrement l'usage des lieux, l'écrit apparaît comme moins utile que dans le bail à ferme, où il a au moins l'intérêt de préciser le prix de ferme. Ces considérations expliquent la fréquence des baux à portion de fruits purement verbaux et nous obligent à dire quel-

1. V. *Usages ruraux de l'arr. de Château-Gontier,* art. 68 et *Usages ruraux de l'arr. de Laval,* art. 9.

ques mots de la preuve de ces baux, bien que les règles à appliquer soient communes à toute la matière du louage des choses, et n'aient rien qui soit particulier au colonat partiaire.

Si le bail fait sans écrit n'a encore reçu aucune exécution, et que l'une des parties le nie, la preuve ne peut être reçue par témoins, quelque modique qu'en soit le prix, et quoiqu'on allègue qu'il y a eu des arrhes données (1715, § 1er). En proscrivant la preuve testimoniale, même au-dessous de 150 francs, le législateur a poursuivi un double but : il a voulu engager les parties à consigner dans un écrit les clauses multiples qui accompagnent la plupart des baux, et il s'est efforcé de tarir dans leur source une foule de petits procès, d'autant plus redoutables pour les plaideurs que ceux-ci sont moins fortunés, et que la matière exige plus de célérité. « Cet article, disait Galli au Corps législatif, tel qu'il est conçu, évite bien des procès [1]. » Dans l'ancien droit, les enquêtes, qui sont la mise en œuvre de la preuve testimoniale, avaient un très mauvais renom, qu'elles n'ont pas perdu. Comme aujourd'hui, elles entraînaient des lenteurs et des frais considérables. « Cette disposition, disait Mouricault, dans son rapport au Tribunat, en parlant de l'art. 1715, est fondée sur les inconvénients particuliers de la preuve testimoniale, en cette matière où tout est urgent [2]. » Et Jaubert, au Corps législatif : « Il faut tarir la source des procès en pros-

---

1. *Séance du corps législatif du 9 ventôse*, an XII, Fenet, t. XIV, p. 312.

2. *Séance du Tribunat du 14 ventôse, an* XII, Fenet, t. XIV, p. 322.

crivant, dans cette matière, la preuve testimoniale [1]. »
Rarement, le législateur manifeste son sentiment avec
une telle précision.

Le § 1er de l'art. 1715 n'interdit que la preuve testimoniale ; le § 2, en décidant que le serment peut seulement être déféré à celui qui nie le bail, paraît écarter toute autre preuve. L'aveu est cependant incontestablement admissible ; on peut dire alors que le bail
n'est plus nié. Mais il n'est guère spontané ; ordinairement on essaie de l'obtenir par la procédure de
l'interrogatoire sur faits et articles. Cette procédure
n'est pas une preuve, mais bien un moyen d'arriver à
une preuve ; elle n'offre aucun des inconvénients de
l'enquête ; elle est courte et peu coûteuse. L'art. 324
du Code de procédure civile l'autorise en toutes matières et en tout état de cause. Aussi, on en admet
généralement l'usage pour arriver à établir l'existence du bail contesté. Cet interrogatoire ne sera efficace qu'autant qu'il amènera l'aveu formel du défendeur. Il ne sera pas tenu compte des présomptions,
plus ou moins fortes, qui en pourraient résulter ;
elles sont interdites avec la preuve testimoniale [2].

L'existence d'un commencement de preuve par
écrit, rend-t-elle admissible la preuve par témoins ?
L'affirmative a de nombreux partisans [3] : l'art. 1715
ne déroge, dit-on, qu'à la règle édictée par l'art. 1341,

1. *Séance du corps législatif du* 16 *ventôse*, an XII, Fenet, t. XIV, p.
351.

2. Cass., 12 janvier 1864, Dal., 64, 1, 142 : Cass. 26 janv. 1883, D.
83, 1, 234.

3. Aubry et Rau, IV, § 364. Colmet de Santerre, t. VII, n° 162 bis, III,
IV. Laurent, XXV, n° 74. — Cas. req. 1er août 1867, Dal., 1873, 5, 301.

il n'écarte que la preuve testimoniale, basée sur la modicité de la convention. — On ouvre par là une large
porte aux enquêtes, que le législateur a eu l'intention
d'écarter. La discussion des clauses multiples qui
figurent dans le louage des héritages ruraux nécessite,
entre parties absentes, une correspondance abondante.
Il peut échapper à l'une d'elles, dans une lettre missive, une phrase qui, à l'occasion, sera considérée
comme un commencement de preuve par écrit et servira de point de départ à une longue procédure. Le
demandeur qui se voit refuser la preuve testimoniale,
lors même qu'il représente un commencement de
preuve par écrit, n'est pas fondé à se plaindre [1], la loi
le prévient que cette preuve n'est pas admise en matière de louage ; il devait se conformer au vœu de la
loi et exiger la rédaction d'un écrit.

Il en est autrement de celui qui, s'étant muni d'une
preuve littérale, se voit privé de son titre, par suite
d'un cas fortuit, imprévu et résultant d'une force majeure : on ne peut lui reprocher aucune négligence.
En pareil cas, la loi autorise expressément la preuve
par témoins des actes de l'état civil (art. 46) et une
jurisprudence établie applique au testament le § 4 de
l'art. 1348 : on sait pourtant de quelles précautions la
loi entoure la preuve de ces actes. C'est qu'il faut que
les intéressés puissent, par tous moyens, se protéger
contre les coups du hasard et de la force majeure,
indépendants de leur volonté. Enfin, notre art. 1715
interdit la preuve par témoins *du bail fait sans écrit :*

---

1. Troplong, *Louage*, I, n° 112 ; — Marcadé, art. 1715, n° 2 ; — Duranton, XVII, n° 54. Cas. civ. 19, février, 1873, Dal., 1874, 1, 265.

le bail dont l'écrit a été perdu n'est pas un bail fait sans écrit. Le demandeur qui prouvera l'existence d'un écrit et l'événement de force majeure qui l'en a privé, pourra donc établir la convention que constatait l'acte perdu.

Si l'une des parties allègue un commencement d'exécution et que l'autre le nie, la preuve des faits invoqués comme commencement d'exécution du bail sera soumise aux dispositions de l'art. 1715 [1]. Ces faits purement matériels pourront être établis, par tous les moyens, en tant que donnant ouverture à une action en dommage et intérêts, par exemple ; mais la preuve testimoniale est prohibée, dès qu'on veut donner à ces actes le caractère d'exécution d'un bail : on arriverait par là à prouver indirectement un acte juridique, pour lequel ce genre de preuve n'est pas admissible.

L'existence du bail étant reconnue, il peut s'élever des contestations sur les clauses et conditions, notamment sur le prix et sur la durée. Les dificultés sur le prix seront bien rares en matière de bail à portion de fruits : la quote-part des produits revenant à chaque partie est fixée par l'usage. Le projet de Code rural érige en règle de droit commun, le partage par moitié. Il ne s'élevera de contestations que sur les clauses accessoires ; prestation colonique, menus suffrages, charrois, etc. Dans ce cas l'art. 1716 recevra son application. Le projet ne contient rien de nouveau sur ce point. Les époques, où la prestation colonique

1. Cassat., 14 janvier 1840, sir. 40, 1, 5 ; 12 janvier 1864, sir. 64, 1, 88 ; 25 août 1884, D, 85, 1, 172.

doit être payée, où les menus suffrages doivent être fournis, sont déterminées par l'usage des lieux. L'article 1716 ne s'applique qu'au prix et non à l'échéance de ce prix [1].

Quant à la durée, elle sera fixée par l'art. 1774. Ce texte, il est vrai, vise le bail dont la durée n'a pas été déterminée par la convention plutôt que celui dont la durée a été réglée et se trouve contestée : mais la présomption qu'il établit repose sur la volonté probable des parties; en l'appliquant, on évite les enquêtes et on tranche facilement les contestations que la loi s'efforce d'écarter de la matière du louage ; pour atteindre ce but, elle a fixé elle-même la durée du bail, quand la preuve n'en est pas rapportée par écrit [2].

Assimilé à un contrat de société, le colonat partiaire rentrerait dans le droit commun : la preuve testimoniale est ou non admissible, selon qu'il s'agit d'une somme inférieure ou supérieure à 150 francs (1834). Il ne peut bénéficier des mesures que le législateur a édictées, afin de soustraire le louage aux procès.

---

1. Grenoble, 6 août 1832, sir. 1833, 2, 74.
2. Sic. Bordeaux, 23 janvier 1878, Sir. 78, 2, 137; Toulouse, 17 août 1882, D 84, 2, 140; Colmet de Santerre, VII, n° 162 bis, XI; Guillouard, t. I, n° 82; Aubry et Rau, t. IV, § 364; En sens contraire : Laurent, t. XXV, n° 83.

CHAPITRE III

EFFETS DU BAIL A COLONAT PARTIAIRE

Les effets légaux du contrat de colonat partiaire sont souvent déterminés par la convention. En pareil cas, la convention forme la loi des parties. A défaut de convention, il y a lieu d'appliquer les règles des baux à ferme, dont le colonat partiaire est une variété. Ces règles sont complétées par les usages locaux.

SECTION PREMIÈRE

Obligations du bailleur.

Toutes les obligations du bailleur se réduisent à celle-ci : qu'il doit, pendant toute la durée du bail, faire jouir paisiblement le colon de la chose louée, en la maintenant à l'état 'de servir à l'usage, pour lequel elle a été louée, c'est ce qui résulte de l'article 1709, les articles 1719 à 1728 développent cette idée. L'article 3 du projet de code rural la reproduit en ces termes :

« Le bailleur est tenu à la délivrance et à la garan-

tie des objets compris au bail. Il doit faire aux bâtiments toutes les réparations qui peuvent devenir nécessaires. Toutefois, les réparations locatives ou de
menu entretien, qui ne sont occasionnées ni par la
vétusté ni par la force majeure, demeurent, à moins
de stipulation ou d'usage contraire, à la charge du
colon. »

§ 1er. — Le bailleur doit délivrer la métairie en bon état de réparations de toute espèce.

La délivrance consiste, en fait, à laisser le colon
s'installer dans la métairie, prendre en main la culture, à l'époque fixée par la convention ou par l'u-
sage des lieux : c'est ce qu'on appelle l'entrée en
jouissance du métayer. Elle a lieu généralement au
milieu de l'automne[1]; une date communément adoptée dans le centre est celle du 11 novembre ; ces baux
sont dits baux de Saint-Martin. A cette époque, toutes les récoltes sont faites : les blés d'automne ont pu
être semés par le colon sortant qui en a fait les façons, tandis que tous les travaux, destinés à préparer
les autres récoltes de l'année suivante, blés de mars,
plantes sarclées, prairies artificielles, seront utilement effectués par le colon entrant. Dans quelques
égions, le 25 juin (baux de Saint-Jean), est une
échéance assez considérable, mais que l'on tend de
plus en plus à abandonner. C'est un des moments où

---

1. 1er ou 11 novembre : Ain, Allier, Aude, Charente-Inférieure, Cher,
Indre (dans une partie), Isère, Jura, Landes, Maine-et-Loire, Saône-et-
Loire, Tarn, Haute-Vienne, *Rapport sur l'enquête de la Soc. des agri-
culteurs de France*, de Tourdonnet, p. 424.

les travaux des champs ont le plus d'activité, où un déménagement peut causer au cultivateur les plus graves préjudices, et où le règlement des comptes est le plus compliqué.

Au moment de son entrée en jouissance, le métayer, à moins d'une clause contraire très fréquente, a le droit d'exiger que la métairie soit en bon état de réparations de toute espèce : il n'y a pas à distinguer, comme pendant la durée du bail, entre les réparations locatives et celles qui n'ont pas ce caractère. Le colon a le plus grand intérêt à surveiller l'accomplissement de cette obligation ; durant le bail, les réparations locatives sont à sa charge et, au jour de sa sortie, le propriétaire pourra exiger que la métairie lui soit restituée telle que le métayer est censé l'avoir reçue, c'est-à-dire en bon état de réparations de toute espèce. Le domaine doit être délivré, avec tous ses accessoires : les foins, les pailles, les instruments aratoires que le bailleur doit fournir au colon sont compris dans la délivrance, dont les frais sont à la charge du bailleur. L'analogie conduit à appliquer au louage la solution de l'article 1608, qui n'est que l'application du principe général, que les frais du paiement sont à la charge du débiteur (1248).

Si les fonds n'ont pas réellement la contenance qui leur est assignée par le bail, il n'y a pas lieu de modifier la proportion du partage. L'article 1765 s'applique par la force même des choses : le produit de la quote part livrée par le colon, c'est-à-dire le prix, variant avec l'étendue des héritages. L'article 1765, en renvoyant aux règles, exprimées au titre de la

vente, ne prévoit que la diminution du prix de
ferme, il ne parle pas de résiliation. Cependant une
erreur considérable sur l'étendue peut causer un
grave préjudice au colon : il avait calculé que lui et
sa famille suffiraient à la culture de 50 hectares, la
métairie en comprend 60 : il va être obligé de
prendre des travailleurs étrangers ; ou, en sens inverse, la métairie, étant beaucoup plus petite qu'il ne
le pensait, ne pourra pas procurer à sa famille un travail suffisant. Il paraît difficile de lui refuser le droit
de demander la résiliation : en consentant au bail, le
colon a commis une erreur qui tombe sur la substance même de la chose louée.

Le défaut de délivrance totale ou partielle consti-
tuant une inexécution du contrat, donne ouverture à
une demande en résiliation ; le colon a aussi la faculté de contraindre le bailleur à le mettre en possession. Quelque parti qu'il prenne, il peut, en outre,
réclamer des dommages et intérêts. Il faut excepter
le cas où le défaut de délivrance est imputable à un
cas de force majeure : les terres de la métairie sont
inondées par un fleuve qui change de lit. La résiliation est seule possible, sans dommages et intérêts.

§ 2. — **Le bailleur doit entretenir la métairie en état de
servir à l'usage pour lequel elle a été louée.**

Le bailleur doit procurer une jouissance utile au
colon, pendant toute la durée du bail : il doit donc
maintenir les diverses parties de la métairie en état

de servir à l'usage auquel elles sont destinées. L'article 1719, § 2 lui impose expressément cette obligation, qui découle de la nature même du contrat de louage : le § 2 de l'article 1720 en fait une application spéciale aux réparations et en limite l'étendue, en décidant que le bailleur doit faire, pendant la durée du bail, toutes les réparations qui peuvent devenir nécessaires, autres que les locatives. L'article 3 du projet du Code rural reproduit la même règle, en ajoutant que les réparations locatives ne seront à la charge du colon, qu'autant que l'usage n'en décidera pas autrement.

Ce n'est pas le lieu d'expliquer ce que sont les réparations locatives, ni pourquoi elles sont laissées à la charge du colon. Toutes les autres réparations, quelle que soit leur cause, dès qu'elles sont nécessaires, doivent être faites par le bailleur. Il ne faut pas songer à en donner une énumération. D'après Pothier[1] le locateur d'une métairie doit faire aux bâtiments de la métairie toutes les réparations nécessaires pour tenir le fermier clos et couvert et pour que ses bestiaux et ses grains soient en sûreté. Cette formule est toujours exacte, à condition de l'envisager comme une simple indication non limitative : si une pierre de la voûte du four tombe, le bailleur devra la faire replacer. De même, il est tenu d'entretenir les puits de la métairie en bon état, de remplacer les tuyaux de drain éclatés, les pierres enlevées aux digues destinées à préserver les terres contre l'infiltration des eaux d'un étang ou d'une rivière. Les excavations formées dans

---

1. Pothier, *Du louage*, n° 106, édit Bugnet, t. IV, p. 43.

l'écurie, par l'enlèvement d'un ou de plusieurs carreaux ou pavés, devront être comblées ; elles sont un danger pour les animaux de la métairie. Mais si les carreaux ou les pavés ne sont que fendus, le métayer ne pourra pas en exiger le remplacement, ce n'est pas là une réparation *nécessaire*.

Le bailleur doit faire les réparations dès qu'elles sont nécessaires ; si le retard qu'il y met, cause un dommage au colon, celui-ci en obtiendra réparation. Une digue subit une trouée ; averti par le colon, le bailleur néglige de la faire combler ; survient une crue, les eaux, se précipitant par la trouée, détruisent les récoltes de la métairie. Le colon réclamera utilement au bailleur la valeur de la quote-part de fruits qui lui revenait dans la récolte détruite [1]. En cas de refus du bailleur, le colon peut obtenir de la justice l'autorisation de faire exécuter les travaux nécessaires aux frais du bailleur. Plusieurs auteurs [2] lui reconnaissent le droit de faire les réparations urgentes, sans autorisation préalable de justice. Ce procédé est imprudent, le preneur fera sagement de faire d'abord constater par les tribunaux, la nécessité des réparations : il met par là le remboursement de ces dépenses en dehors de toute contestation. Ordinairement, les réparations sont réclamées par le colon : il se peut cependant qu'elles ne lui paraissent pas utiles ou même, lui paraissant utiles, qu'il s'oppose à ce qu'elles soient faites. Quel que soit le motif du refus du colon,

1. V. Pau, 17 mai 1865, Sir. 65. 2, 199 ; Douai, 24 mars 1847, Sir. 1848, II, 189.
2. Aubry et Rau, t. IV, § 366, p. 475.

le propriétaire peut passer outre, quand les réparations sont urgentes et ne peuvent être différées jusqu'à la fin du bail (1724). Le colon est obligé de les
souffrir. En passant le bail il savait bien que la métairie, comme toute autre chose, était à chaque instant,
exposée à avoir besoin de réparations ; il est censé
s'être soumis à en supporter les inconvénients (Pothier, *Du louage*, n° 77).

Mais si les réparations sont de telle nature, qu'elles
rendent inhabitable ce qui est nécessaire au logement
du preneur et de sa famille, ou si, s'appliquant aux bâtiments d'exploitation, elles empêchent le colon d'a-
briter ses récoltes et ses bestiaux, celui-ci peut demander la résiliation du bail, lors même que les réparations devraient durer moins de quarante jours.

§ 3. — Le bailleur est garant des vices et défauts de la métairie.

Si la chose louée a des vices ou défauts qui en empêchent l'usage, le colon n'en peut tirer une jouissance utile : le bailleur doit l'en garantir, que ces
vices et défauts aient existé lors du contrat ou qu'ils
soient survenus depuis. Il n'est pas, comme le vendeur, libéré par la délivrance : son obligation est successive et se perpétue pendant toute la durée du bail.
L'ignorance, où il en était, lors du bail, ne le fait pas
échapper à cette obligation de garantie. Mais si les
vices et défauts étaient apparents, notoires lors du
bail, le colon est bien censé les avoir connus et en
avoir tenu compte, dans la discussion des clauses du

contrat, par suite avoir renoncé à la garantie. Une partie des terres de la métairie, par exemple, sont, en cas de grande crûe, recouvertes par les eaux d'une rivière ; ce fait est connu de tout le monde. Dans cette hypothèse et toutes les fois que le colon aura connu ou dû connaître le vice ou le défaut, il ne pourra agir en garantie. Telle était l'opinion de Pothier, qui est adoptée par la jurisprudence et la plupart des auteurs[1].

Les vices ou défauts doivent être tels qu'ils empêchent l'usage de la chose qui en est atteinte; Pothier (*Du louage*, n° 110) exige qu'ils empêchent *entièrement* l'usage. En suivant leur guide habituel, les rédacteurs du Code ont supprimé le mot entièrement. Par là, ils ont certainement voulu rendre le recours en garantie plus large : mais on ne peut aller jusqu'à dire qu'il suffit que le vice ou défaut rende l'usage moins commode [2]. Il faut que l'usage soit réellement empêché, au moins dans une certaine mesure, de telle sorte que le colon, connaissant l'existence du vice, n'eût pas loué ou eût exigé des conditions meilleures. Ainsi, au cours du bail, la vigne cultivée à mi-fruits est envahie par l'oïdium : les ceps ne sont pas détruits par cette maladie, mais ils sont mis dans l'impossibilité, souvent pour plusieurs années, de produire des raisins dont on puisse tirer profit. C'est

---

1. Sic, Cas., 21 juillet 1880, Sirey, 81, I, 262. — Troplong, II, nos 198 t 235. — Duvergier, I, n° 343. — Aubry et Rau, IV, § 366. — Guillouard, I, n° 122. Bordeaux, 28 mai 1841, Sir. 42, II, 15. — En sens contraire : Colmet de Santerre, VII, n° 242 bis. — Laurent, 25, n° 116.

2. Laurent, 25, n° 115.

bien là un vice de la chose même : ce qui est loué
c'est la vigne et non un champ, les ceps sont l'essence
même de la vigne. Il n'est pas douteux que le vigneron ne se chargerait pas de la culture d'une vigne
atteinte d'oïdium, il pourra invoquer l'article 1721.
Mais il y a une large place pour l'appréciation du juge :
c'est une question de gravité, de plus ou de moins.
Une très légère atteinte d'oïdium ne donnerait pas
lieu à garantie. Par le recours en garantie, le colon
obtiendra, selon les cas, la résiliation du bail avec ou
sans dommages et intérêts.

L'article 1721 ne parle pas de résiliation : on peut
l'appuyer sur l'article 1184 et sur la tradition. Pothier [1], notamment, considère la résiliation comme
la sanction naturelle de l'obligation de garantie. Mouricault reproduisait cette doctrine au tribunat, quand
il disait : « Si la chose, par ses défauts, se trouve hors
d'état de servir à l'usage pour lequel elle était louée,
le droit du preneur va jusqu'à pouvoir demander la
résiliation du bail [2]. »

Si les vices ou défauts ont non seulement privé le
colon de la jouissance de la métairie mais lui ont de
plus causé quelque perte, si les plantes vénéneuses de
la prairie ont fait mourir ses bœufs, le bailleur « est
tenu de l'indemniser » (1721, § 2). Peu importe que
les vices ou défauts soient survenus pendant la durée
du bail ou que, existant au début, le bailleur les ait
ou non connus. On a voulu soustraire le bailleur, qui
en ignorait l'existence, à l'obligation de payer des

---

1. Pothier, *Du louage*, n° 116 édit.; — Bugnet, t. IV, p. 46.
2. Fenet, t. XIV, p. 325.

dommages et intérêts. L'article 1646 en dispense le vendeur de bonne foi ; l'analogie entre les deux situations est évidente : telle était, du reste, la solution admise par l'ancien droit [1]. A quoi on peut répondre que le législateur connaissait bien l'analogie qui existe entre la situation du vendeur et celle du bailleur, que le soin qu'il a pris de dispenser le premier des dommages et intérêts, alors qu'il ne dit rien du second, montre qu'il a entendu adopter une solution différente. Aussi bien, l'article 1721 est formel : après avoir posé le principe de la garantie dans le § 1er pour tous les vices ou défauts de la chose louée... « quand même le bailleur ne les aurait pas connus lors du bail », le Code continue immédiatement dans le § II en disant que s'il résulte de *ces* vices ou défauts quelque perte pour le preneur, le bailleur est tenu de l'indemniser. Sans doute possible, le paragraphe deuxième s'applique à tout le premier paragraphe et non point seulement à la première partie [2].

§ 4. – Le Bailleur doit garantir le colon des troubles provenant de son fait ou du fait d'un tiers.

Obligé d'assurer une jouissance paisible au colon, pendant toute la durée du bail, le bailleur ne doit rien faire qui puisse modifier ou diminuer cette jouissance. Il doit s'abstenir de tout trouble de droit ou de fait, il ne peut constituer de servitude passive ou renoncer à

1. Duranton, t. XVII, n° 63. — Duvergier, III, n° 341. — Marcadé sur l'article 1721.

2. Cassation, 23 janvier 1872 et 21 janvier 1873. Dal. 1872, I, 123 ; Sirey, 76, I, 104. Ad. Bastia, 7 mars 1854, II, 117.

une servitude active. Cette obligation est très étendue.
Le propriétaire, par exemple, possède des champs sur
le bord du ruisseau, en amont de la métairie ; il veut
les transformer en pré ; pour cela, il a besoin de l'eau
du cours d'eau qui, un peu plus bas, sert à l'irrigation
d'un pré faisant parti de la métairie. Si le colon établit que cette prise d'eau diminue sa jouissance, le
bailleur devra s'en abstenir : il objecterait vainement
qu'il rend l'eau à son cours naturel, cette réponse serait valable vis-à-vis d'un propriétaire inférieur, elle
ne le sera pas envers le colon.

Les faits matériels de dévastation, comme de couper des haies, des arbres frugifères ou soumis à la
retaille, de traverser les récoltes avec des voitures sont
naturellement interdits au bailleur. Par contre, il peut
abattre les arbres dont le colon ne tire aucun profit,
pourvu qu'en les enlevant, il ne cause aucun dommage
aux récoltes. Le colon ne pourra se plaindre, sa demande serait sans intérêt. Les arbres gênent la culture, leur enlèvement, loin de lui nuire, lui est utile.

Une tradition constante accorde au bailleur la faculté de se promener sur sa ferme. Pour Pothier, ce
n'est pas un trouble que le locateur d'une métairie
apporte à la jouissance de son fermier, lorsqu'il s'y
transporte ou qu'il y envoie des personnes de sa part,
pour en visiter l'état. Dans le colonage partiaire, cette
faculté est indispensable à l'exercice du droit de surveillance, elle doit être entendue dans un sens très
large. Ce sont les soins de la culture qui font les bonnes récoltes et le prix du bailleur consiste en une part
de ces récoltes : il a le plus grand intérêt à parcourir

sans cesse les terres de la métairie, pour s'assurer
que les façons sont données dans de bonnes conditions et en temps opportun ; à visiter les écuries, les
granges, les greniers, en un mot tous les bâtiments
d'exploitation, pour veiller aux soins donnés aux animaux et à la conservation des pailles et fourrages.
Dans la plupart des cas, les usages locaux ou, à défaut,
des clauses du bail, accroissent ce droit de surveillance et accordent au bailleur la faculté de participer
largement à la direction de l'exploitation, et le projet
de code rural, allant plus avant dans cette voie, lui
donne la direction générale de l'exploitation ; nous
aurons, par la suite, à expliquer la portée ordinaire de
ce droit de direction, mais il faut constater ici que la
nature du prix, les intérêts que le propriétaire a à
sauvegarder dans le bail à portion de fruits, justifient de sa part des actes qui, dans le bail à prix d'argent, seraient considérés comme de véritables troubles à la jouissance du fermier.

Il faut tenir compte des mêmes considérations
dans l'application au colonat de l'article 1773 qui interdit au bailleur de changer la forme de la chose
louée, pendant la durée du bail. Le bailleur ne peut
pas certainement transformer une vigne, une prairie
naturelle en un champ, une grange en écurie, sans
l'assentiment du colon. Mais, on suppose que dans la
métairie se trouvent des terres incultes, qu'une humi-
dité permanente maintient à l'état de mauvais pâtis :
un drainage suffirait pour faire de ce détestable pa-
cage une excellente terre arable — on sait que parfois,
le sol des terres basses et humides, une fois l'humi-

dité enlevée, devient très propre à la culture de certaines plantes Le colon pourra-t-il, en invoquant l'article 1723, s'opposer à cette amélioration évidente ?
On dira que loin de s'y opposer, il la réclamera : oui,
le plus souvent, mais il faut compter aussi sur son
mauvais vouloir. Le bailleur à colonie pourra triompher de cette opposition sans fondement. Il en sera
de même chaque fois où le colon n'aura aucun intérêt à s'opposer à une amélioration certaine qui, loin
de diminuer sa jouissance, l'augmente sans en changer la nature. Il faut que l'amélioration soit incontes-
table et immédiate. Les produits de la vigne se font
attendre trop longtemps pour que le propriétaire, en
l'absence d'une clause spéciale ou d'un usage local,
parfaitement défini, puisse en planter une, même à ses
frais, sur les terres de la métairie ; le colon soutiendra
très justement que cette plantation constitue un
changement absolu dans la destination de la chose
louée : il se propose de cultiver un champ et non une
vigne.

A plus forte raison, le propriétaire ne pourra distraire
pour son usage personnel, aucune parcelle de la métairie[1]. Les règles de la société, pas plus que celles
du louage ne sauraient donner semblable prérogative
au propriétaire : une fois engagé dans cette voie, on
arriverait aisément à la destruction totale du contrat
à son profit. Pothier (n° 75), il est vrai, autorisait ce
dernier à prendre une petite portion des terres louées,
pour agrandir son parc et, d'une façon générale, à faire
les légers changements qui avaient pour lui la plus

1. En sens contraire, Meplain, n° 148.

grande importance et ne causaient qu'un trouble insensible au fermier. Cette dérogation aux règles du
contrat, en faveur du bailleur, n'est pas admissible
dans le Code : elle est généralement repoussée.

Le Code divise en deux catégories les atteintes que
le droit du preneur peut subir de la part des tiers. Les
voies de fait qui ne s'appuient sur la prétention d'aucun droit sont prévus par l'article 1725. Les troubles
de droit, accompagnés ou non de voies de fait, sont
réglés par les articles 1726 et 1727. Le projet de code
rural dit, en termes généraux, que le bailleur est tenu
à la garantie des objets compris au bail. La distinction faite par le Code subsiste nécessairement. Un
passant coupe du blé, un berger conduit son troupeau
dans un pré de la métairie ; ni l'un ni l'autre ne prétendent aucun droit sur les héritages dévastés. C'est
une voie de fait, un délit relevant du Code pénal : le
bailleur n'en devra aucune garantie au colon. Le tribun Mouricault en donnait pour principal motif que
c'est le preneur seul que les tiers attaquent, que c'est
à sa jouissance personnelle qu'ils attentent. Il est
vrai, ces faits seront parfois des actes de vengeance
exercés par quelques ennemis du preneur : cette considération qui a une très grande force dans le bail à
ferme, perd de sa valeur dans le colonage, où toute atteinte aux récoltes lèse le bailleur, au même titre que
le colon. Mais c'est ce dernier qui en a la garde ; une
surveillance plus active aurait pu écarter les malfaiteurs : on ne peut reprocher aucune faute au propriétaire. Le colon n'aura que la ressource d'agir en son
nom personnel contre les perturbateurs. Dans les baux

à prix d'argent, le bailleur n'a pas à intervenir dans la
poursuite, à moins que la chose elle-même n'ait été
atteinte; il n'a aucun intérêt à le faire. Le bailleur à
mi-fruits au contraire, est lésé par toute destruction
des récoltes, son prix s'en trouvant diminué. Il faut
lui reconnaître, comme au colon, le droit d'agir contre
les auteurs du méfait, afin d'obtenir la réparation du
préjudice qu'il a souffert.

L'application des articles 1726 et 1727 au colonat
partiaire n'offre rien de particulier. Plusieurs hypothèses peuvent se présenter. L'individu qui a dévasté
les récoltes excipe, sur la demande en dommages et
intérêts du colon, d'un droit de propriété ou d'usufruit; ou bien un tiers intente une action au colon
pour l'obliger à délaisser l'exercice d'une servitude.
Le colon n'a pas qualité pour soutenir le procès, il
doit immédiatement informer le bailleur qui prendra
sa place au procès. Le colon peut aussi rester en
cause et appeler son bailleur en garantie. Si le bailleur subit une éviction totale, le bail est résilié de
plein droit; si l'éviction n'est que partielle, le colon
pourra obtenir la résiliation du bail, dans le cas où la
partie évincée est telle, qu'il n'aurait pas pris la chose
à bail, sans cette partie.

§ 5. — Garantie de la perte totale ou partielle de la métairie.

Si, pendant la durée du bail, la chose est détruite en
totalité par cas fortuit, le bail est résilié de plein
droit; si elle n'est détruite qu'en partie, le preneur

peut, suivant les circonstances, demander une diminution du prix, ou la résiliation même du bail. Dans
l'un et l'autre cas, il n'y a lieu à aucun dédommage-
ment.

Le preneur peut exiger que le bailleur fasse toutes
les réparations nécessaires ; il ne peut l'obliger à re-
construire : cette double règle résulte du rapprochement des articles 1720 et 1722 ; il n'est pas toujours
aisé de distinguer la réparation de la reconstruction
partielle, c'est là une question de fait.

Le projet de Code rural adopte cette doctrine dans
son article 8 en décidant que « si pendant la durée du
bail, les objets qui y sont compris sont détruits en totalité par cas fortuit, le bail est résilié de plein droit,
s'ils ne sont détruits qu'en partie, le bailleur peut se
refuser à faire les réparations et les dépenses nécessaires, pour les remplacer ou les rétablir. »

La résiliation s'applique sans difficulté au colonat
partiaire. Quant à la diminution du prix, on peut dire
qu'elle s'opère d'elle-même, puisque le prix consiste
en une quote-part des produits de la métairie et que
ceux-ci se trouvent diminués par la perte partielle.
Aussi, le projet ne prévoit que la résiliation, mais il
reconnaît aux deux parties le droit de la demander.
Le texte n'accorde pas de dommages et intérêts au
preneur, parce qu'il ne vise que la destruction, provenant d'un cas fortuit, et qu'il écarte celle qui résulte
de la faute du preneur ou de la faute du bailleur.

Il faut que la destruction porte sur la chose même
qui fait l'objet du bail ; mais il y a destruction, dès que
cette chose est mise dans un état tel, que le colon n'en

peut plus tirer le profit, que les parties avaient en vue,
lors du contrat. Dans le bail à mi-fruits d'une vigne,
la chose louée comprend le sol et les ceps. Le colon
se propose de cultiver une vigne, non pas un champ.
Les ceps ne constituent pas une récolte, ce sont eux
qui produisent les fruits spéciaux qui ont déterminé
le colon à contracter. Eux disparus, il ne reste qu'un
champ, dont la culture n'est peut-être pas familière au
vigneron, dont les produits sont inférieurs comme valeur à ceux de la vigne et, en tous cas, différents.
Aussi, quand les ceps sont atteints par le phylloxera,
le mildew, le pourridié ou toute autre maladie qui
entraîne leur mort, il y a destruction de la chose
louée elle-même : le vigneron peut demander la résiliation de son bail. Il n'est pas besoin pour cela que
les ceps soient entièrement péris : il suffit que la maladie les ait mis dans l'impossibilité de produire des
raisins ; le colon a loué une vigne et une vigne frugifère. Malgré les ravages considérables causés dans
nos vignobles par ces diverses maladies, la question
de résiliation n'a été portée que peu de fois devant les
tribunaux ; sans doute, parce que les propriétaires de
vignes atteintes ont reconnu d'eux-mêmes la justice
de la demande de leurs vignerons.

Les quelques procès qui se sont élevés à ce sujet
ont été généralement dus à ce que le bailleur envisageait la maladie des ceps, non comme une destruction
totale ou partielle de la chose louée, mais comme un
simple enlèvement des récoltes par cas fortuit. Un
arrêt de la Cour de Bordeaux du 16 juillet 1886 [1]

1. *Gazette les Trib.* du 26 août 1886.

semble avoir commis une semblable confusion ; c'est
du moins ce qui paraît résulter de plusieurs considé-
rants, plutôt que de la décision elle-même, car, en
l'espèce, il y avait des circonstances particulières de
fait, qui ont dispensé la cour de trancher directement
la question. Le bail à ferme, dont les preneurs voulaient faire diminuer le prix, comprenait un domaine
de cent quarante hectares, dont neuf seulement en
vignes qui, lors du contrat, étaient déjà atteintes du
phylloxera ; les fermiers le savaient et ils avaient
consenti à l'insertion dans le bail de deux articles,
par lesquels ils étaient chargés, en termes généraux,
de tous les cas fortuits et s'interdisaient de demander
une diminution quelconque, à quelque titre que ce
soit. La destruction de la vigne par le phylloxera
ayant fait de rapides progrès, ils n'en réclamèrent pas
moins une diminution de prix. Considérant que, lors
du contrat, ils savaient que la vigne était déjà atteinte du phylloxera, mais visant aussi les clauses
par lesquelles ils *s'étaient chargés des cas fortuits*, la
Cour leur refusa toute diminution de prix. Bien que ce
dernier motif emprunte toute sa force au précédent, il
paraît bien établir que la Cour de Bordeaux n'a pas
nettement séparé la perte de la vigne et la perte des
récoltes.

Cette distinction a été, au contraire, posée très
nettement par un arrêt de la Cour d'Aix du 27 mai
1875 (Sir., 1875, 2, 147) et par un arrêt de la Cour
de Dijon en date du 11 juin 1888 (*Gazette des Tribunaux* du 3 août 1888). Le premier de ces arrêts, con-
firmant un jugement du tribunal de Marseille du

29 août 1873, décide que « la destruction presque
complète causée par le phylloxera porte évidemment,
non pas sur la récolte, ou, en d'autres termes, sur les
fruits de la chose louée, mais sur cette chose elle-
même, puisque le vignoble détruit, en grande partie,
était non pas un simple produit destiné à devenir la
propriété des fermiers, mais bien la chose produc-
tive, restée la propriété du bailleur », et prononce la
résolution du bail.

L'arrêt de Dijon est relatif au pourridié : bien évidemment la solution est la même, quel que soit le caractère de la maladie, dès que ses effets sont la destruction des ceps. Après avoir écarté toute idée de
rapprochement, entre la perte fortuite des récoltes et
le dépérissement des ceps, l'arrêt vise très justement
l'intention des parties contractantes : « Considérant
que ce n'est pas, en effet, comme le prétend la commune de Voisey, seulement un terrain détaché de sa
forêt qu'elle a amodié à Gimbert et qui constitue la
chose louée; mais bien ce terrain défriché et implanté de ceps de vigne par le fermier, qui devait en
jouir et le rendre tel à la fin du bail... Considérant
qu'il résulte du rapport des experts et des documents
de la cause que cette vigne est *en grande partie* atteinte du pourridié, maladie incurable qui se propage
rapidement et *doit inévitablement anéantir la vigne
dont s'agit*, d'où il suit que, par application de l'article 1722 Civ., le bail doit être résilié pour perte de
la chose louée. » D'après ce dernier considérant, il
n'est pas nécessaire qu'au moment de la demande en
résiliation, les ceps soient entièrement péris ; il suffit

que beaucoup d'entre eux soient atteints d'une maladie, dont le résultat n'est pas douteux.

L'art. 1722 sera appliqué chaque fois où la chose
frugifère est gravement atteinte, sans qu'il y ait à envisager la cause du dépérissement. Le ruisseau, servant à l'irrigation d'un pré naturel, tarit ou change de
cours — ce dernier fait est assez fréquent dans les mon-
tagnes — l'herbe de la prairie qui ne peut plus être arro-
sée se modifie, dépérit et ne produit plus autant de
foin; le colon peut demander la résiliation. La Cour
de Caen s'est prononcée dans ce sens pour une espèce,
à peu près analogue. La prairie faisant l'objet du bail
avait été inondée, pendant quelques mois, par les
eaux de la mer, à la suite des travaux effectués par
l'administration de la guerre ; les débats ayant établi
que, pendant plusieurs années, cet herbage ne donnerait qu'un foin inférieur, en qualité et en quantité, à
celui qu'il produisait habituellement au moment du
bail, la cour prononça la résiliation [1].

§ 6. — Le bailleur doit payer l'impôt foncier.

A défaut de convention contraire l'impôt foncier
est supporté par le bailleur : il est une charge de la
propriété ; l'article 147 de la loi du 3 frimaire an VII
le constate implicitement, en décidant que les fermiers ou locataires seront tenus de payer, à l'acquit
des propriétaires ou usufruitiers, la contribution foncière pour les biens qu'ils auront pris à ferme ou à
loyer ; et les propriétaires ou usufruitiers, de recevoir

[1]. Caen, 13 juillet et 14 décembre 1871, Sir. 72, II, 235.

le montant des quittances de cette contribution, pour
comptant sur le prix des fermages ou loyers, à moins
que le fermier ou locataire n'en soit chargé par son
bail.

En principe, l'impôt est dû par le bailleur, mais
au regard du fisc, il y a deux débiteurs, le bailleur et le
preneur.

SECTION II

Obligations du colon.

Les articles 1728 à 1735 énumèrent les obligations
que le contrat de louage impose à tout preneur. Les
articles 1766 à 1768, 1777-1778, celles qui sont spéciales aux preneurs des biens ruraux. Plusieurs de
ces dispositions sont appliquées au colon par tous les
auteurs, même par ceux qui en font un associé. Quand
on admet que le colonat partiaire est une variété de
bail à ferme, ces diverses dispositions sont en principe
applicables au colon. Les usages locaux, les conventions particulières peuvent les compléter et les modifier, car elles ne sont que réglementaires, mais il faut
y recourir dès que les usages et le bail ne donnent pas
de solution. Le projet de Code rural ne les change
pas, il ne fait qu'y ajouter.

§ 1er. — Le colon doit cultiver en bon père de famille et
laisser à chaque partie de la métairie l'usage auquel
elle est destinée.

La première obligation du colon est de maintenir

les terres de la métairie en état de culture. Déjà les
jurisconsultes romains avaient constaté, que laisser
en friche des terres cultivées, était mésuser de la
chose louée : l'absence prolongée de culture est en
effet pire qu'un léger abus. Cette obligation de cultiver résulte, pour tout preneur, d'un héritage rural de
son contrat : l'art 1766 lui défend expressément d'a-
bandonner la culture, il était à peine utile de le dire.
Le projet de code rural maintient, par voie de renvoi,
cette disposition qui, sous l'empire du Code, s'applique sans conteste au colon aussi bien qu'au fermier [1].
Cette obligation de cultiver est même plus rigoureuse
pour le premier que pour le second. Si l'on astreint
le fermier à ne pas abandonner la culture, c'est pour
empêcher le fonds de dépérir et assurer le paiement
du fermage. Si le fermier s'acquitte régulièrement de
son prix, si la négligence qu'il met à la culture n'est
pas assez considérable pour porter préjudice à l'immeuble [2], il est à l'abri de tout reproche. L'obligation
du métayer est plus étroite. Tout abandon de la culture de sa part, fait tort au propriétaire dont il diminue le revenu : il constitue l'inexécution complète de ses engagements et pourra entraîner la
résiliation du contrat et des dommages et intérêts.

Le colon n'est pas seulement tenu d'assurer la culture de la métairie, il doit, comme tout preneur d'héritage rural, cultiver en bon père de famille, mais là
encore, la nature du prix qui consiste en une part aliquote des récoltes, en fait pour lui une obligation plus

1. V. *Travaux préparatoires,* Fenet, t. XIV, p. 284.
2. Cass., 20 décembre 1858, D., 59, I, 36.

étendue que pour le fermier à prix d'argent. On ne
peut songer à énumérer les opérations multiples de
culture auxquelles est astreint le métayer, et qui varient avec chaque pays, avec chaque espèce de production. Le principe est que le bailleur a le droit que
tous les soins, en usage dans la contrée, soient donnés
à chaque récolte. Bien cultiver, c'est faire les labours
aux époques convenables, en leur donnant la profon-
deur appropriée à l'espèce de culture et à la nature de
la terre ; c'est, avant les semences, enlever toutes les
herbes parasites et, pendant la croissance des plantes
sarclées, faire des binages fréquents pour détruire les
mauvaises herbes qui repoussent sans cesse [1]. L'entretien des rigoles des prés, existant lors du bail, et
l'établissement des nouvelles rigoles, qui peuvent devenir nécessaires, constituent aussi des actes de culture.

Les haies vives, les arbres d'essence diverse, saules, chênes, peupliers épars sur la métairie et dits
arbres de retaille, dont les jeunes pousses, coupées
périodiquement tous les trois ou quatre ans, après
avoir assuré l'entretien des haies sèches et des vignes,
appartiennent au métayer, sont l'objet de discussions
fréquentes entre celui-ci et son bailleur. Souvent le
métayer devance l'époque de l'émondage ou soumet
à la retaille des arbres qui devaient y échapper : cet
abus de jouissance donne ouverture, au profit du propriétaire, à une action en dommages et intérêts [2]. La
culture de la vigne est particulièrement délicate et

---

1. Voy. Pothier, *Du louage*, n° 190.
2. La cour de Lyon, frappée de la fréquence de cet abus, cherchait
à le réprimer par une défense expresse, contenue dans l'article 7 de
son projet. Fenet, t. IV, p. 320.

met en conflit, plus que toute autre, l'intérêt du bailleur et celui du colon. Une taille trop longue épuise la vigne, mais, pendant quelques années, donne des produits plus abondants. Le provignage, dans certains vignobles, est indispensable à l'entretien de la vigne ; grâce à ce procédé, les ceps fatigués sont immédiatement remplacés par des ceps jeunes et vigoureux ; seulement il exige du travail et de la peine. Aussi, quand la fin du bail approche, le colon est amené à ne pas faire de provins et à tailler long. Ce n'est pas là cultiver en bon père de famille ; le bailleur peut obtenir des dommages et intérêts, et même la résiliation du bail. Le colon doit entretenir d'échalas les vignes (Pothier, n° 190) qui en sont pourvues au début du bail, mais il n'est pas tenu d'échalasser celles qui ne le sont pas. C'est là une amélioration de la vigne, dont les effets se font sentir au-delà du bail ; les frais en sont à la charge du bailleur. Tout au plus, dans les pays où il est d'usage de le faire, le propriétaire peut demander au colon qu'il utilise les échalas qu'il lui remet.

Dans certaines contrées [1], l'usage autorise le fermier à prix d'argent, à vendre une partie du foin et, selon plusieurs auteurs, si les produits des prairies artificielles, créées par le fermier, dépassent les besoins du domaine, l'excédant est toujours à la disposition du fermier [2]. Le colon n'a jamais cette faculté, à moins d'une clause expresse du bail. En effet, le foin et les pailles ne sont pas partagés et restent dans

---

1. Il en est ainsi en Normandie, d'après Guillouard, n° 519.
2. Troplong, II, p. 667 ; — Duvergier, II, n° 98 ; — Guillouard, ibid.

la métairie pour y être consommés; le métayer qui
en aliène se rend coupable d'un véritable détournement et devient passible des peines de l'abus de confiance [1]. (Pén. 406 et 408.) Il lui est également interdit de gaspiller le fourrage et les pailles, de les laisser
exposés à l'eau, d'en donner trop abondamment au
bétail et de faire consommer le foin sec, tant que les
pacages fournissent une nourriture suffisante aux
animaux de la métairie. Dans un arrêt du 4 février
1885, la Cour de Lyon [2] formulait ainsi cette obligation
du Colon. « Considérant qu'un colon partiaire commet une faute, dont il est responsable, quand il fait
consommer par les bestiaux, pendant la belle saison,
tout le fourrage qui doit servir à les nourrir pendant
l'hiver, alors qu'il peut éviter cet inconvénient en
faisant pâturer les bestiaux, suivant les usages du
pays. » Le même arrêt relève contre le colon en
cause deux autres fautes assez fréquentes : il avait
mal effectué la fauchaison des prés ; les bestiaux
avaient été conduits en pâturage dans les prés, avant
la fauchaison. Pour ces divers motifs, la Cour alloue
des dommages et intérêts au bailleur. Si, malgré ses
soins, les fourrages et les pailles sont, par suite de
mauvaises récoltes, insuffisants à l'entretien du bétail, le colon sera-t-il tenu de combler, à lui seul, le

1. Un arrêt de la Cour d'Orléans, du 28 juin 1843, a considéré comme
un abus de confiance le fait, par un fermier à prix d'argent, de vendre
la paille que, d'après son bail, il devait faire consommer sur le domaine
ou laisser en nature, à sa sortie. A fortiori, le colon qui aliène le foin
ou la paille, dont une partie appartient au bailleur, se rendra coupable
de ce délit.

2. Moniteur judiciaire de Lyon, 18 avril 1885.

déficit? M. Guillouard (n° 620) pense que oui. Lui seul, dit-il, est chargé de la culture de la métairie, et les dépenses que cette culture entraîne sont à sa charge exclusive, à moins de convention contraire. C'est pousser trop loin les conséquences de l'idée de louage, aux règles duquel le Code déroge sur ce point spécial, par l'article 1771. Il résulte de cet article que la perte des récoltes est supportée, en commun, par le bailleur et par le colon. Le colon subirait seul cette perte, s'il était obligé d'en réparer seul les suites. Cependant il est indispensable de pourvoir au remplacement des pailles et des fourrages qui font défaut et qui sont nécessaires à l'entretien des bestiaux et à la production des engrais; car les bestiaux et les engrais sont eux-mêmes indispensables au travail des terres et à la production des récoltes. Le remplacement sera opéré à frais communs, chacun contribuant à l'achat, proportionnellement à la part qu'il prend dans les récoltes. Cette solution nous paraît découler de l'article 1771 et de l'objet que se proposent les parties en contractant, qui est d'assurer la bonne culture de la métairie[1].

L'obligation imposée par l'article 1766 à tout preneur d'un héritage rural et que rappelle l'article 4 du projet de code rural, obligation d'employer la chose louée à l'usage auquel elle est destinée par le bail, souffre, dans son application au bail à ferme, c'est du moins ce qu'on pense généralement[2], des tempéra-

---

1. M. Meplain et les partisans de la société adoptent cette opinion qui s'impose dans leur système (art. 18°9, § 3). Dal., v° *Colon partiaire*, n° 158 et s.

2. V. Guillouard, II, n° 522 et les aut. qu'il cite.

ments qui ne peuvent être étendus au colonage. La
raison en est que le bailleur à colonie est touché par
toute modification apportée aux récoltes, tandis que
le bailleur à ferme n'a qu'à envisager l'état de ses
terres. La transformation des terres arables en pré
ou en vigne, qui serait un avantage pour le dernier,
peut être combattue très justement par le premier.
On admet communément que le fermier à prix d'argent a la faculté, nonobstant la clause de son bail qui
lui interdit le dessolement, de supprimer les jachères,
pourvu qu'il répare ce surcroît de fatigue, causée aux
terres, par des fumures abondantes [1]. Cette décision
ne peut être appliquée au colon. La science agronomique semble, à vrai dire, démontrer que l'usage des
jachères est plutôt nuisible qu'utile aux terres. Pour
certaines terres, le bailleur peut encore avoir des
doutes très légitimes et du moment que, dans certains
cas spéciaux, la suppression des jachères peut porter
atteinte à sa quote-part de fruits, son assentiment est
nécessaire pour qu'elle soit effectuée.

§ 2. — Le colon doit se consacrer à la culture et habiter la métairie.

Quand un propriétaire donne son domaine à colonage partiaire, il est déterminé à contracter, par les
qualités qu'il suppose au colon, il envisage, avant tout,
sa probité et son habileté professionnelle. Le colon
le sait et il sait aussi qu'il s'engage à consacrer tout

1. Sic. Merlin v° *assolement*; — Duverg., II, n° 99; — Troplong,
n° 663; Paris, 21 février 1622, Sir C. N., VIII, 11, 28; Cass., 16 août 1833,
Sir., 1836, I, 61; Orléans, 21 juillet 1877, Sir., 1877, II, 292.

son temps à la culture de la métairie : c'est le but même du contrat. Le bailleur serait frustré dans ses légitimes espérances, si celui à qui il a consenti peut-être des conditions très avantageuses, en considération de son expérience agricole, l'employait au dehors, au lieu de la consacrer à l'exploitation de la métairie. C'est là cependant une infraction aux règles du colonat extrêmement fréquente. Attirés par la perspective d'un gain immédiat, beaucoup de métayers n'hésitent pas à négliger quelques façons du domaine, pour aller travailler, comme journaliers, chez les propriétaires voisins. Parfois aussi, ce qui est encore plus préjudiciable aux intérêts du bailleur, ils emploient les bœufs de la métairie à faire des charrois pour des étrangers. Cet usage a les plus funestes conséquences pour la prospérité de l'exploitation : le colon se désaffectionne rapidement de la culture, le bétail se brise sur les routes et la production du fumier s'en trouve sensiblement diminuée. La plupart des baux essaient de le réprimer, en stipulant, au profit du bailleur, une certaine somme, pour chaque charroi exécuté en violation du contrat. En dehors de ces clauses spéciales le bailleur a incontestablement droit à des dommages et intérêts. Mais il faut aller plus loin, si des avertissements réitérés n'amendent pas le colon, le juge prononcera la résiliation. Le colon s'est engagé à consacrer son temps à la culture et à cultiver en bon père de famille ; s'il va habituellement travailler au dehors, s'il fait de fréquents charrois, il n'exécute pas ses obligations [1]. Ajoutons que si, pendant les charrois,

1. Le rapporteur du projet de code rural de 1880 disait des char-

les animaux éprouvent quelque dommage, lors même
qu'ils appartiendraient au bailleur, le colon en sup-
portera seul les conséquences : il est en faute, par cela
seul qu'il les détourne de l'usage auquel le bail les des-
tine.

Parfois le bailleur stipule qu'en outre du colon, il
y aura toujours un nombre déterminé de travailleurs,
occupés à la culture de la métairie. Cette clause doit
être interprêtée avec modération ; le bailleur n'est pas
fondé à se plaindre si, tous les travaux étant exécutés dans de bonnes conditions, le colon, à un moment
de l'année, à la morte saison par exemple, congédie
quelques-uns de ses auxiliaires. Ce serait agir par
pure malice, sans intérêt sérieux.

On décide généralement que le fermier n'est pas
tenu de résider dans la maison de la ferme, lors même
qu'une clause du bail lui impose l'obligation d'exploiter lui-même et lui interdit de sous-louer ou de
céder son bail : il suffit qu'il place dans la ferme des
gens chargés de la culture, et qu'il conserve la direction générale de l'exploitation[1]. Au contraire, même
en l'absence de toute stipulation, le colon est tenu
d'habiter la métairie. Les deux situations sont sensiblement différentes. En interdisant la sous-location,

---

rois : « Ce serait pour le colon une infraction très grave à cette obligation de jouir en bon père de famille, que d'employer les bestiaux
en dehors de la culture et spécialement à des charrois pour autrui.
Elle l'exposerait à de justes dommages et intérêt, et l'abus persistant
pourrait même, dans certains cas, justifier une demande en résiliation.
Le Code sarde fait défense au métayer par une disposition expresse,
de faire des transports pour autrui. » *Officiel*, 2 juin 1880, p. 5960.

1. Troplong, II, n° 668; — Guillouard, n° 524; — Nancy, 12 juin
1810, *Journ. du Palais*, 1810, 669.

le bailleur à ferme ne veut qu'assurer le bon entretien de ses terres. Dans le colonat partiaire, le bailleur cherche à obtenir de son domaine le plus fort
rendement possible. Pour atteindre ce but, il faut que
le colon soit au centre de l'exploitation, afin d'être
toujours à portée de connaître les mille soins dont, à
chaque instant, le bétail a besoin ; de saisir l'opportu-
nité de telle ou telle façon, qui sera bonne ou mauvaise, selon qu'elle sera donnée par un temps sec ou
humide. Enfin, quand le bailleur a des conseils ou
des ordres à lui donner, il ne peut être contraint
d'aller le chercher où il lui aurait plu de se loger : ce
serait rendre son droit de direction illusoire. Le projet de code rural impose expressément au colon, par
son article 4, § 3, de résider dans les bâtiments qui
sont affectés à l'habitation. Cette obligation décou-
lait naturellement, selon nous, du contrat lui-
même.

§ 3. — Le colon ne peut sous-louer ni céder son bail.

Chemin faisant, nous avons constaté à chaque pas,
quelle importance ont pour le bailleur, les qualités
professionnelles et l'honnêteté du colon. Dans ce contrat il y a, à un très haut degré, *intuitus personæ*.
Electa est industria, disait Galli. Ces considérations
ont par avance expliqué la disposition de l'article
1763, aux termes duquel celui qui cultive, sous la
condition d'un partage de fruits avec le bailleur, ne
peut ni sous-louer ni céder, si la faculté ne lui en a
été expressément accordée par le bail. Le proprié-

taire qui choisit avec tant d'attention son colon, ne peut se voir imposer, en cours de bail, un individu quelconque qui n'aurait peut-être aucune des qualités qu'il recherche pour la culture de ses terres. L'article 1763 ne fait que sanctionner cette intention probable des parties et la règle qu'il pose est traditionnelle, en matière de colonat partiaire. Il n'est donc pas nécessaire, pour comprendre cette prohibition de sous-louer, de recourir aux principes de la société, pas plus qu'il n'est besoin de les faire intervenir pour expliquer la clause qui, dans certains baux à ferme, contient la même interdiction. Dans le colonat, cette clause est sous-entendue par la loi, parce qu'il est presque certain que les parties ont l'intention de l'y mettre. Si elles entendent revenir au droit commun du louage, qui est la faculté de sous-louer, pour le preneur, elles doivent le dire dans le bail.

La prohibition de l'article 1763 est énergiquement sanctionnée par l'article qui le suit : « En cas de contravention, le propriétaire a droit de rentrer en jouissance, et le preneur est condamné aux dommages et intérêts résultant de l'inexécution du bail ». Malgré les termes formels de ce texte, plusieurs auteurs pensent qu'il n'est qu'une application des principes généraux posés dans l'article 1184, pour le cas d'inexécution des conventions et, plus particulièrement, de la règle contenue dans l'article 1741. La résiliation ne suivra pas fatalement toute cession ou sous-location ; si l'acte répréhensible n'a porté que sur une petite partie de la métairie, ou si le colon répond à la demande du bailleur, en faisant cesser immédiatement la sous-location et en s'engageant à ne plus contrevenir, à l'avenir, à la prohibition de l'article 1763 ; si, d'autre part, la sous-location momentanée n'a causé aucun préjudice au bailleur, les tribunaux pourront maintenir le bail. Ils auront le pouvoir d'appréciation qui leur appartient, chaque fois où la résolution d'un contrat leur est demandée, pour inexécution des obligations qui en résultent[1]. On fait remarquer que tout le monde admet ce tempérament, quand le fermier à prix d'argent, a violé la clause de son bail, qui lui défend de sous-louer. Les deux situations sont très voisines ; elles ne sont pas identiques. Le colon qui sous-loue ou cède son bail montre suffisamment qu'il se désintéresse de l'exploitation de la métairie : il pourra bien, devant la crainte de dommages et intérêts, reprendre la culture ; il le fera sans entrain et presque sûrement les récoltes à venir en souffriront ; le bailleur en subira un préjudice. Aussi, l'article 1764 est absolument impératif : « *le propriétaire a droit de rentrer en jouissance*; » tandis que l'article 1766, prévoyant l'inexécution des obligations du preneur d'un héritage rural, décide que le bailleur « peut, *suivant les circonstances*, faire résilier le bail ». Ce texte s'applique au colon comme au fermier, il aurait suffi, et l'article 1764 serait totalement inutile, si le législateur avait voulu donner la même sanction à l'inexécution de l'article 1763, qu'à l'inexécution de toute autre obligation du colon[2].

1. En ce sens, Duvergier, II, n° 90 ; — Troplong, II, n° 644 ; — Guillouard, II, n° 627.
2. Aubry et Rau, IV, § 371, note 2'. Delvincourt, III, p. 433.

Pour peu que le domaine soit important, le colon ne peut accomplir lui-même tous les travaux de l'exploitation, il doit employer des travailleurs étrangers. Il a le choix de ses auxiliaires, qui seront communément des domestiques ou des journaliers, mais il lui est loisible de s'adjoindre des associés. Cette combinaison, autrefois très usitée, donnait les meilleurs résultats. Ces associés, désignés sous le nom de personniers [1], le plus souvent proches parents du métayer, ses enfants ou ses frères, personnellement intéressés au succès de l'exploitation, apportent dans leur travail une activité et un zèle qu'ont rarement des salariés. Le bailleur ne peut critiquer cette association qui, loin de lui nuire, lui garantit de meilleures récoltes et ne modifie en rien ses rapports avec le colon ; les associés restant, au regard du bailleur, complètement en dehors du contrat de colonage. Il n'y a pas là d'infraction à la disposition de l'article 1763.

§ 4. — Le colon doit garnir la métairie des bestiaux et ustensiles nécessaires à son exploitation.

On a vu que les rédacteurs du Code civil avaient substitué au mot fermier, qui figurait dans le projet de l'article 1766, celui de preneur d'un héritage rural, afin de comprendre le colon dans ses dispositions : le projet de Code rural déclare également que cet article lui est applicable. Il en résulte que le colon est tenu, en principe, de la même façon que le fermier

1. Guillouard, n° 628.

de garnir la métairie des bestiaux et ustensiles nécessaires à son exploitation. Dans bien des contrées [1],
un usage constant veut que le bailleur fournisse le
bétail ; le colon n'apporte que les ustensiles aratoires.
Il arrive même que le bailleur donne au colon le bétail et les ustensiles, celui-ci n'apportant que le mobilier destiné à garnir la maison d'habitation. En
l'absence d'usage et de clause contraires, le colon
n'est pas seulement tenu d'assurer l'exploitation du
fonds, il doit garnir la métairie d'un mobilier suffisant pour garantir la créance privilégiée du bailleur.
Il faut rapprocher de l'article 1766, l'article 2102.
Dans le colonage, la créance privilégiée du bailleur
étant moins importante que dans le bail à ferme, l'o-
bligation de garnir sera, de ce chef, moins étendue.

§ 5. — Le colon doit faire les réparations locatives.

En mettant à la charge du bailleur toutes les réparations qui peuvent devenir nécessaires, pendant la
durée du bail, autres que les locatives, l'article 1720
impose clairement ces dernières au preneur. Les articles 1754 et 1755, qui comprennent la théorie générale de la matière, sont placés dans la section particulière aux baux à loyer : on s'accorde à voir là un
défaut de classification et à étendre ces articles aux
baux des biens ruraux, aux baux à prix d'argent,
tout au moins. Ceux qui ne font pas du colonage un
louage, ne chargent pas nécessairement le colon des

---

1. V. *Rapport sur l'enquête de la société des agriculteurs de France,*
par de Tourdonnet, p. 392.

réparations locatives. Les uns font une distinction ; le
colon, disent-ils, est un vrai locataire, au regard de la
maison qu'il habite, il sera tenu d'y faire les réparations locatives ; mais il en est autrement des bâtiments d'exploitation qui servent à la société, leurs
réparations incomberont au bailleur [1]. D'autres mettent toutes les réparations, sans distinction, à la
charge de ce dernier ; ils invoquent l'autorité de Salviat qui nous apprend que telle était la solution de
l'ancien droit, pour les métairies perpétuelles ; *a fortiori*, il devait en être ainsi, au cas de bail à métairie
limitée [2].

Dans notre système, il est tenu des réparations locatives, comme l'est tout preneur. L'article 3 du projet de Code rural décide que : « Les réparations locatives ou de menu entretien, qui ne sont occasionnées
ni par la vétusté, ni par la force majeure demeurent,
à moins de stipulation ou d'usage contraire, à la
charge du colon. » Il y a le même motif de les lui
imposer qu'au fermier, à savoir qu'elles seront ordinairement rendues nécessaires par sa faute ou par
celle de ses gens. Comme le fermier, le colon a la
garde et l'usage des bâtiments de la métairie. Ces réparations sont occasionnées par ces mille actes do la
vie journalière, impossibles à contrôler, de telle
sorte qu'on ne peut dire que c'est tel fait plutôt que
tel autre qui a causé le dégât. Le bailleur le plus vigilant est désarmé devant cette action lente de négli-

1. Méplain, n° 139.
2. Rérolle, *Du colonage partiaire*, p. 374. Salviat, v° *Bail à métairie
perpétuelle*.

gences quotidiennes. La faute du preneur est probable, notre ancien droit en fit une présomption[1]. Le
Code a admis cette idée : le preneur qui veut se dispenser des réparations locatives devra prouver qu'il
n'est pas en faute ; il le fera en établissant qu'elles
sont occasionnées par la force majeure. Il est très dé-
licat de séparer la vétusté, c'est-à-dire le dépérissement normal de la chose, de l'usure produite par des
négligences ou un abus dans la jouissance. Quand la
dégradation est due à un vice de la matière ou à un
défaut de construction, elle n'est pas à la charge du
preneur. Pothier (n° 219) en décidait ainsi et il est
bien certain que, dans ce cas, le preneur n'a commis
aucune faute.

Nos anciens auteurs n'ont pas cherché à donner
une énumération complète des réparations locatives.
C'eût été impossible. Ils se contentaient de citer quelques exemples. Le Code agit de même. Comme idée
générale, on peut dire, avec Pothier que « pour juger
quelles réparations sont locatives on doit tenir cette
règle que ce sont les *menues réparations* qui ont coutume de provenir de la faute des locataires ou de leurs
gens. » Il est toujours aisé de connaître la cause des
réparations importantes. Cette formule même n'est
qu'indicative, elle peut être modifiée par l'usage des
lieux, auquel renvoie formellement l'article 1754 en
disant « les réparations locatives sont celles désignées
comme telles par l'usage des lieux et entre autres... »
L'usage qui tient une si grande place dans toute la

---

1. Pothier, *Du louage*, n° 219 (édit. Bugnet, t. IV, p. 79). — Lepage,
Lois des bâtiments, partie II, chap. III, p. 531 et s.

matière du louage est ici souverain. Dans le projet
de Code rural, il peut aller jusqu'à dispenser le colon
de toute réparation. L'enquête faite par la société des
agriculteurs de France a établi que dans plusieurs départements, il en était ainsi[1]. On peut citer, comme
étant généralement mises à la charge du colon par
l'usage des lieux et comme étant très fréquentes dans
les baux de biens ruraux, les réparations à faire à
l'aire et à la voûte intérieure des fours[2], c'est-à-dire à
toute la partie du four directement soumise à l'action
du feu. Dans les écuries, les dégradations des crè-
ches, des rateliers, des piliers et barres de séparation, des auges, des mangeoires sont presque toujours
dues à quelque négligence du panseur, qui n'aura
pas surveillé son bétail à l'entrée et à la sortie. De
même, les échelles conduisant au fenil, les bornes et
barrières, placées dans la cour ou à l'entrée des héritages ruraux, sont la plupart du temps endomma-
gées par les animaux de la ferme mal gardés ou par un
char mal dirigé. Le colon est tenu de faire les menues réparations dont ces objets peuvent avoir besoin[3].
L'entretien des cordes, poulies, mains de fer des puits
est aussi, la plupart du temps, à la charge du preneur

---

1. *Rapport du comte de Tourdonnet*, p. 395-411. D'après l'enquête, les
réparations locatives sont à la charge du propriétaire dans les départements suivants : Alpes (Basses-), Alpes (Hautes-), Alpes-Maritimes,
Aude, Bouches-du-Rhône, Cantal, Corrèze, Drôme, Garonne (Haute-),
Gers, Hérault, Landes, Loire, Lot-et-Garonne, Lozère, Pyrénées (Bas-
ses-), Pyrénées (Hautes-), Saône-et-Loire, Savoie, Tarn-et-Garonne,
Var, Vienne (Haute-).

2. V. Goupi sur Desgodets, *Les lois des bâtiments*, éd. de 1757,
p. 474.

3. V. Duvergier, t. IV, p. 38 et s.; Troplong, n° 575 et s.

quand à leur curement, l'article 1756 l'impose au
bailleur, contrairement à la décision de l'ancien
droit[1].

Quelquefois, le bail charge, en termes généraux,
le preneur d'entretenir la métairie de réparations. On
s'est demandé si pareille clause ne faisait que rappeler
l'obligation du colon de faire les réparations locatives
ou si elle avait pour effet d'accroître cette obligation
et de mettre à sa charge les réparations d'entretien.
C'est là une pure question d'interprétation de volonté:
pour la résoudre on devra envisager l'ensemble du
contrat; si cet examen ne fait pas connaître l'intention des parties, la clause devra être entendue en faveur du colon; dans le doute, la convention s'interprète contre celui qui stipule et en faveur de celui
qui s'oblige (1162). Cette solution est aussi conforme
à la règle que les termes susceptibles de deux sens
doivent être pris dans le sens qui convient le plus à la
matière du contrat : dans le louage, la règle est que le
bailleur entretienne la chose louée. On ne peut pas
dire que la clause devient par là complètement inutile:
elle conserve probablement l'utilité qu'en voulaient tirer
les parties, en prévenant toute contestation. Dans les
baux de biens ruraux, surtout, le bail est pour le preneur toute la loi du contrat; de plus, on a vu que, dans
certains départements, l'usage local dispense le colon
des réparations locatives, la clause, l'obligeant à entretenir la métairie de réparations, a pour objet de déroger à cet usage, là où il existe. Ordinairement l'intérêt du bailleur à exiger l'exécution des réparations

---

1. Pothier, n° 222, Desgodets, *loc. cit.*

locatives n'apparaît qu'à la fin du bail : il peut en être autrement. Si les vitres brisées ne sont pas immédiatement remplacées, l'eau pénétrant dans l'habitation pourra y causer de graves dégâts. En matière de colonage, le bailleur a presque toujours intérêt à ce que les réparations des bâtiments d'exploitation soient effectuées aussitôt qu'elles sont devenues nécessaires, tout retard pouvant nuire au bétail ou aux récoltes engrangées. L'article 1754 n'indique aucun délai : le bailleur pourra les exiger, dès qu'elles sont urgentes.

Le Code ne dit rien des menues réparations dont peuvent avoir besoin les héritages ruraux, c'est peut-être qu'il les considère comme des actes de culture, dont un bon père de famille ne peut pas se dispenser[1]. A quelque classification que l'on s'arrête, il est certain que le colon doit tailler les haies vives aux époques convenables, boucher les trouées qui pourraient y avoir été pratiquées, et entretenir les haies sèches, en remplaçant les pieux et perches pourris ou brisés, à l'aide du bois provenant des haies vives et des arbres de retaille[2].

Le curage des fossés de culture, qui a lieu périodiquement, à de courts intervalles, est à la charge du colon[3] ; il en est autrement pour les fossés de très grande importance, qui n'ont pas seulement pour objet d'assurer un meilleur rendement aux récoltes, mais qui constituent de véritables améliorations du

---

1. Duvergier, t. IV, nº 103.

2. Duvergier, t. IV, nº 104. Lepage, *Lois des bâtiments,* part. II, chap. III, p. 539.

3. V. Pothier, nº 224, Lepage, *loc. cit.*

fonds et dont le récurage, n'ayant lieu que rarement, exige des travaux exceptionnels : ces travaux
incombent au bailleur, ce ne sont pas là de menues
réparations. Il faut faire une distinction analogue, au
sujet du curage des cours d'eau naturels, des étangs
et des mares, servant à abreuver le bétail ou à répartir l'eau dans les prés. Quand cette opération a lieu périodiquement et peut être accomplie par le personnel ordinaire de la métairie, elle est à la charge du
colon qui a dû prévoir son échéance, en contractant.
Si, au contraire, elle se fait à des époques indétermi-
nées et nécessite des dépenses exceptionnelles, le
bailleur en sera seul tenu : le colon n'a pu savoir,
en passant son bail, si le besoin s'en ferait sentir pendant sa durée. Dans la plupart des métairies, il s'établit une véritable tradition au sujet des soins que le
métayer est tenu de donner aux divers cours d'eau,
ainsi qu'aux digues des mares et des étangs : avant de
contracter, le nouveau colon s'en enquiert toujours ;
le juge peut très bien tenir compte de cette considération, quand il a à répartir ces différents travaux extraordinaires entre le colon et le bailleur : en ces matières, il est souverain appréciateur. Dans son manuel
des propriétaires, Ruelle impose au preneur l'obligation de remplacer les plants des haies et les arbres dé-
péris [1] : il faudra pour cela un usage bien établi.

Aux termes de l'article 1er de la loi du 26 ventôse
an IV les fermiers et autres faisant valoir les héritages d'autrui sont tenus « chacun en droit soi, d'é-
cheniller ou faire écheniller les arbres, étant sur les-

1. Contr. Vaudoré, *Droit rural*, n° 533.

dits héritages, à peine d'amende qui ne pourra être
moindre de trois journées de travail et plus forte de
six ». Cette disposition est applicable au métayer.

§ 6. — Le colon doit engranger dans les lieux à ce destinés d'après le bail.

Cette obligation lui est imposée expressément par
l'article 1767, qui par la généralité de sa rédaction,
s'applique au colon, aussi bien qu'au fermier. Elle a
une importance toute particulière pour le bailleur à
colonie. Le plus souvent le partage des céréales n'a
lieu qu'après le battage des grains ; la part du bailleur, une fois sortie de la métairie, courrait fort le risque d'être diminuée. L'exécution de cette obligation a
de plus pour effet, comme dans tout autre bail, de
rendre plus difficile le détournement des pailles et
fourrages qui doivent être consommés par le bétail de
la métairie et d'assurer l'exercice du privilège du bailleur, sur les fruits appartenant au preneur. Les granges et hangars seront d'abord occupés par les récoltes ; s'ils ne suffisent pas, il est d'usage, dans bien des
lieux, d'établir les meules de foin et de paille, au dehors, à une faible distance des bâtiments d'exploitation. Dans chaque métairie, il y a ordinairement un
endroit destiné à les recevoir : le colon doit l'utiliser.

§ 7. — Le colon doit délivrer au bailleur la part de
récoltes qui lui revient et acquitter les charges accessoires.

Le colon ne doit lever aucune récolte sans avoir,
au préalable, informé le bailleur du moment qu'il a
choisi pour cette opération : il faut que ce dernier
soit mis à même de sauvegarder ses intérêts qui ont
alors, plus que jamais, besoin d'être surveillés.

En principe, la délivrance doit être effectuée immédiatement après chaque récolte. Elle consiste en un
partage qui est opéré, soit dans le champ où a crû
la récolte, soit dans les bâtiments d'exploitation de la
métairie. La confection des lots est à la charge du
preneur. L'usage est que l'attribution en soit faite
par le sort : dès qu'une des parties réclame ce procédé, l'autre ne peut le repousser. Les récoltes de céréales sont habituellement réunies au centre de la
métairie et, comme les pailles restent au domaine, le
partage n'a lieu qu'après le battage. A moins d'une
clause particulière, le colon n'est pas tenu d'effectuer
le battage qui n'est pas un acte de culture, tendant à
la production d'une récolte, puisque la récolte est
faite : les frais en sont supportés par les deux parties,
chacune en payant une part proportionnelle à la portion de grains qui lui revient.

En dehors d'une stipulation spéciale, le bailleur ne
peut exiger que le colon conduise à son domicile sa
part de récoltes. Quand le bail impose cette obligation au colon, celui-ci ne peut être contraint de conduire les récoltes au nouveau domicile du bailleur, si

ce domicile est beaucoup plus éloigné que l'ancien ; sans quoi son engagement se trouverait aggravé, par le seul fait du bailleur, sans son assentiment. Cependant si l'accroissement est peu considérable et que le colon n'en subisse qu'un surcroît de travail très minime, il ne devra pas se refuser à faire les charrois : il y a là une question de mesure dont les juges seront les appréciateurs [1]. La prestation colonique est stipulée payable, tantôt par année, et alors elle est exigible à l'expiration de chaque année du bail ; tantôt par récolte, ce qui la rend exigible après chaque récolte perçue [2].

Dans le bail à prix d'argent, le preneur peut demander une remise du prix de sa location, quand une quantité déterminée des récoltes est enlevée par un cas fortuit, avant que celles-ci soient séparées du sol : la destruction des récoltes séparées du sol ne lui donne droit à aucune indemnité. Le Code ne dit rien d'une façon directe, de la situation faite au colon, quand les récoltes sont enlevées, étant encore sur pied, mais il résout implicitement cette question, dans l'article 1771, aux termes duquel « le fermier ne peut obtenir de remise, lorsque la perte des fruits arrive après qu'ils sont séparés de la terre, à moins que le bail ne donne au propriétaire une quotité de la récolte en nature ; auquel cas le propriétaire doit supporter sa part de la perte, pourvu que le preneur ne fût pas en demeure de lui délivrer sa portion de récolte ». A *fortiori*, si la perte se produit quand les récoltes sont encore sur pied, le bailleur devra en supporter sa part. Dans cette hypo-

---

1. *Sic.*, Pothier, *Du louage,* n° 137 ; — Duvergier, IV, n° 127 ; — Troplong, n° 672.

2. Meplain, n° 201.

thèse, pas plus que dans la précédente, le colon n'obtient de remise : que la récolte soit bonne ou mauvaise, il délivre toujours au bailleur la même part aliquote de fruits. Mais ce tiers, cette moitié, quand la récolte est enlevée par un cas fortuit, représente, en réalité, une moins grande somme de fruits que si la récolte était normale : le prix du bail subit une diminution, avec toute destruction de récolte, aussi minime qu'elle soit.

Sous ce rapport, la position du colon est meilleure que celle du fermier qui, en cas de perte inférieure à la moitié de la récolte, n'en est pas moins tenu de payer tout son prix.

Le résultat des récoltes est nécessairement sans effet sur la partie de la prestation colonique qui représente le loyer de la maison et la part contributive du colon au paiement de l'impôt foncier ; mais il semblerait que, par analogie, la destruction par cas fortuit des récoltes devrait ouvrir au colon une action en réduction, de la part de cette prestation correspondant au degré de fertilité des terres, dans les mêmes cas où elle autorise le fermier à prix d'argent, à demander une remise du prix de sa location. Cette solution serait contraire à l'usage généralement suivi et à l'intention presque certaine des parties, qui fixent en bloc la prestation en argent sans en analyser, ni en déterminer les éléments constitutifs. Dans leur pensée, cette somme d'argent n'est qu'un accessoire, mais un accessoire fixe et invariable du prix principal qui, consistant en une part des récoltes, change chaque année de quantum [1]. Le projet de Code rural main-

---

1. Meplain, no 212 ; — Guillouard, no 624.

tient la législation existante par son article 9, ainsi conçu : « Si, dans le cours de la jouissance du colon, la totalité ou une partie de la récolte est enlevée par cas fortuit, il n'a pas d'indemnité à réclamer du bailleur. Chacun d'eux supporte sa portion correspondante dans la perte commune. »

La plupart des baux à métairie stipulent que le colon fera des charrois au profit du bailleur, avec les animaux de la métairie. Parfois le bail fixe le nombre et les conditions des charrois que le bailleur peut exiger annuellement. Cette prestation ne s'arrérage pas: les charrois, qui n'ont pas été utilisés la première année, ne peuvent être réclamés la seconde et ainsi de suite. Sans quoi, il arriverait que le bailleur, n'ayant fait faire aucun charroi, pendant plusieurs années, se trouverait en droit d'en réclamer un nombre considérable dans une seule année, ce qui aggraverait l'obligation du colon et entraverait la culture de la métairie[1]. Quand la stipulation est illimitée, elle doit être entendue dans un sens raisonnable et de telle façon qu'elle n'empêche pas le colon d'assurer la culture de la métairie, qui est l'objet même du contrat. Il n'a pas été dans l'intention des parties de rendre impossible l'exécution du bail, par l'adjonction d'une clause accessoire. Le bailleur est directement intéressé à ne pas réclamer un trop grand nombre de charrois, s'il méconnaît son intérêt, qui est aussi celui du colon, ce dernier peut obtenir que le juge fixe le nombre de charrois qu'il sera tenu de fournir, par mois ou par an.

---

1. Bourges, 6 avril 1812, Sir., 32, II, 488 ; — Duvergier, IV, n° 131 ; — Troplong, I, n° 330; — Meplain, n° 199.

Souvent, comme au temps de Pothier (n° 205), le
colon s'oblige à faire le transport des matériaux nécessaires aux réparations des bâtiments de la métairie. Cette clause doit être restreinte à son objet qui
est les réparations ; le bailleur n'a pas le droit de l'é-
tendre aux reconstructions, ou aux constructions nouvelles, ni même aux modifications qu'il veut apporter
aux bâtiments existants. Il ne peut, par exemple, exiger que le colon voiture les tuiles et la charpente nécessaires au remplacement d'un toit de chaume par
une toiture de tuile. Les parties, en insérant dans le
bail la clause qui nous occupe, ont envisagé l'état de
la métairie au jour du contrat. Le propriétaire ne peut,
en changeant cet état, aggraver l'obligation du colon.
Dans le cas de la même clause, ce dernier n'est pas
astreint à aller chercher les matériaux à une très
grande distance, quand on en trouve de bons dans
les endroits voisins qu'il avait en vue, en acceptant
cette obligation, à moins que la différence des distances soit peu considérable. (Pothier, n°ˢ 206 à 208.)
Une règle générale applicable à tous les charrois est
que le propriétaire n'a pas le droit de les réclamer, à
un moment, où ils causeraient un très grand préjudice
au colon. Celui-ci, quand les travaux de la culture ne
peuvent souffrir aucun retard, à l'époque des moissons, des vendanges, des semences, refusera très justement d'exécuter les charrois qui ne seraient pas absolument urgents. Encore faudra-t-il, pour les exiger, qu'ils n'aient pas été rendus nécessaires, à un
pareil moment, par la faute du bailleur qui aurait négligé, par exemple, de faire plus tôt les réparations

nécessaires [1]. Dans presque tous les pays de droit écrit
et dans plusieurs provinces limitrophes [2], le seigneur
était obligé de nourrir l'homme et les bestiaux qui
faisaient la corvée. Dans ces mêmes contrées, cet
usage a été étendu au colon qui a droit à sa nourriture et à celle des animaux qu'il emploie aux charrois.

Les diverses clauses par lesquelles le bailleur stipule que son métayer lui fournira un nombre soit li-
mité, soit illimité de journées d'ouvriers, doivent être
interprétées de la même façon modérée, que celles
relatives aux charrois : il y a identité de motifs et de
situation. On doit décider notamment que les journées
ne s'arréragent pas, qu'elles ne peuvent être deman-
dées à un moment où le colon est indispensable à la
culture de la métairie et, dans le cas de clause illimitée, que le bailleur ne doit pas en réclamer un nombre tel que l'exploitation de la métairie en soit rendue difficile.

§ 8. — Obligation de restituer. — Responsabilité en cas de perte et de détérioration. — Incendie.

En principe, le colon doit restituer, à la fin du bail,
la métairie telle qu'il l'a reçue. La base de son obligation étant la situation de la métairie lors de son entrée en jouissance, il a le plus grand intérêt à fixer
cet état contradictoirement avec le bailleur : ce dernier y est également intéressé car si, à défaut d'état

---

1. Pothier, *loc. cit.*
2. Auvergne, Bourbonnais et Marche, notamment. V. Méplain, n° 199,
notes 1 et 2 et les aut. qu'il cite.

des lieux, il peut invoquer en sa faveur la présomption de l'article 1731, cette présomption peut toujours être détruite par la preuve contraire. Cet état
ne devra pas seulement contenir la description des
bâtiments d'habitation et d'exploitation, mais aussi
celle des haies et des fossés ; il dira si les vignes sont
ou non pourvues d'échalas et de quelle qualité, il dési-
gnera l'espèce de culture qui occupe chaque partie
du domaine et fixera la quantité de paille et de fourrage que reçoit le métayer. Plus l'état des lieux sera
complet et précis, plus les parties ont de chances
d'éviter ces contestations si nombreuses qui s'élèvent
presque toujours, à l'expiration des baux ruraux. S'il
est bien fait, une simple comparaison à la fin du bail
suffit à déterminer les droits et les obligations de
chaque partie. La forme de cet état n'est soumise à
aucune règle spéciale, il peut être notarié ou sous
seing privé, et dans ce dernier cas, il doit être fait
double. A moins de clause contraire, les frais de l'acte
seront supportés par le colon. Il lui est encore plus
utile qu'au bailleur et c'est, en quelque sorte, le complément de l'acte de bail.

S'il n'a pas été dressé d'état des lieux, le colon
est présumé les avoir reçus en bon état de réparations locatives et doit les rendre tels, sauf la preuve
contraire (1731). Ceux qui n'accordent pas au colon
la faculté d'exiger que la métairie lui soit délivrée en
bon état de réparations de toute espèce, le dispensent
de la présomption de l'article 1731. Ces deux dispositions se tiennent et, quand on ne fait pas du colonage
un louage de choses, on peut ne pas les appliquer au

colon [1]. Dans ce système, c'est au bailleur qui se plaint, lors de la restitution, qu'une partie du domaine est en mauvais état, à établir qu'elle a été remise en bon état au colon. Cette décision est inadmissible si le colonat est une variété de louage. Le code rural la repousse, en déclarant applicable au colon la présomption de l'article 1731.

On n'est pas d'accord sur la portée de cette présomption ; pour certains auteurs elle ne s'applique qu'aux réparations locatives. L'article 1731 ne parle que de ces réparations, on ne doit pas étendre les présomptions qui sont de droit étroit ; cette présomption ainsi entendue répond à l'obligation du colon qui, pendant la durée du bail, n'est tenu de faire que les réparations locatives [2]. Cette opinion attache trop d'importance à la lettre même du texte. Ici, l'argument *a fortiori* s'impose. L'article doit être entendu comme s'il y avait « en bon état de réparations même locatives ». Le colon a droit à ce que la métairie lui soit délivrée en bon état de réparations de toute espèce : s'il ne réclame pas, à son entrée en jouissance, c'est que la métairie est bien telle. Il y a corrélation entre la disposition de l'article 1720 § 1 et celle de l'article 1731 [3]. Le colon peut détruire la présomption qui pèse sur lui, prouver qu'en réalité telle partie de la métairie lui a été délivrée en mauvais état. L'article 1731 lui réserve expressément la preuve contraire. Comme il s'agit de prouver un simple fait et

1. Meplain, nos 140 et 144 ; — Rerolle, *op. cit.* p. 575.
2. Laurent, t. XXV, no 272.
3. *Sic* Colmet de Santerre, t. VII, no 178 bis, II ; — Guillouard, I, no 244.

non une convention, la preuve testimoniale est admissible quelle que soit la valeur de la dégradation.

L'obligation du colon de restituer le domaine en l'état où il l'a reçu est réduite, lorsqu'une partie quelconque du domaine a été dégradé ou a péri sans sa faute. C'est l'application de la règle générale que le débiteur d'un corps certain est libéré par la perte de la chose due survenue sans sa faute. Mais il est aussi de règle que la preuve du cas fortuit incombe au débiteur (1302³). Les articles 1730 et 1732 appliquent ce double principe au preneur et, par suite, au colon : celui-ci est tenu d'apporter à la conservation de la métairie tous les soins d'un bon père de famille. La disposition qui met à la charge du preneur la preuve du cas fortuit et l'absence de faute n'est pas seulement conforme au droit commun des obligations [1], elle est très équitable. En contact journalier avec le domaine, le colon est bien placé pour connaître et prouver les faits qui ont causé le dégât, qui constitue la force majeure, tandis que le bailleur serait presque toujours dans l'impossibilité d'établir la faute du preneur. En outre de la force majeure, le colon, pour se libérer, peut encore invoquer la vétusté et l'usage normal de la chose qui, sans l'user, l'aurait dégradée [2].

Dans notre ancien droit, quelques auteurs ne considéraient pas comme un cas fortuit les actes des ennemis du preneur ; ils en donnaient pour raison que c'était par des faits de mauvais voisinage qu'il s'était

1. Sic. Colmet de Santerre, VII, n° 178 bis, I ; — Laurent, XXV, n° 274 ; — Guillouard, n° 237 ; — Contra, Duvergier, III, n° 407.
2. Laurent, XXV, n° 270.

attiré des inimitiés et qu'il avait suscité des ven-
geances, qu'il était en faute d'avoir agi de la sorte [1].
Cette solution était tirée du droit romain, elle n'a pas
passé dans le Code ; le colon ne peut être déclaré responsable des délits commis par des tiers et qu'il n'est
pas en son pouvoir d'empêcher, quelque diligence
qu'il apporte à la garde du domaine. Ces délits constituent un cas de force majeure : nos textes ne font
pas d'exception.

Mais, aux termes de l'article 1735, le preneur est
tenu des dégradations et des pertes qui arrivent par
le fait des personnes de sa maison. Cette expression
très large comprend ses domestiques, ses ouvriers, sa
femme, ses enfants, ses hôtes de passage. La disposition est absolue : le colon ne peut dégager sa responsabilité en prouvant qu'il a choisi avec le plus grand
soin ses ouvriers et ses domestiques, que, de coutume,
ils sont vigilants et attentifs. Cette exception qu'admettait le droit romain avait déjà été repoussée par
notre ancien droit. Les héritages du domaine doivent
être restitués avec l'étendue qu'ils avaient au début
du bail, sinon la restitution n'est pas complète, elle
n'est que partielle. Il ne suffit pas qu'il y ait égalité
d'étendue, l'héritage doit avoir la même composition
que lorsqu'il a été remis au colon ; la perte d'une
parcelle ne peut être compensée par des empiète-
ments commis sur des champs voisins. Le bailleur
est en droit de réclamer le terrain qui lui appartient ;
il ne saurait être contraint à recevoir, en place, des
terrains acquis par une usurpation, lors même qu'il

2. Domat, *Lois civiles*, l. I, t. IV, sect. II, n° 6.

y a prescription [1]. L'obligation de conserver et de restituer s'applique, sans difficulté, aux servitudes. Le
colon qui laisse éteindre une servitude active ou qui
en perd la possession, par non usage, en doit compter
au propriétaire ; de même s'il laisse grever la métairie d'une servitude passive. Au cours du bail, le colon
est tenu, sous peine de tous dépens, dommages et intérêts, d'avertir le propriétaire des usurpations qui
peuvent être commises sur les fonds (1768, Civ.). C'est
une conséquence de son obligation de veiller à la
conservation de la métairie. Cet avertissement doit
être donné dans le même délai que celui qui est réglé
en cas d'assignation, suivant la distance des lieux.

L'état de culture des terres, à la fin du bail, est la
source de nombreuses contestations. A moins de
clause contraire, le colon doit les laisser dans l'état
où il les a reçues : on lui a livré 5 hectares de prairie artificielle, 5 hectares de terres emblavées, il doit
en laisser pareille quantité et ainsi des autres cultures. Toute la difficulté consiste dans la preuve :
l'article 1731 est ici sans application. L'état des lieux
supprime toute difficulté, mais malgré le grand intérêt que les deux parties ont à en dresser un, beaucoup le négligent, ou même si elles font un procès-
verbal de la situation des bâtiments, elles ne s'occupent pas des terres : il ne reste alors que la preuve
testimoniale souvent bien insuffisante pour les terres
qui ne sont pas soumises à un assolement régulier.
Mais quand le bailleur a établi qu'il a livré au colon
une certaine quantité de terres ensemencées ou la-

1. Nancy, 5 août 1865, D., 70, II, 53; — Laurent, XXV, n° 269.

bourées, celui-ci est présumé avoir reçu ces façons
bien conditionnées, selon l'usage des lieux, et doit
les laisser telles, sauf la preuve contraire.

Lors même qu'il est stipulé dans le bail que le
preneur, à son entrée en jouissance, recevra une
quantité déterminée de terres ensemencées, celui-ci
est admis à prouver que des conventions verbales
ultérieures ont modifié cette clause et qu'en réalité
il a reçu moins de terres emblavées qu'il était convenu dans le bail. (Bourges, 2 mars 1825.)

Incendie. — Après avoir fixé d'une façon générale
la responsabilité du preneur, quand la chose louée
est dégradée ou est détruite, le Code s'occupe du cas
particulier de dégradation ou de destruction par incendie, dans les articles 1733 et 1734. C'est presque
toujours au sujet de l'application de ces dispositions
au colon, que s'est posée, devant les tribunaux, la
question de la nature juridique du colonat partiaire. Le
colon essayait d'échapper à la présomption de faute,
que l'article 1733 établit à la charge du preneur, en
établissant que son contrat était une société : plusieurs
décisions judiciaires ont donné gain de cause à cette
prétention [1]. La règle, dit-on, est que celui qui base
une action sur la faute ou la négligence d'autrui doit
commencer par prouver cette faute ou cette négligence. L'article 1733, en établissant une présomption de faute contre le preneur, renverse les rôles,
édicte une règle exceptionnelle particulière au louage,

1. Voir notamment : Limoges, 21 février 1839. Sir., 39, II 406, Limoges, 6 juillet 1840. Sir., 41, II, 167. Dax, 13 avril 1883, rapporté avec
l'arrêt d'infirmation de la Cour de Pau du 5 avril 1884, Sir., 1884, II.
186.

qui ne doit pas être étendue à d'autres contrats :
« Attendu, dit le tribunal de Dax (le dernier qui, à
notre connaissance, ait admis cette interprétation),
que cette présomption déroge au principe général de
l'article 1382 et doit, par conséquent, être restreinte
au cas spécialement prévu. » — C'est confondre deux
ordres d'idées très distinctes : la responsabilité résultant du contrat pour le débiteur, et la responsabilité
qui naît de certains faits, en dehors de tout lien de
droit préexistant.

Quelques auteurs [1] voyant dans le colonage soit
une société, soit un contrat innommé, font une distinction. Au regard de la maison d'habitation, le métayer est assimilé au locataire; pour les bâtiments
d'exploitation, il échappe à la présomption de faute ;
si l'article 1733 n'est pas une dérogation au principe
admis, pour la preuve des faits prévus par les articles
1382 et 1383, c'est tout au moins une mesure exceptionnelle et rigoureuse, motivée par l'impossibilité
où se trouve le bailleur de surveiller la maison qu'il a
louée; or, dans le colonat partiaire, le métayer n'a
pas la garde exclusive des bâtiments d'exploitation,
où le bailleur peut pénétrer, à tout instant, à la conservation desquels il lui est loisible de veiller.

Cette considération n'est pas déterminante; le bailleur ne visite les bâtiments d'exploitation que pour
voir si la paille et le fourrage ne sont pas gaspillés, si
le bétail est bien soigné; il est dans les données du
contrat, qu'il n'y vienne que pour cela ; en fait, il n'y

1. Méplain, nos 167 et 168; — Latreille, *op. cit.*, p. 405; — Montlu-
çon, 11 janvier 1884. D., 86, II, 5.

vient qu'à de longs intervalles. Le colon, au contraire,
est toujours là, lui seul se sert de ses bâtiments il en
a bien réellement la jouissance et la garde. Dès lors,
même en écartant l'article 1733, la présomption de
faute pèse sur lui. Preneur ou associé, il est détenteur d'un corps certain, dont il doit assurer la
conservation, qu'il est tenu de restituer, à la fin du
bail.

En soi l'incendie n'est pas un cas fortuit ; le cas fortuit où la faute réside dans la cause qui a donné naissance au sinistre. Le plus souvent la propagation du
feu est due à la négligence, à l'imprudence de ceux
qui habitent la maison. « *Quia plerumque incendia
culpâ fiunt inhabitantium,* » disait le jurisconsulte
Paul (*Dig. de offic. præfecti vigil.* L. 3, § 1). La faute
du preneur qui habite la maison, qui détient les bâtiments d'exploitation est très probable ; la loi la met
en présomption. Le colon doit restituer un corps certain et il est tenu d'apporter, à la conservation de
cette chose, les soins d'un bon père de famille. Muni
de son bail, le propriétaire fait la preuve de sa créance:
le colon se prétend libéré parce que l'objet de son
obligation a péri par cas fortuit, sans sa faute ; il doit
prouver le bien fondé de sa libération *reus in exci-
piendo fit actor.* Nous sommes dans le droit commun
des contrats (1303³ et 1315, Civ.) Les deux derniers arrêts rendus sur la matière, l'un de Pau, du 5 avril 1884,
et l'autre Riom, en date du 19 novembre 1884, posent
très-bien la question. Ils considèrent le colonat partiaire comme un louage et, par suite, lui appliquent
nécessairement l'article 1733. Mais, allant plus loin,

et en supposant que le colonat partiaire soit une société ou un contrat innommé, ils n'en font pas moins
peser, sur le colon, une présomption de faute, par application des principes généraux [1].

Ordinairement le débiteur peut employer tel moyen
que bon lui semble pour prouver le cas fortuit; il lui
suffit d'établir qu'il n'est pas en faute ; c'est là une
question d'appréciation où le juge du fait est souverain. Par sa rédaction, l'article 1733 semble restreindre pour le cas spécial dont il s'occupe, le genre de
preuve laissée à la disposition du preneur. Faisant
une énumération, cette énumération semble limitative. On en a conclu que, pour se libérer, le preneur
devait faire la preuve directe d'un de ces faits : cas

1. Pau, 27 avril 1880, Dal., 1886, II, 3. Pau, 5 avril 1884. Dal , 1886,
II, 4. Riom, 19 novembre 1884, Dal., 1886, II, 6. « Attendu, dit la Cour
de Pau, qu'il résulte de l'ensemble des dispositions du Code civil que
e colonage partiaire constitue, sous notre législation, un véritable
bail, et que les dispositions de l'art. 1733, en cas d'incendie, lui sont
applicables, » et après avoir solidement établi cette disposition :
« Attendu que la responsabilité de Lamaison serait, d'ailleurs, engagée
par le seul effet des principes posés dans les articles 1245 et 1302; que
le détenteur d'une chose appartenant à autrui, et qui en doit la restitution au propriétaire, ne peut être affranchi de la perte ou de la dé-
térioration de la chose, survenue pendant qu'il la possédait, qu'à la
condition d'établir que la chose a péri ou a été détériorée sans sa
faute. » Et la Cour de Riom : « Considérant que la présomption de
faute des articles 1302 et 1733 milite à l'encontre du colon partiaire,
qui habite la métairie, avec la même force qu'au regard du fermier,
ou du locataire, les mêmes raisons, dans l'un comme dans l'autre cas,
devant engendrer la même responsabilité. Considérant que, loin de
faire exception au droit commun, l'art. 1733 n'est que l'application du
principe général posé dans l'article 1302... » Voy. Nimes, 14 août
1850, Dal., 51, II, 141. Aix, 14 juillet 1871, *Journal des assurances*,
1875, p. 381 et s.; Trib. de Privas, 26 décembre 1879, *ibid.*, 1880,
p. 100. Colmet de Santerre, t. VII, nᵒˢ 213 bis, I et II. Duvergier,
III, nᵒˢ 97 et s.

fortuit ou force majeure, vice de construction, communication du feu par une maison voisine. Il démontrerait vainement qu'il n'a pas commis de faute. Une preuve négative ne suffit pas. Si l'on repousse cette interprétation, dit-on, l'article 1733 devient totalement inutile, sa disposition rentre dans celle de l'article précédent[1]. — Il n'est pas besoin de donner un caractère exceptionnel à la disposition de l'article 1733, pour lui reconnaître une utilité. Dans l'ancien droit, on avait longtemps discuté le point de savoir à qui incomberait le fardeau de la preuve, en cas d'incendie des bâtiments loués. Notre article coupe court à toute discussion, en en chargeant expressément le preneur[2]. Quant à la forme de rédaction de l'article 1733 qui semble limitative, elle est la reproduction du texte correspondant de Pothier. Or, personne ne soutenait, au temps de cet auteur, que le preneur fût tenu d'établir autre chose que l'absence de faute. Ajoutons que cette interprétation, adoptée par plusieurs auteurs et sanctionnée par un très grand nombre d'arrêts[3], a reçu une consécration presque législative, au cours de la discussion de la loi du 5 janvier 1883. Dans la séance de la Chambre des députés du 5 mars 1881, M. Bernard, ayant proposé un contre-projet, où il était dit :

1. Sic., Bourges, 2 mars 1881, D. 81, II, 111. Aubry et Rau, t. IV, § 367 Marcadé, art. 1733, n° 1. Cassat., 16 août 1882, Sir., 84, 1, 33.

2. Dans son discours au corps législatif, Jaubert montre que c'est là le but que s'est proposé le législateur, Fenet, t. XIV, p. 351.

3. Chambéry, 4 juillet 1866 et 10 avril 1867, D. P., 67, II, 89; — Amiens, 10 avril 1877, D. P., 78, V, 310; Dijon, 26 mars 1879, D. P., 79, II, 148. Laurent, XXV, n° 279. Guillouard, I, n° 269 et suiv. et les nombreux arrêts que cite cet auteur. Esmein, note sur l'arrêt de Cassat. du 16 août 1882, Sir., 1884, 1, 33.

« Article 1er : L'article 1733 du Code civil est modifié
ainsi qu'il suit : L'article 1732 est applicable au cas
d'incendie, » invoquait, pour justifier l'utilité de sa
proposition, la confusion qui régnait, selon lui, sur ce
point, dans la doctrine et la jurisprudence¹. M. Du-
rand, rapporteur, fit repousser ce contre-projet en ci-
tant l'opinion de M. Laurent, pour qui la preuve négative de culpabilité suffit, et en affirmant que la
jurisprudence était dans ce sens. Sur ce dernier point,
on aurait bien pu répondre à l'honorable rapporteur
qu'il n'y avait pas unanimité dans les arrêts ; mais il
n'en reste pas moins acquis qu'en repoussant l'amen-
dement de M. Bernard, la Chambre avait en vue l'opinion d'après laquelle le preneur se libère en prouvant
par un moyen quelconque, qu'il n'est pas en faute ².
Ainsi entendu, l'article 1733 rentre entièrement dans
le droit commun, et la responsabilité du colon, en cas
d'incendie, est la même, qu'on le considère comme
un preneur ou comme un associé.

L'article 4, § 2, du projet de code rural, formule
ainsi cette responsabilité : « Il répond de l'incendie, des
dégradations et des pertes arrivées pendant la durée
du bail, à moins qu'il ne prouve qu'il a veillé *à la
garde et à la conservation de la chose en bon père de famille.* »

On n'a pas à envisager, dans une étude sur le colonat partiaire, l'hypothèse prévue par l'article 1734.
On peut bien concevoir que plusieurs métayers habitent la même maison ; en fait, cette situation ne se

2. *Journ. off. débats,* Chambre des députés, an. 1881, I, p. 413.
1. Toulouse, 19 février 1885, D. P., 1885, II, 139.

présente jamais ; chaque métayer a une habitation
distincte et séparée.

§ 9. — Le colon doit laisser à sa sortie les pailles, four-rages et engrais de l'année.

Au cours du bail, les pailles et les fourrages ne se
partagent pas ; ils sont consommés sur place. Cette
manière de procéder soulève peu de contestations,
car alors preneur et bailleur ont un égal intérêt à les
ménager. A la fin du bail, au contraire, le bailleur est
intéressé à trouver sur son domaine les pailles, fourrages et engrais de l'année, tandis que le colon est
intéressé à en laisser le moins possible ; cette opposition d'intérêts est la source de nombreuses difficultés. L'article 1778 lui impose l'obligation de laisser
les pailles et engrais de l'année ; l'intérêt de l'agriculture comme celui du bailleur exigent qu'il ne puisse
pas, en emportant sa part ou en exagérant la consommation avant son départ, dégarnir la métairie. Le
texte ne parle pas du foin : par analogie, il y a lieu
d'adopter la même décision que pour les pailles et
engrais [1]. Lorsque le colon a reçu, à son entrée, les
pailles, fourrages et engrais de l'année, il est tenu de
laisser ceux de l'année où il sort, en vertu de l'obligation générale de restituer. L'article 1778 lui en fait
une obligation spéciale, sans doute parce que le preneur sortant est fort enclin à la violer et à faire bénéficier le bétail, dont la plus-value lui profitera pour

---

1. Voy. Duranton, t. XVII, nᵒ 218 ; — Troplong, nᵒ 783 ; — Duvergier,
IV, nᵒ 225.

partie, de la paille et du foin qui appartiennent au propriétaire seul et qui se trouvent souvent dans le même
bâtiment que les bestiaux. Le bailleur le plus vigilant arrivera difficilement à se prémunir contre cette
fraude qui constitue un véritable détournement et
dont la réparation peut être poursuivie par la voie civile ou par la voie criminelle. Le colon n'est tenu de
laisser que les fourrages que l'on a coutume de conserver soit secs, soit verts, en silo : il peut employer
ceux qui sont destinés à être consommés immédiatement, tels sont les regains. La distinction entre les
deux catégories résulte d'usages locaux souvent mal
déterminés. On ne peut poser de règle générale. S'il
existe, en fin de bail, une variété de fourrage, betterave, maïs ou autre qui ne s'y trouvait pas au début,
le colon n'est pas obligé d'en laisser sa part, en vertu
de l'obligation de restituer, s'il y a augmentation de
production fourragère ; il en sera autrement, si le
nouveau fourrage est cultivé, au lieu et place d'une
variété abandonnée. Quand, à son entrée, le colon a
reçu une quantité déterminée de pailles, de fourrages
et d'engrais, il est tenu, à sa sortie, d'en laisser pareille quantité. Le colon est tenu de veiller à la conservation des pailles et des fourrages, de la même
façon qu'à celle des autres parties de la métairie. En
cas de perte, il est tenu de les remplacer, à moins
qu'il ne prouve que la destruction a eu lieu sans sa
faute. Au cas d'incendie, l'article 1733 est appliqué[1].

D'après les principes ordinaires, l'obligation du co

---

1. Nancy, 11 février 1867, D. 1870, II, 52 ; — Cas. 30 août 1882, Sir. 84,
I, 383.

lon se bornerait à restituer ce qu'il a reçu et si, en
fin de bail, il se trouvait plus de pailles, d'engrais ou
de fourrages qu'il n'en a reçus, il aurait la faculté de
disposer de sa part. Dans l'intérêt de l'agriculture, la
seconde partie de l'article 1778 autorise le bailleur à
retenir les pailles et engrais suivant estimation, lors
même que le preneur ne les aurait pas reçus. Le projet de code rural maintient l'application de cet article
au colonat partiaire. Par analogie on s'accorde également à étendre cette disposition aux fourrages. En les
enlevant, le preneur arrêterait la culture : dans quelques contrées, il n'est pas toujours facile de s'en procurer, sans de sérieux sacrifices. Si les parties ne peuvent convenir de la valeur des objets laissés par le
colon, il sera procédé à l'estimation par des experts.

On s'est demandé si la clause par laquelle le preneur s'engage à convertir en fumier, pour l'utilité des
terres du domaine, toutes les pailles de ses récoltes,
entraîne renonciation de sa part à une indemnité, pour
les pailles et fumiers existants à la fin du bail. Cette
question se posait dans l'ancien droit. Tandis que la
plupart des coutumes obligeaient le fermier sortant à
laisser les pailles sans indemnité, quelques-unes l'au-
torisaient à les enlever, en fin de bail, et à les vendre,
pendant le cours du contrat. Pour obvier à ce grave
inconvénient, le propriétaire stipulait, dans les baux
passés sous l'empire de ces dernières coutumes, que
le preneur serait obligé de convertir les pailles en
engrais, qui seraient répandus sur les terres du domaine. Un arrêt[1] du parlement du 22 août 1781 dé-

1. Merlin, *Questions*, vᵒ *Fumiers*, § 2.

cida que par là, le fermier ne s'engageait pas seulement à transformer les pailles en fumier, pendant la
durée du bail, et à employer ces engrais dans la métairie, mais encore à laisser à sa sortie, *sans indemnité*, les pailles et les engrais existants. Je ne crois
pas que cette clause doive recevoir cette interprétation, sous l'empire du Code [1]. Au cours du bail, convertir les pailles en fumiers pour les répandre sur la
métairie, c'est cultiver en bon père de famille, accroître la production agricole dont le preneur bénéficie,
tandis que la consommation des pailles et la fumure
de la dernière année ne lui profitent en rien ; voilà
pourquoi le Code lui accorde une indemnité. Il y a là
deux obligations qui ne se confondent pas, dont la
portée est très différente. La décision du Parlement
de 1781, déjà critiquable, dans l'ancien droit, a perdu
toute valeur avec la législation actuelle. En effet, la
plupart des coutumes obligeant le preneur à laisser
les pailles et engrais sans indemnité, on devait admettre facilement que les parties qui contractaient, sous
l'empire des autres coutumes, avaient l'intention
d'admettre la règle qui était, en quelque sorte, le
droit commun. Dans le Code, au contraire, la règle
est le droit à une indemnité : le preneur ne peut en
être privé que s'il y a formellement renoncé [2]. Quand
le preneur s'est obligé, sans considérer ce qu'il a
reçu à l'entrée, à laisser les pailles et fourrages de
l'année de sa sortie, qui n'auraient pas été consom-

1. En sens contr. : Amiens, 18 mai 1824, rapporté D. A. v° *louage*,
n° 749 ; — Douai, 4 juin 1849, D. P. 1852, II, 98. Troplong, II, 785.
1. Douai, 19 juillet 1850, D, 1852, II, 98 ; — Metz, 18 juillet 1861,
D, 62, II, 70 ; — Rouen, 7 octobre 1864, Sir. 65, II, 143.

més par le bétail de la métairie, il est tenu d'en
faire un emploi modéré, de n'en pas faire consommer
plus qu'il est d'usage ; il ne peut, notamment, dit la
Cour de Nancy [1], « faire faire, sans abus, par des
bestiaux surnuméraires », qu'il se procurerait tout
exprès, une consommation excessive qui aurait pour
conséquence de ne laisser aucune paille au fermier
entrant, ou de ne lui en laisser qu'une quantité insi-
gnifiante.

Un abus fréquent, la dernière année du bail, est que
le colon qui ne doit pas bénéficier de la paille, pour
épargner la main-d'œuvre, coupe les blés à une grande
distance du sol, laissant ainsi dans le chaume une
quantité considérable de paille. En agissant ainsi il
s'expose à une action en dommages et intérêts : jusqu'à la fin du bail il doit cultiver en bon père de famille [2]. Le bailleur peut disposer des pailles et des
engrais, dès qu'il en a besoin, il n'est pas obligé d'attendre la fin du bail (Duvergier, t. IV, n° 224).

§ 10. — Rapports du colon sortant avec le colon entrant.

Aux termes de l'article 1777 « le fermier sortant
doit laisser à celui qui lui succède dans la culture, les
logements convenables et autres facilités pour les
travaux de l'année suivante ; et réciproquement, le
fermier entrant doit procurer à celui qui sort les logements convenables et autres facilités pour la consommation des fourrages, et pour les récoltes restant

2. Nancy, 14 février 1 67, D. P, 1870, II, 52.
3. De Gasparin, *Guide des propriétaires,* p. 356 et s.

à faire. Dans l'un et l'autre cas, on doit se conformer
à l'usage des lieux. »

Bien que cet article ne parle que du fermier et
non du preneur, il s'applique au colon d'abord parce
que l'expression de fermier, loin d'être exclusive de
l'idée de colonage désigne, dans certaines régions,
indistinctement tous les preneurs de biens ruraux, et
puis parce que le passage d'un colon à un autre crée
la même situation que le changement de fermier à
prix d'argent. Il y a les mêmes raisons dans les deux
cas, de déroger aux principes stricts du louage qui
voudraient que, pendant l'entière durée du bail, chaque preneur eût la jouissance exclusive et absolue du
domaine, sans être contraint de subir l'immixtion de
son prédécesseur ou de son successeur. Enfin l'article renvoie à l'usage des lieux, cet usage doit être
suivi pour le colon comme pour le fermier. Le projet
de code rural soumet expressément le colon aux dispositions de l'article 1777. Les logements convenables, les facilités pour les travaux de culture, auxquels ont réciproquement droit le colon entrant et le
colon sortant varient avec la grandeur et la disposition des bâtiments, avec le genre de culture et avec la
date d'entrée et de sortie. Le colon entrant à la Saint-
Martin peut, dès que les récoltes sont enlevées, rompre et labourer les terres; celui de Saint-Jean a le
droit de semer des prairies artificielles sur les blés de
mars. Le colon sortant a le droit d'engranger les récoltes qu'il fait après sa sortie, dans les bâtiments à
ce destinés et, à défaut de ceux-ci, de les réunir, en
meule, sur l'emplacement désigné pour les recevoir.

Il a même été jugé que le fermier entrant doit serrer
les récoltes de son prédécesseur, avec les animaux du
domaine, quand tel est l'usage local. Le fermier sortant peut actionner son ancien bailleur, pour le contraindre à serrer les récoltes ou à les faire serrer par
son nouveau fermier [1].

§ 11. — Impôts. — Frais d'acte.

L'impôt des portes et fenêtres est à la charge du
colon, à moins d'une clause contraire. La loi met cet
impôt à la charge du locataire, d'une façon générale :
le colon est bien locataire des bâtiments de la métairie. Le fisc se réserve le droit d'exiger cet impôt
du propriétaire; mais celui-ci a un recours contre le
colon : « La contribution des portes et fenêtres sera
exigible contre les propriétaires et usufruitiers, fermiers et locataires principaux des maisons, bâtiments
et usines, sauf leur recours contre les locataires particuliers, pour le remboursement de la somme due à
raison des locaux occupés. » (Art. 12 de la loi du 4
frimaire an VII.) La contribution personnelle et mobi-
lière, son nom l'indique assez, est également due par
le colon. Il en est de même des prestations fournies
pour l'entretien des chemins. Les frais et loyaux coûts
du contrat sont, par analogie de ce qui existe en matière de vente, aux termes de l'article 1593, à la charge
du preneur.

2. Bourges, 24 février 1826 et Cass. Requêtes, 17 juillet 1827, D. A.
v° *Louage,* n° 851.

SECTION III

§ 1er.— Privilège du bailleur.

Bien que, dans le colonat partiaire, le prix consiste surtout en une part aliquote des fruits venus sur la métairie, le bailleur n'en a pas moins très souvent un intérêt considérable à invoquer le privilège de l'article 2102 n° 1, pour assurer le paiement de la prestation colonique, les réparations locatives et, d'une façon générale, l'exécution du bail. D'autre part, comme les colons ont fréquemment besoin que le propriétaire leur fasse des avances en grains ou en argent, pour faire les semences ou procéder à des améliorations agricoles, ils sont eux aussi intéressés et avec eux la prospérité même de l'agriculture, à l'existence de ce privilège, car, si le bailleur n'est pas assuré de rentrer dans ses déboursés, il sera inévitablement amené à refuser toute avance. Malgré les avantages incontestables qu'offre aux parties et à l'agriculture le privilège de l'article 2102, il n'est pas possible de l'accorder au bailleur à portion de fruits, si on envisage le colonat comme une société. Les privilèges sont essentiellement de droit étroit ; pour en invoquer un, il faut être dans les termes mêmes du cas, pour lequel il a été accordé ; il faut un texte et ce texte n'existe pas en matière de société, c'est un des grands inconvénients de ce système. Quand la question a été soulevée devant les tribunaux, ils ont toujours été conduits, par ces considérations de haute

utilité pratique, à la trancher en faveur du bailleur [1] ;
mais pour justifier l'existence du privilège, ils ont été
obligés de reconnaître au colonage, au moins dans
une certaine mesure, le caractère d'un contrat de
louage de choses. « Car, dit la Cour d'Alger, dans l'arrêt précité de 1878, si le colonage partiaire a quelques
affinités avec la société, le caractère prédominant de
ce contrat est celui du bail. » Cette nécessité de recourir à l'idée de louage, pour accorder au bailleur à
colonie un privilège, a largement contribué à faire
triompher, en jurisprudence, l'opinion que ce contrat
est avant tout une variété du bail à ferme. L'article 3
de la loi du 25 mai 1838, sur les justices de paix, qui
détermine la compétence du juge de paix, relativement aux demandes en validité de saisie-gagerie, met
sur la même ligne le bail à colonat partiaire et le bail
à ferme. Au reste, dès qu'on considère le colonat partiaire comme un louage, le doute n'est plus possible ;
l'article 2102 garantit les créances du bailleur à portion de fruits, de la même façon que celles du bailleur
à prix d'argent.

Le bailleur a un privilège sur le prix de tout ce qui
garnit la métairie, de tout ce qui sert à son exploitation et sur la part des fruits de la récolte de l'année
appartenant au colon. Les meubles meublants, le
linge, les effets d'habillement, la vaisselle et aussi les
provisions de bouche sont considérés comme garnis-

1. Sic, Angers, 26 août 1821, D. A. v⁰ *Privilèges et hypothèses*, n⁰ 264 ;
Limoges, 26 août 1848, D. P. 1849, II, 173 ; Aix, 6 février 1822, Sirey,
1822 à 1824, II, 22 ; Lyon, 9 juillet 18,0, D. P. 60, V, 340. Alger, 25 juin
1878, D. P. 79, II, 209. Et avant le Code, Nîmes, 7 ventôse, an XII,
Sir., 1804, II, 515.

sant la métairie : le bailleur a compté sur leur présence. Mais on soustrait généralement au privilège
les bijoux, l'argent monnayé, les billets de banque,
les divers titres de créance. Quant aux instruments
aratoires, au bétail de toutes espèces, aux vaisseaux
vinaires, ils servent à l'exploitation et sont affectés à la
sûreté du bailleur. Ces divers meubles sont frappés
par le privilège du bailleur, lors même qu'ils n'appartiennent pas au colon, qu'il n'en est que dépositaire,
emprunteur ou bien que, en étant acquéreur, il n'en
a pas encore payé le prix au vendeur, à moins que le
bailleur n'ait su que ces meubles n'appartenaient pas
au colon (2102, n° 4, § 3). Néanmoins, les sommes
dues pour les semences ou pour les frais de la récolte
de l'année, sont payées sur le prix de la récolte, et
celles dues pour ustensiles, sur le prix de ces ustensiles, par préférence au propriétaire, dans l'un et l'autre cas (2102, n° 1, § 4). Si les meubles garnissant la
métairie sont déplacés, sans le consentement du bailleur, celui-ci a quarante jours pour les revendiquer,
c'est-à-dire pour les faire rétablir dans la métairie :
peu importe qu'il s'agisse d'un changement de place
purement matériel ou d'une aliénation.

Les fruits de la récolte de l'année sont soumis
au privilège du bailleur, lors même qu'ils sont en-
grangés en dehors de la métairie ; ceux des années
précédentes ne sont atteints qu'autant qu'ils se trouvent dans les bâtiments de la ferme, ce sont alors des
meubles garnissants.

Les assurances sont très répandues aujourd'hui,
même dans les campagnes ; la loi du 19 février 1889

relative à la restriction[1] du privilège du bailleur d'un fonds rural et à l'attribution des indemnités dues par suite d'assurances, décide par son article 2 que « les indemnités dues par suite d'assurances contre l'incendie, contre la grêle, contre la mortalité des bestiaux ou les autres risques, sont attribuées, sans qu'il y ait besoin de délégation expresse, aux créanciers privilégiés ou hypothécaires, suivant leur rang. Néanmoins, les payements faits de bonne foi avant opposition sont valables ».

L'article 3 prévoit l'assurance du risque locatif, et décide que l'assuré ou ses ayants droit ne pourront toucher tout ou partie de l'indemnité, sans que le propriétaire de l'objet loué ou le tiers, subrogé à son droit, ait été désintéressé des conséquences du sinistre.

Créances privilégiées. — D'après l'article 2102, le privilège a lieu pour les fermages, pour les réparations locatives et pour tout ce qui concerne l'exécution du bail. Aux termes de l'article 1er de la loi du 19 février 1889 : « Le privilège accordé au bailleur d'un fonds rural, par l'article 2102 du Code civil, ne peut être exercé, même quand le bail a acquis date certaine, que pour les fermages des deux dernières années, de l'année courante et d'une année, à partir de l'expiration de l'année courante, ainsi que pour tout ce qui concerne l'exécution du bail et pour les dommages-intérêts qui pourront lui être accordés par les tribunaux.

» La disposition contenue dans le paragraphe précé-

1. Promulguée au *Journ. Officiel* du 20 février 1889.

dent ne s'applique pas aux baux ayant acquis date certaine avant la promulgation de la présente loi. »

Dans le colonage partiaire, il n'y a pas de fermage proprement dit, autre que la prestation colonique; le bailleur prélève son prix principal en nature. Si la part de fruits qui constitue ce prix est abîmée ou détruite par le colon, le bailleur peut, sans difficulté, invoquer le privilège de l'article 2102 pour s'en faire payer la valeur. La délivrance de la part de fruits revenant au bailleur entre dans l'exécution du bail. Cette exécution comprend toutes les obligations qui sont de la nature du colonat partiaire, qui résultent de ce contrat, en vertu d'un texte ou de l'usage local : obligations de cultiver en bon père de famille, de veiller à la conservation de la métairie et de la restituer en fin de bail, responsabilité en cas de perte par incendie ou autrement. Il faut y ajouter les obligations résultant d'une clause spéciale du contrat : le colon s'engage à planter des arbres, des vignes, à mettre, par an, tant d'hectolitres de chaux sur les terres du domaine, à restituer les grains, la somme d'argent, le bétail qu'il reçoit, à titre d'avance, du bailleur, et dont le prêt est constaté par l'acte même du bail.

Ces avances du bailleur au colon sont très fréquentes et ont la plus grande importance : parfois notre contrat serait, sans elles, stérile ou même impossible Il n'est pas rare de voir des colons débuter sans aucun capital. Si le maître ne leur vient pas en aide, aucune amélioration n'est possible ; l'exploitation courante elle-même languit : on peut dire que

les avances vivifient le contrat de colonat et réalisent
l'alliance tant vantée du capital et du travail. Il importe donc de préciser, quelle est la garantie de ces
prêts, dans les diverses hypothèses où ils peuvent se
produire. Quand les avances sont faites au moment
même du bail et que cet acte contient l'engagement du
colon de les rembourser, elles sont certainement garanties par le privilège, car leur restitution constitue
bien l'exécution du bail. Il en est de même lorsque l'a-
vance n'est pas faite au moment du bail, mais que le
propriétaire s'engage, dans l'acte même, à fournir au
colon, pendant le cours du contrat, telle somme d'argent, telle quantité de semences : la source de l'obligation de restituer est, en réalité, dans le bail même,
et le paiement par le colon de ces avances n'est que
l'exécution de son contrat. Cependant la question a été
posée devant la Cour suprême qui a accordé le privilège au bailleur [1]. Il n'y a réellement doute que pour
les avances faites au cours du bail, sans que cet acte
contienne aucune stipulation à cet égard. Il semble
qu'elles constituent, dans ce cas, un prêt ordinaire
complètement indépendant du contrat, et il est certain qu'il en est ainsi, quand elles ont pour objet une
entreprise étrangère. Mais quand le bailleur fournit
des grains au colon pour les semences, ou pour sub-

---

1. Req. 19 janvier 1880, D. P. 1882, I, 79 : « Attendu qu'aux termes
de l'article 2102, C. civ., le bailleur a un privilège sur tout ce qui garnit les locaux loués, pour les loyers et fermages et pour tout ce qui
concerne l'exécution du bail ; que, dès lors, ce privilège s'étend aux
avances en argent faites par le bailleur au preneur, en conformité des
clauses du bail et pour en assurer l'exécution. » Il s'agissait, dans
l'espèce, d'une somme de vingt mille francs, que le bailleur s'était
engagé à prêter au preneur, au cours du bail.

venir à sa nourriture jusqu'à la prochaine récolte, quand il lui remet de l'argent, pour réaliser des améliorations agricoles, ses avances ne sont pas étrangères au bail. Bien qu'elles n'aient pas été stipulées au contrat, elles entraient dans la prévision des parties et ne peuvent surprendre les tiers, parce qu'il est d'un usage constant qu'il en soit fait dans le colonat partiaire. De plus, elles ont bien pour objet d'assurer l'exécution du bail, car, si le propriétaire ne venait pas en aide au colon, ce dernier ne pourrait plus cultiver ou cultiverait mal ; c'est cette considération qui le détermine à faire ces prêts, et il ne les ferait pas au même individu, s'il n'était pas son métayer. On rentre par là, dans les termes de l'article 2102. Cette solution, admise par la jurisprudence [1], est conforme à la tradition. « Il y a plus de difficulté, dit Pothier (n° 254), si les avances n'ont été faites que depuis le bail, car la créance de ces avances naît d'un contrat de prêt séparé et distingué du bail, et qui n'en fait point partie. Néanmoins, il paraît que l'usage a étendu à cette créance les droits des seigneurs de métairies, surtout lorsque ces avances ont été faites en grains ou autres espèces, et qu'on ne peut douter qu'elles ont été faites, pour faire valoir sa métairie. Car le seigneur de métairie ayant été obligé de faire cette avance pour faire valoir sa métairie, il y a même raison que pour le bail. » Le projet de Code rural consacre cette solution, éminemment favorable à l'agriculture et au développement de notre contrat, par son article 10, ainsi conçu : « Le bailleur exerce le

1. V. Limoges, 26 août 1848, D. 49, II, 173.

privilège de l'article 2102 du Code civil sur les meubles, effets, bestiaux et portions de récoltes appartenant au colon, *pour le paiement du reliquat du compte à rendre par celui-ci.* » Il résulte nettement du rapport présenté au Sénat par M. Clément (*Journ. offic.*, au. 1880, p. 5951), que, dans ces mots « reliquat du compte », sont comprises toutes les avances, sans distinction, faites par le bailleur au colon, pour les besoins de l'exploitation.

§ 2. — Droit de surveillance et de direction.

Pothier disait que ce n'est pas un trouble que le locateur d'une métairie apporte à la jouissance de son fermier, lorsqu'il s'y transporte ou y envoie des personnes de sa part pour en visiter l'état. En effet, le bailleur a le droit de veiller à ce que son fermier ne cause aucun dommage aux terres, aux vignes et autres parties de son domaine, et personne ne pense que l'exercice de ce droit qui, strictement, restreint la jouissance du preneur, enlève au bail à ferme le caractère de contrat de louage. Dans le colonat, l'intervention du bailleur dans l'exploitation est bien plus fréquente ; mais, pour expliquer l'existence de ce droit, il n'est pas besoin de recourir à l'idée de société ; il est une conséquence nécessaire de la nature du prix, qui consiste en une quote-part de fruits ; tandis que le bailleur à ferme n'a d'intérêt que dans le bon entretien de ses terres, le bailleur à colonie est intéressé au rendement annuel : il peut donc s'assurer que toutes les façons sont données en temps

utile et d'une manière convenable, assister à la levée
des récoltes et à la vente du bétail, pour éviter les
détournements. Ce droit de surveillance découle naturellement, pour le bailleur, du contrat de colonat
partiaire, en dehors de toute clause ou usage particulier. Cette constatation n'a d'utilité que pour les
pays où cette combinaison culturale n'est employée
qu'exceptionnellement.

Dans les pays où le colonat partiaire est communément pratiqué, une coutume séculaire reconnaît au
propriétaire des prérogatives bien plus étendues et
lui accorde une participation très large à l'administration de la métairie, quand elle n'en fait pas le
véritable chef de l'exploitation. Ce droit de direction
constitue à notre contrat une physionomie toute particulière et contribue, dans une large mesure, à en
faire un instrument d'amélioration et de progrès agricoles. Favorable au colon autant qu'à l'agriculture,
il convient de l'étendre plutôt que de le restreindre.
Il importe que le propriétaire puisse, par son intelligence, par son activité, donner à l'œuvre commune
une impulsion utile et la faire bénéficier de son expérience. Le projet du code rural consacre cette idée
par son article 5 : « Le bailleur a la surveillance des
travaux et la direction générale de l'exploitation, soit
pour le mode de culture, soit pour l'achat et la vente
des bestiaux. L'exercice de ce droit est déterminé,
quant à son étendue, par la convention, à défaut de
convention, par l'usage des lieux. »

Le bailleur ne doit intervenir que pour donner des
indications générales, pour imprimer à l'exploitation

une direction d'ensemble : une immixtion trop fréquente serait beaucoup plus nuisible qu'utile et serait
contraire à la nature du contrat de colonat partiaire,
le colon doit toujours rester maître des détails d'exécution.

Il n'est pas le préposé du bailleur, il agit pour son
propre compte. La Cour de Bourges [1] en a conclu très
justement que le bailleur ne peut être déclaré responsable, dans les termes de l'article 1384, § 3, Civ. du
dommage causé à un tiers par la faute ou la négligence du colon. Il importe peu que le dommage ait
été occasionné par un animal, dont le bailleur était
propriétaire, mais qu'il avait remis au colon, pour l'exploitation de la ferme, en vertu du contrat de cheptel ; la responsabilité imposée par l'art. 1385 cesse de
peser sur le propriétaire de l'animal, lorsqu'il s'est
dessaisi de la détention et de la garde de cet animal,
par un contrat régulier. Le métayer ne devient le
préposé de son bailleur et n'engage sa responsabilité,
que lorsqu'il exécute un acte déterminé, spécialement
ordonné par ce dernier. C'est ainsi que la Cour de
Bordeaux a jugé que le bailleur qui charge son métayer de conduire à un concours agricole un taureau,
faisant partie de la métairie, est responsable du dommage causé par l'animal, pendant le trajet effectué
sous la conduite du métayer [2].

Le droit de direction n'autorise pas le bailleur à
exiger du colon ce que ne lui impose pas le contrat,
ni à modifier la nature de la jouissance. Ainsi, il ne

1. 7 décembre 1885, Sir. 1886, II, 107.
2. 10 mars 1874, Sir. 74, II, 252.

peut contraindre le colon, lors même que celui-ci doit
fournir les instruments aratoires, à participer à l'a-
chat d'appareils perfectionnés, soit en ce qu'ils diminuent la main-d'œuvre, ou en ce qu'ils font un travail
plus soigné. Le colon est quitte, dès qu'il emploie les
instruments usités dans la région. Mais si le propriétaire les achète de ses deniers, et demande simplement au colon de s'en servir, celui-ci ne pourra s'y
refuser, sous prétexte que leur emploi nécessite un
surcroît de travail ou que leur entretien est légère-
ment plus coûteux [1]. Il doit aussi utiliser les divers
engrais et amendements qui lui sont remis, sans pouvoir en contester l'utilité à condition, bien entendu,
qu'il s'agisse de matières admises par la science agronomique. Leur conduite, leur préparation, leur épan-
dage sont à sa charge, comme actes de culture. Le
bailleur ne peut, de sa seule autorité, modifier les
assolements, ni substituer de nouvelles cultures aux
anciennes, ni imposer aucun acte qui apporte une
modification à la jouissance du colon. Celui-ci peut
exiger le maintien du *statu quo;* il soutiendra très
justement qu'en contractant il avait en vue la nature
de culture existante sur la métairie ; par conséquent,
le bailleur a besoin du consentement du colon pour
transformer une prairie en terre arable, pour planter
ou arracher une vigne, pour substituer une culture
de plantes oléagineuses à une culture de céréales.

L'étendue du droit de direction et surtout la manière de l'exercer varient avec les mœurs, les habitu-

---

1. *Sic., Usages ruraux de l'arrondissement de Château-Gontier*, art. 64,
in fine.

des du pays, le caractère des habitants et la nature
des opérations que l'exploitation comporte : la décision à prendre relativement à tel acte de culture appartient, suivant les lieux, au propriétaire seul, ou au
colon, ou exige l'assentiment des deux. C'est donc
très justement que le projet de code rural renvoie, sur
ce point, à la convention et, à défaut de convention,
à l'usage des lieux. Dans certaines contrées, l'exercice de ce droit se trouve défini dans des recueils d'u-
sages ruraux. On peut citer comme exemple le recueil
des usages ruraux de l'arrondissement de Laval, dont
l'article 77 est ainsi conçu : « Le propriétaire a le
droit de diriger les opérations, en général, de la ferme
à colonie partiaire et de surveiller l'exécution des travaux. Le choix des animaux à vendre, acheter ou
échanger lui appartient donc exclusivement, et, dans
aucun cas, le colon ne peut, sans son consentement,
vendre ni échanger aucun bétail.

Le colon doit également se conformer à la volonté
du propriétaire, pour le choix des races, la quantité
des élèves de toute nature et la castration des mâles ;

Pour le choix des semences ;

Pour la quantité et le genre des diverses cultures ;

Et pour la forme des labours [1].

L'article 64 du recueil des usages ruraux de l'arrondissement de Château-Gontier est la reproduction
du précédent avec un alinéa en plus, relatif à l'emploi d'instruments perfectionnés. « Néanmoins, si le
propriétaire exige, pour ces labours, l'emploi d'instru-

1. Cité par M. Clément dans son rapport au Sénat, sur le titre IV du
projet de code rural : *Bail à colonage partiaire, Officiel,* année 1880,
p. 5,960, col. 3.

ments perfectionnés, il les fournit au colon, qui les entretient et répare convenablement, et les rend à sa sortie. »

Quand l'usage local est insuffisant ou mal défini, ce qui n'est que trop fréquent, le bailleur à métairie agit sagement, en insérant dans le bail une clause formelle qui règle les hypothèses les plus importantes, au sujet desquelles un conflit peut s'élever. Dans bien des cas les usages ruraux de Laval et de Château-Gontier peuvent servir de modèle. M. A. Méplain propose une formule, très favorable au droit de direction du bailleur, et qui est ainsi conçue : « La direction de la culture et de l'exploitation appartiendra exclusivement au bailleur : en conséquence, le preneur devra se conformer aux instructions du bailleur, notamment pour les ventes et achats de bétail, l'assolement des terres, la création des prairies naturelles et artificielles et, généralement, toutes les opérations concernant l'exploitation et la mise en valeur du domaine [1]. »

§ 3. — Droit de chasse et de pêche.

Le bail à colonat partiaire donne au colon le droit de percevoir une part déterminée des fruits de la métairie ; le gibier n'est pas un fruit de la terre. Il suit que si le bail ne lui accorde pas expressément le droit de chasse, ce droit reste exclusivement au bailleur. Au cas de bail à ferme, la question a été très discutée. Aujourd'hui la doctrine et la jurisprudence paraissent définitivement fixées : elles décident que, dans le si-

1. A. Méplain, *Dialogue sur le météyage*, p, 78.

lence du contrat, le droit de chasse appartient au bailleur seul [1]. A *fortiori*, la même solution doit être admise, en matière de colonat partiaire. Le bailleur qui prend un colon, cherche un bon travailleur qui consacre tout son temps et toute son attention à la culture de la métairie ; tout le monde sait que le paysan chasseur est un détestable cultivateur. De son côté, le métayer se propose habituellement, dans le contrat de colonage, d'utiliser son travail et d'assurer la subsistance de sa famille par l'exploitation de la métairie ; il ne peut chercher à atteindre ce but par la chasse. Le fait probable est que les parties ont voulu laisser le droit de chasse, en dehors du bail : si elles ont une intention contraire, elles doivent s'en exprimer dans une clause spéciale. Le bailleur peut user du droit de chasse par lui-même ou par les siens ; il peut le louer, le concéder à qui bon lui semble. Si l'exercice de ce droit cause du dommage aux récoltes ou aux clôtures, le colon en obtiendra réparation, en s'adressant aux tribunaux civils.

La faculté de détruire les animaux malfaisants et nuisibles, les bêtes fauves est indépendante du droit de chasse : le colon peut protéger ses récoltes et ses troupeaux contre leurs attaques (art. 9, § 3, loi, 3 mai 1844).

La pêche, comme la chasse, et pour les mêmes motifs, appartient exclusivement au bailleur, sauf clause

---

1. V. notam. Aubry et Rau, t. IV, § 365, note 3 ; Leblond, *Code de la chasse et de la louveterie*, nᵒ 3 et s. Guillouard, nᵒ 286. Cass., 5 avril 1866, D. 66, 1, 411. Caen, 6 décembre 1871, D. 72, V, 68.

contraire (Rouen, 13 juin 1844, Sir., 44, II, 329).

L'article 5, § 2 du projet de loi, relatif au colonat partiaire, consacre la jurisprudence existante en décidant que « les droits de chasse et de pêche restent au propriétaire ».

CHAPITRE IV

ENREGISTREMENT

La société et le louage sont soumis par la loi fiscale à un régime différent : il importe donc, à ce point de vue, comme sous le rapport civil, de fixer la place du colonat partiaire. Mais tandis qu'en matière de droit civil cette question n'est pas expressément réglée par le Code, la loi du 22 frimaire an VII assimila formellement le colonat partiaire au bail à ferme, pour la perception des droits d'enregistrement. Déjà l'article 17 du tarif du 29 septembre 1722, décidait que, pour les baux à moitié ou par tiers, le droit de contrôle en sera payé sur le pied de l'article 15, relatif aux baux à ferme[1]. Aussi, jusqu'à la loi du 23 août 1871 qui établit des impôts nouveaux et des augmentations d'impôt, relatifs à l'enregistrement et au timbre, l'administration appliqua, sans difficulté, à notre contrat, le tarif du contrat de louage. Un des effets principaux de cette loi fut de soumettre à l'obligation de la déclaration et au paiement du droit, établi pour les locations

1. Bosquet, V° *Baux à moitié ou par tiers.*

constatées par écrit, les locations purement verbales qui, jusque là, avaient échappé à l'impôt. L'article 11, qui établit ce droit nouveau, conçu en terme généraux, vise les mutations de jouissance et n'exclut pas de ses dispositions le colonat partiaire qui, à s'en tenir au texte, devrait, par suite, y être soumis, puisque ce contrat, en matière d'enregistrement, avait toujours été considéré comme une location.

Mais les travaux préparatoires de la loi de 1871 montrèrent clairement que l'intention formelle du législateur était de soustraire le bail partiaire à l'impôt de l'article 11. Malheureusement, on invoqua à plusieurs reprises, pour exclure le bail à portion de fruits des dispositions de cet article, un motif complètement inexact. « Mentionnons, disait l'exposé des motifs du Gouvernement, que la disposition qui fait l'objet de l'article 11 ne s'applique pas au bail à colonage, dit bail à moitié fruits. Ce bail est considéré, au regard de la loi fiscale, comme une association, et il n'est passible que d'un droit fixe. » Le rapporteur n'était ni moins affirmatif ni moins sobre de preuves, selon lui : « Le bail à colonage ou à moitié fruits est considéré, en doctrine et en jurisprudence, pour l'application de la loi fiscale, comme une association entre le propriétaire et le colon ; par suite, les dispositions de la présente loi ne lui sont pas applicables. »

Quand la loi du 28 février 1872 eut frappé les actes de société d'un droit gradué, perçu sur le montant total des apports mobiliers et immobiliers des associés, déduction faite du passif, il arriva que, dans certains cas, il fut plus avantageux pour le trésor de percevoir, sur les baux à portion de fruits constatés par écrit, le droit gradué que le droit proportionnel de 0,20 p. 0/0. S'appuyant sur les paroles précitées, prononcées au cours de la discussion de la loi de 1871, l'administration soutint que le bail partiaire était une association et que, par suite, il était passible du droit gradué. Cette prétention fut admise par le tribunal de Brives, à la date du 8 août 1873 (Sirey 1873, 2, 308). Ce jugement ne donne qu'un motif de sa décision : l'affirmation contenue dans les travaux préparatoires de la loi de 1871 et dont il se garde bien de contrôler l'exactitude.

Déféré à la Cour suprême, il fut cassé par un arrêt du 8 février 1875 [1] : « Attendu, dit la Cour suprême, que si des divergences ont pu se produire, au point de vue du droit civil, sur le caractère propre du bail à colonage ou à portion de fruits, spécialement sur le point de savoir si la convention constitue un véritable bail à ferme ou une sorte d'association entre le propriétaire et le colon, ces mêmes divergences ne sauraient exister en droit fiscal ; qu'en effet, aux termes des dispositions précises et positives, le bail à colonage ou à portion de fruits rentre, pour la perception du droit d'enregistrement, dans la catégorie des baux à ferme ou baux ordinaires, et, en conséquence, est soumis au tarif de 0,20 p. 0/0 francs, sur les bases déterminées par l'art. 1er de la loi du 16 juin 1824 ; que cela résulte nettement du n° 1 de l'art. 15 de la loi du 22 frimaire an VII, lequel, posant la règle de liquidation du droit proportionnel, précisément en ce qui concerne les baux à ferme ou à loyer en général, mentionne expressément le bail à portion de fruits, en prescrivant de percevoir le droit d'enregistrement sur la part de fruits revenant au bailleur, etc. » Une législation aussi formelle ne peut être abrogée que par une loi : des appréciations formulées aux cours des débats parlementaires, même au nom d'une commission, ne sauraient lui porter la moindre atteinte. L'administration a adopté la doctrine de la Cour de cassation.

Baux verbaux. — Si la théorie émise, au cours de la discussion de la loi de 1871, sur la nature du contrat de colonat partiaire est inexacte, la volonté du législateur de soustraire ce contrat à l'impôt nouveau n'en est pas moins manifeste. L'administration a respecté, en principe, cette volonté : elle n'exige pas la déclaration des baux verbaux, en ce qui concerne la part proportionnelle de fruits que le colon livre au bailleur. Outre cette quote-part, le colon paie ordinairement une certaine somme d'argent, désignée sous le nom de prestation colonique, et diverses prestations modiques, connues sous le nom de menus suffrages, de faisances. L'administration soutient que, sous ce rapport, le colon est un véritable fermier, il y a alors deux contrats distincts : la prestation colonique et les prestations de quantités fixes de denrées doivent être déclarées[1]. Cette analyse ne nous paraît pas juridique : aux yeux de la loi comme dans l'intention des parties, le colonage forme un contrat unique et indivisible. La dualité imaginée par la ré-

---

1. V. *Dict. des droits d'enregistrement,* v° *Bail,* n° 378. Sol. 8 août 1873.

gie n'était pas dans la pensée du législateur de 1871 lorsqu'il proclamait que notre contrat ne tombait pas sous le coup de l'article 11, sans faire aucune distinction. La prestation colonique et les menus suffrages ne sont que l'accessoire de la quote-part de fruits : *accessorium sequitur principale*.

Baux Ecrits. — Les baux constatés par écrit sont seuls soumis à la formalité de l'enregistrement, ils le sont, que l'acte soit notarié ou sous signature privée. Le droit est perçu sur la valeur de tout ce que reçoit le bailleur. L'évaluation des fruits lui revenant, est faite d'après le taux commun résultant des mercuriales des trois dernières années [1]. On ajoute à cette somme la prestation colonique et on multiplie le total qui représente le revenu annuel, par le nombre d'années, pour lequel le bail est consenti.

En principe, le droit est exigible, lors de l'enregistrement, pour toute la durée du bail. L'article 11 de la loi du 23 août 1871 autorise le fractionnement du droit pour les baux de plus de trois ans, en autant de payements égaux qu'il y a de périodes triennales. Le fractionnement n'est pas fait d'office : il n'a lieu que si les parties le requièrent, faute de quoi la perception intégrale est régulière et ne donne pas lieu à restitution. Le même article 11 abroge la disposition de la loi de frimaire, aux termes de laquelle les baux à période de 3, 6, 9 ans, étaient, pour la perception du droit, considérés comme des baux de 9 ans. Faut-il

---

1. Décret du 26 avril 1808. Voy. M. Demante, n° 347, 4° édit., t. Ier, p. 433, note 2 ; Cassat. 9 mai 1826, rapporté, *Répertoire de l'enregistrement de Garnier*, n° 2565, *Diction. des droits d'enregistrement.* v° *Bail*, n° 180.

entendre seulement par là que le législateur a voulu leur appliquer le bénéfice du fractionnement facultatif, établi pour tous les baux, par la disposition précédente? Il eut été à peine besoin de le dire. Aussi l'administration en a conclu que, dans les baux à période, les droits n'étaient exigibles, indépendamment de toute réquisition des parties, que pour la première période[1]. Le fractionnement a lieu d'office. Les droits, afférents aux périodes subséquentes, doivent être payés dans le mois qui commence chaque période.

Depuis la loi du 16 juin 1824 le droit à percevoir sur les baux à durée limitée est de 20 centimes pour 100 fr., auxquels il faut ajouter deux décimes et demi ce qui porte à 0,25 p. 100 le droit afférent à ces baux.

Le bail notarié doit être présenté à l'enregistrement, dans les dix jours de sa date, si le notaire réside dans la commune où est établi le bureau d'enregistrement, dans les quinze jours, si le notaire réside dans une autre commune (art. 20, loi du 22 frimaire an VII). Les baux sous seing privé, faits en France, ce qui est le cas général, pour les baux à mi-fruits, doivent être enregistrés dans les trois mois de leur date. A défaut d'enregistrement dans ce délai, le bailleur et le preneur sont tenus personnellement et sans recours, nonobstant toute stipulation contraire, d'un droit en sus, lequel ne peut être inférieur à 50 francs (art. 14, loi du 23 août 1871). Le bailleur peut s'affranchir du droit en sus qui lui est personnellement imposé, ainsi que du versement immédiat des droits simples, en déposant dans un bureau d'enregistre-

---

1. V. M. Demante, n° 135, 4ᵉ édit. t. I, p. 444.

ment l'acte constatant la mutation et il a, pour effectuer ce dépôt, un délai d'un mois à ajouter au délai
fixé pour l'enregistrement (même article).

Le bail à durée illimitée et le bail à vie sont passi-
bles d'un droit de 4 p. 0/0 perçu sur une somme
formée, de 25 fois le revenu annuel pour le premier,
et de 12 fois et demie ce même revenu pour le
second (art. 69, § 7, n° 2, l. 22 frim. an VII; 2 de la
loi du 21 juin 1875). Deux décimes et demi en plus.

CHAPITRE V

FIN DU BAIL A COLONAT PARTIAIRE

La fin normale du contrat est l'expiration du temps, pour lequel il a été contracté. Au cours du bail, il peut être dissous par divers événements, l'article 1741 indique les deux plus importants, en disant que le contrat de louage se résout, par la perte de la chose louée et par le défaut respectif du bailleur et du preneur, de remplir leurs engagements. C'est la condition résolutoire, toujours sous-entendue dans les contrats synallagmatiques, pour le cas où l'une des parties ne satisfait point à ses obligations. Chemin faisant, nous avons signalé les principaux faits qui constituent, soit de la part du bailleur, soit de celle du colon l'inexécution du contrat. Les parties peuvent insérer dans le bail une clause résolutoire spéciale qui, l'événement mis en condition venant à se produire, sera exécutée d'après les règles générales des contrats et qui n'ont rien de particulier dans leur application au colonat partiaire. Le bail peut être annulé, par suite de l'incapacité de l'une des parties ou d'un vice du consentement ; il peut être réduit à la durée de neuf années, quand le bailleur n'avait pas le pouvoir de dépasser cette limite.

La réunion sur la même tête des qualités de colon et de bailleur par succession ou acquisition entre vifs, le mutuel dissentiment, *contrarius consensus*, peuvent également mettre fin à notre contrat. D'après une opinion conforme à l'esprit du code, relativement à la preuve dans la matière du louage, la preuve de la résiliation sera soumise à la règle de l'article 1715 [1].

En principe, l'aliénation de la métairie est sans influence sur l'existence du contrat de colonat, dans certains cas cependant elle entraîne sa résiliation. On a soutenu que la mort du colon mettait fin au contrat ; ces deux derniers points sont, avec les effets de l'arrivé du terme et du congé, les seuls qu'il nous reste à examiner.

§ 1er. — Arrivée du terme, congé.

Le bail cesse de plein droit à l'expiration du terme fixé, lorsqu'il a été fait par écrit (avec assignation de durée), sans qu'il soit nécessaire de donner congé. Tout le monde applique cette disposition de l'article 1737 au colonage partiaire, même ceux qui en font une société ; le projet de code rural y soumet expressément notre contrat, par voie de renvoi. Très souvent, les parties ne fixent pas expressément la durée du

1. Guillouard, n° 381, et les aut. qu'il cite. Cass., 18 nov. 1861, Sir., 1862, I, 38.

bail. Si le colonat apparaît comme une variété du contrat de société, le bail ainsi fait, sans assignation de durée, constitue une société à durée illimitée, soumise, quant à sa dissolution, à l'article 1869 ; c'est-à-dire que le bail peut toujours être dissous, par la volonté de l'une des parties, mais que cette dissolution ne peut résulter que d'une renonciation notifiée par le renonçant à son co associé. De plus, cette renonciation doit être de bonne foi et non faite à contre-temps. On en conclut que la dissolution du bail ne peut être opérée qu'à une époque correspondant à celle de l'entrée en jouissance du colon, parce qu'alors seulement les choses peuvent être laissées dans l'état où elles ont été mises en société : la renonciation au cours de l'année serait de mauvaise foi[1]. Cette renonciation doit être notifiée et pour qu'elle n'ait pas lieu à contre-temps, un délai fixé par l'usage, doit être observé entre le jour de la notification et celui où la dissolution doit s'accomplir[2]. Cette renonciation est un véritable congé[3].

Assimilé à un véritable louage, le bail à colonat partiaire n'est jamais à durée illimitée ; dans le silence des parties, l'article 1774 lui assigne un terme

1. Méplain, n° 315.
2. Méplain, n° 316.
3. Sans se prononcer sur la nature du contrat de colonage, un arrêt de la Cour d'Agen du 26 novembre 1822 et un arrêt de la Cour de Limoges du 18 mars 1842, décident que le bail à colonat partiaire, dont la durée n'a pas été expressément fixée par les parties, est à durée illimitée et que sa dissolution ne peut résulter que d'un congé, donné en observant les délais fixés par l'usage des lieux. Arrêts rapportés dans D. A., v° *Louage à colonage partiaire*, n° 30 et Sirey, 1842, II, 522.

certain. Mais un tel bail prendra-t-il fin de plein droit
à l'arrivée de ce terme, ou bien la partie, qui voudra
assurer un effet à ce terme, sera-t-elle tenue de donner
congé à l'autre, selon l'usage des lieux? L'art. 1775
répond à cette question d'une façon très nette : « Le
bail des héritages ruraux, quoique fait sans écrit,
cesse de plein droit à l'expiration du temps, pour lequel il est censé fait, selon l'article précédent. »
L'article 1736 placé dans la section des règles communes aux baux des maisons et des biens ruraux
semble, il est vrai, contredire cette disposition en
décidant que : « si le bail a été fait sans écrit, l'une
des parties ne pourra donner congé à l'autre qu'en
observant les délais fixés par l'usage des lieux ». Mais
la place qu'occupe cet article est la suite d'une erreur de classification, il ne s'applique pas aux baux de
biens ruraux qui restent exclusivement soumis à la
disposition de l'article 1775. Le congé n'est jamais nécessaire [1].

Cette solution est, dans bien des contrées, en opposition avec une pratique constante, et M. Méplain
(n° 313) dit, avec beaucoup de raison, pour la région
centrale tout au moins, qu'il n'y a pas de métayer,
pas de maître qui suppose qu'à l'expiration de la période d'assolement, le bail soit à son terme de plein
droit, lorsque la durée n'en a pas été fixée ainsi par le
contrat. Là où l'usage du congé est bien établi, l'application de l'article 1775 pourra favoriser les sur-
prises. Mais, en présence d'un texte aussi précis,

1. Voy. Guillouard, n° 630; — Laurent, t. XXV, n° 478; Limoges,
20 décembre 1821.

aussi formel qu'est l'article 1775, il ne paraît pas possible d'admettre la restriction de MM. Aubry et Rau, et d'après laquelle le bail à métairie cesse de plein droit, à moins que, d'après un usage constant, il ne prenne fin que par l'effet d'un congé [1]. La loi fait cesser de plein droit le bail après expiration du temps déterminé par les prescriptions qu'elle-même indique : c'est une présomption de droit qui ne semble pas, dans les principes de notre législation, devoir céder à un usage contraire, auquel la loi ne renvoie pas. L'interprète ne peut corriger les inconvénients d'une loi, même défectueuse : seul le législateur le peut. C'est ce que fait, relativement à notre contrat, le projet de code rural, qui, à ce point de vue, contient une amélioration certaine. Par son article 13, il décide que l'article 1736 est applicable au colonat partiaire ; par suite, le bail à mi-fruits, fait sans écrit, ne pourra prendre fin qu'en vertu d'un congé donné par l'une des parties à l'autre, en observant les délais fixés par l'usage des lieux.

Dans l'état actuel de la législation, la nécessité du congé n'apparaît que pour les baux à période de trois, six, neuf ans. Dans ces baux, le véritable terme est la date la plus éloignée, mais les deux parties ont la faculté de faire cesser le bail à l'expiration de chaque période triennale : cette volonté doit être manifestée et notifiée par la partie, qui veut user de la faculté que lui donne le bail, à l'autre partie. Habituellement, le bail fixe le délai, dans lequel doit être notifié ce congé.

1. Aubry et Rau, t. IV, p. 371.

Si la convention est muette sur ce point, l'article
1778 amène à décider, par analogie, que l'avertissement doit être notifié, au moins un an à l'avance.

§ 2. — Mort de l'une des parties.

Nos anciens auteurs n'étaient pas d'accord sur le
point de savoir si la mort du colon mettait fin au contrat. Bartole et Godefroy étaient pour l'affirmative.
Fabre, au contraire, maintenait le bail, nonobstant la
mort du colon. Guy Coquille n'avait pas une doctrine
bien arrêtée. « Par conséquent, dit-il, puisque c'est
ad instar de location, ne finira par la mort du métayer », et il ajoute : « En la société, chacun des associés choisit la foi et l'industrie de son compagnon,
laquelle considération est très personnelle : ce qui
ne se doit point dire en la métairie, parce que le la-
bourage et la nourriture du bétail ne sont choses
d'industrie exquise, et la fonction en est vulgaire,
commune et aisée [1]. » Ce second motif du maintien
du bail, au cas de mort du colon, n'a pas une grande
valeur ; le premier était plus solide. Mais Coquille apporte immédiatement une restriction à son système.
« Toutefois, dit-il, si les hommes qui ont entrepris la
métairie viennent à décéder et ne laissent que des
femmes ou des petits enfants, je crois que le propriétaire ne devra pas contraindre ces survivants à l'exercice de la métairie, et cela, malgré que la femme veuve
ou les enfants puissent le faire exercer par des valets ;

---

[1]. Guy-Coquille, *Questions et réponses*, 204 et suiv. Edit. de 1611,
p. 414 et suiv.

la règle *difficultas præstationis non impedit effectum obligationis*, n'étant applicable qu'aux contrats de droit étroit et non aux contrats de bonne foi, comme est le bail à métairie. »

Sous l'empire du Code civil, la même controverse a continué. Comme Bartole et Godefroy, les partisans de la société voient une cause de résiliation dans la mort du colon [1] ; et ils justifient facilement, dans leur système, cette solution par la disposition de l'article 1865, § 3, aux termes duquel la société se dissout par la mort naturelle de quelqu'un des associés. Mais ils ne tiennent aucun compte de cette même disposition, en maintenant le bail, malgré le décès du bailleur. Ils font vainement remarquer que la considération de la personne du colon est prépondérante dans le contrat, tandis que la personne du bailleur importe peu au colon. Dans bien des cas, ce dernier ne peut se désintéresser de la personne de son bailleur et, en tous cas, l'article 1865 n'admet pas de distinction. Aussi M. Troplong (II n° 647) est amené, pour justifier sa décision, à tirer argument de ce que « la mort de l'associé qui a des actions dans une société en commandite, n'empêche pas cette société de se continuer avec ses représentants. » Il n'y a aucune analogie entre un commanditaire et le bailleur à métairie.

Cette distinction ne peut être admise que si l'on considère le colonage comme participant du louage d'ouvrage et c'est l'utilité pratique qu'il y a à la faire, qui amène M. Latreille à introduire cet élément nou-

1. Delvincourt, III, p. 433 ; Troplong, II, n° 646.

veau dans le colonat. On a vu que telle n'était pas la
théorie du Code et que le colonat partiaire était une
variété du bail à ferme ; dès lors, il faut nécessairement lui appliquer l'article 1742. « Le contrat de
louage n'est point résolu par la mort du bailleur, ni
par celle du preneur. » C'est là le droit commun, en
matière de louage. Quand le législateur a voulu y déroger pour le contrat de louage d'ouvrage, il a pris le
soin de le dire expressément, dans l'article 1795. Cependant cette exception était traditionnelle et dans ce
contrat, il y a, à un bien plus haut degré que dans le
colonage, *intuitus personæ*. En gardant le silence au
sujet de ce dernier contrat, le législateur montre son
intention de le soumettre à la règle générale de l'article 1742. Il n'y a pas antinomie entre cette solution
et la prohibition de sous-louer, édictée par l'article 1763. Les deux hypothèses sont sensiblement
différentes. La sous-location fait passer le domaine
entre les mains d'étrangers complètement inconnus
du bailleur ; elle peut se produire à tout instant, quelques jours après le commencement du bail et se renouveler plusieurs fois. La mort du colon est un événement de force majeure qu'on ne peut prévoir. Ses
héritiers, souvent ses enfants, habitaient la métairie,
participant à l'exploitation, qu'ils ont pu apprendre à
bien conduire. Ils sont connus du bailleur et habituellement ils auront les qualités d'habileté professionnelle et de probité que ce dernier recherchait dans
leur auteur. C'est là le fait ordinaire [1].

1. Sic. Guillouard, n° 632 ; — Colmet de Santerre, t. VII, n° 219 *bis* II ;
— Duvergier, IV, n° 91 ; — Aubry et Rau, IV, § 371 ; — Marcadé,

Quant aux difficultés que cet événement peut créer
à la veuve et aux jeunes enfants du colon — dont
parle Guy Coquille — elles ne sont pas plus grandes,
dans le bail à portion de fruits, que dans le bail à
ferme et parfois même, que dans le bail à loyer. Il
faut reconnaître que, dans certaines situations, la pro-
longation du bail, après la mort du colon, est préjudiciable, non seulement aux héritiers de celui-ci, mais
aussi aux intérêts du bailleur. La pratique verra, avec
une grande satisfaction, l'adoption de l'article 6 du
projet de loi, aux termes duquel le bail est résolu par
la mort du preneur. La jouissance des héritiers cesse
à l'époque consacrée par l'usage des lieux, pour l'expiration des baux annuels ; l'article 7 du même projet
leur reconnaît le droit à une indemnité, pour les *impenses* extraordinaires que le colon avait faites, jusqu'à concurrence du profit qu'il aurait pu en tirer,
pendant la durée de son bail. Le projet maintient le
bail, au cas de mort du bailleur.

§ 3. — De l'aliénation de la métairie.

Dans tous les systèmes, on applique l'article 1743
au bail à portion de fruits ; il suit que si le bailleur
vend la métairie, l'acquéreur ne peut expulser le colon qui a un bail authentique ou dont la date est certaine, à moins qu'il ne se soit réservé ce droit par le
contrat de bail.

Dans notre ancien droit, il en était autrement, l'ac-

art. 1764, II ; -- Laurent, t. XXV, n° 483 ; Paris, 21 juin 1856, Sirey,
1856, II, 560.

quéreur n'était tenu de respecter le bail existant, qu'autant que le vendeur lui en avait imposé l'obligation, dans l'acte de vente. C'était l'application de la loi *emptorem*. Le preneur ne pouvait opposer le droit purement personnel, qu'il avait à l'encontre du bailleur, au nouveau propriétaire. Cette décision, conforme aux principes du droit, avait, en matière de baux ruraux notamment, des conséquences très regrettables, en ce qu'elle détournait le preneur de faire des améliorations, dont il n'était jamais assuré d'avoir le profit. La loi des 28 septembre, 6 octobre 1791, dans une mesure limitée, et l'article 1743 du Code civil, d'une façon plus complète, ont obvié à ces inconvénients d'un système juridique trop rigoureux. M. Troplong[1] a conclu de cette modification à un changement dans la nature du droit du preneur, qui, de personnel qu'il était dans l'ancien droit, serait devenu réel dans la législation nouvelle. Ce n'est pas le lieu d'exposer une controverse qui a sa place dans une étude générale du louage : mais les nombreuses et importantes conséquences qui sont liées à la solution de cette question, nous obligent à dire succinctement pourquoi l'opinion de M. Troplong paraît aujourd'hui définitivement repoussée ; ajoutons que le projet de Code rural maintient formellement, par voie de renvoi, l'application de l'article 1743 au colonat partiaire.

Aucun texte du Code ne montre que le législateur ait eu l'intention de modifier si radicalement le droit

---

1. Troplong, t. II, nos 473 à 501 ; Paris, 29 mars 1860, D. 60, II, 185. Paris, 8 juillet 1861, D. 61. 2. 199.

du preneur et de renoncer à une idée universellement admise. Loin de là, il emprunte presque textuellement à Pothier (n° 1) la définition du louage (art. 1709) et, dans tout le titre, il suit cet auteur presque pas à pas. De plus, il n'est pas besoin d'accorder au preneur un droit réel, pour le maintenir à l'encontre de l'acquéreur. Déjà, en droit romain et dans l'ancien droit, le vendeur, pour échapper à l'action en garantie du preneur, insérait dans l'acte de vente une clause qui obligeait l'acquéreur à respecter le bail en cours : dans l'ancien droit, cette clause était devenue de style. Le code la sous-entend dans tous les baux : dorénavant, l'aliénation du fonds affermé n'est censée consentie, que sous la condition que l'acquéreur s'est engagé à entretenir le bail[1] ; il est tenu comme l'acquéreur qui, sous l'ancien droit, avait accepté une clause expresse. Il faut ajouter que le Code considère l'exécution des baux faits sans fraude comme étant de l'intérêt général. Il maintient, à l'encontre du vendeur, rentrant dans son héritage par l'effet du pacte de rachat, les baux faits sans fraude par l'acheteur, alors que, si on admettait la réalité du droit du preneur, les principes de la condition résolutoire feraient tomber le bail immédiatement : de même à la fin de l'usufruit. Le législateur n'a rien changé à la nature du droit du preneur, ce droit reste, comme par le passé, personnel et mobilier[2]. Les deux conséquences de cette idée, qui ont le

1. Proudhon, *De l'usufruit*, I, n° 102.
2. Sic. Notamment Duvergier, II, n° 28 et 279; Aubry et Rau, IV, § 365; Laurent, XXV, n° 9 et s.; Guillouard, n° 17 et s.; Cass., 6 mars 1861, D. P. 1861, I, 417. Selon M. Colmet de Santerre, le droit du preneur est personnel, mais mobilier ou immobilier, suivant

plus d'intérêt pratique, sont que toutes les actions
relatives au bail sont de la compétence du tribunal du
défendeur, et que la chose jugée contre le bailleur a
effet contre le colon.

Si le bail n'a pas date certaine, au moment de la
vente, l'acquéreur peut expulser le colon sans être
tenu de lui payer aucuns dommages et intérêts (1743
et 1750) et sans être obligé de lui donner un congé
préalable [1]. Mais si, à ce moment, il y a des travaux
agricoles de faits, s'il y a des récoltes sur pied, l'acquéreur sera tenu d'indemniser le colon, nul ne pouvant s'enrichir aux dépens d'autrui [2]. Bien que le bail
n'ait pas date certaine, l'acquéreur est tenu de le respecter si son acte de vente lui en impose l'obligation. Le
second cas, où l'acquéreur peut expulser le colon, est
celui où le bail, bien qu'ayant date certaine, contient
au profit du bailleur, une clause autorisant la résiliation ; le bailleur s'est réservé le droit de mettre fin au
bail s'il vend le domaine ; il transmet ce droit à son
acquéreur. Mais il n'est pas nécessaire que l'acte de
vente concède expressément cette faculté à l'acheteur ;
elle résulte pour lui de l'acquisition elle-même, qui le
fait succéder à tous les droits qu'avait le vendeur, au
sujet de la métairie [3]. Le bail fixe presque toujours

que l'objet du bail est un meuble ou un immeuble : « *Actio ad
mobile est mobilis, actio ad immobile est immobilis.* » VII, n°ˢ 198 et
198 bis.

1. Voy. Laurent, XXV, n° 389 ; Douai, 15 février 1865, Sir., 65, II,
293 ; Montpellier, 4 mars 1867, Sir., 1867, II, 130.

2. Ainsi jugé, *Colonat partiaire,* Cour de Turin, 21 juin 1810, D. A,
v° *Louage,* n° 495.

3. Sic. Duvergier, III, n° 543 ; Aubry et Rau, IV, § 369 ; Laurent, XXV,
n° 395.

l'indemnité qui est due au colon et le délai dans lequel il doit être prévenu, en cas d'expulsion. Le code
prévoit le cas où les parties auraient négligé de régler
cette double question. Bien que les articles qui s'en
occupent parlent du fermier, ils touchent sans aucun
doute le colon. Aux termes de l'article 1748, le congé
doit être donné, au moins un an à l'avance ; cette disposition, dans son application au colonat partiaire, ne
présente aucune difficulté. Il n'en est pas de même du
texte relatif à l'indemnité : d'après l'article 1746, s'il
s'agit de biens ruraux, l'indemnité que le bailleur
doit payer au fermier est du tiers du prix du bail,
pour tout le temps qui reste à courir. Dans le bail à
ferme, le prix est liquide et uniformément le même :
dans le colonat partiaire, il s'agit d'évaluer en argent,
la valeur moyenne des diverses prestations en nature,
que le colon remet au bailleur ; si les parties ne peuvent s'entendre, il appartient aux tribunaux de procéder à cette évaluation. En fait, le tribunal commet
des experts, en leur donnant pour mission de calcu-
ler la valeur moyenne de la portion de récoltes revenant au bailleur : la somme trouvée, réunie à la
prestation colonique et aux diverses charges accessoires, représentera le prix d'une année. Il ne reste
plus qu'à multiplier le total obtenu par le nombre
d'années que le bail a encore à courir ; l'indemnité
due au colon est du tiers de ce produit. Cette créance
d'indemnité est garantie, contre les suites de l'insolvabilité du débiteur, par un droit de rétention, que
l'article 1749 établit au profit du preneur, en décidant
que « les fermiers et locataires ne peuvent être ex-

pulsés qu'ils ne soient payés par le bailleur, ou, à son défaut, par le nouvel acquéreur des dommages ci-dessus spécifiés ». Cet article est appliqué au colonat partiaire par le projet de code rural, ainsi que l'article 1751, d'où il résulte que l'acquéreur à pacte de rachat ne peut user de la faculté d'expulser le colon, jusqu'à ce que, par l'expiration du délai fixé par le réméré, il devienne propriétaire incommutable.

Mais l'article 7 du projet de code rural apporte une double modification à la législation existante, relative à l'expulsion du colon par l'acquéreur, en vertu d'une clause insérée dans le bail. Dans le projet, le congé doit être donné, suivant l'usage des lieux, tandis qu'actuellement il doit être notifié, au moins un an à l'avance. De plus, le colon a droit à une indemnité pour les *impenses* extraordinaires qu'il a faites, jusqu'à concurrence du profit qu'il aurait pu en tirer, pendant la durée du bail.

§ 4. — Tacite reconduction.

La tacite reconduction a toujours tenu une très grande place dans le bail à portion de fruits. C'est à son fonctionnement qu'est due la stabilité des colons sur le même domaine : dans certaines contrées, on voit des familles se transmettre, de génération en génération, la culture de la métairie, sans qu'aucune modification ait été apportée au contrat primitif. La tacite reconduction était usitée à Rome et la plupart de nos coutumes l'admettaient[1]. Cette ins-

---

1 Pothier, n° 343.

titution si utile à l'agriculture, fut proscrite des baux ruraux par le droit intermédiaire ; la loi des 28 septembre 6 octobre 1791 portait en son article 4 (section II, tit. Ier) « la tacite reconduction n'aura plus lieu à l'avenir au bail à ferme ou à loyer des biens ruraux. » Les rédacteurs du Code ne la rétablirent qu'avec hésitation. Cette prévention semble avoir été le résultat d'idées peu exactes. Tronchet craignait que la tacite reconduction ne permît au preneur, de surprendre le bailleur éloigné de son domaine, par l'exécution de quelques labours hâtifs et Treilhard, tout en soutenant le projet des articles 1738 et 1776 pensait que, dans l'ancien droit, elle s'opérait par le seul fait du preneur [1], alors que, en réalité, elle reposait sur l'accord tacite, mais réel des deux parties.

Aujourd'hui, la nécessité de cet accord n'est pas contestable. « Si à l'expiration des baux ruraux écrits, dit l'article 1776, le preneur *reste et est laissé en possession*, il s'opère un nouveau bail dont l'effet est réglé par l'article 1774. » Malgré l'expression de baux ruraux écrits, dont se sert notre texte, on l'applique unanimement à tous les baux ruraux, verbaux ou écrits. Baux écrits signifient ici baux à durée déterminée ; or tous les baux ruraux ont une durée déterminée, soit par la volonté expressément manifestée des parties, soit par la présomption de la loi.

Il ne suffit pas que le colon soit resté en possession, ait accompli, après l'expiration du bail, divers actes de culture, il faut que le bailleur ait su qu'il se mainte-

---

1. Discussion au conseil d'Etat, séance du 9 nivôse de l'an XII, Fenet, t. XIV, p. 240 et s.

naît sur la métairie et n'ait rien fait pour l'en expulser[1]. Le Code ne dit pas combien de temps devra durer
la jouissance du preneur, pour qu'il y ait tacite reconduction. On ne pouvait poser de règles uniformes : la
question est toute de fait, puisqu'il s'agit de savoir si le
temps de jouissance a été assez long, si les actes de
culture ont été assez importants pour que l'assentiment que leur a donné le bailleur, fasse supposer son
intention de renouveler le bail.

De ce que le renouvellement du bail repose sur le
consentement présumé des parties, il suit qu'elles
doivent avoir, au moment où il se produit, la capacité
requise pour donner et prendre à bail. S'il y a
plusieurs colons, le bail peut être maintenu à l'égard
des uns et ne pas l'être à l'égard des autres. Mais
tous ceux qui restent dans le domaine sont, à moins
d'une volonté contraire notifiée au bailleur, considérés
comme ayant voulu conserver leur situation dans le
bail. La cour de Caen[2] a rendu sur la matière un arrêt
qu'il paraît difficile d'approuver. Le mari et la femme
étaient preneurs solidaires d'un domaine. A l'expiration du bail, les deux époux restent dans la ferme et y
sont laissés par le bailleur, sans que l'intention de modifier la situation existante soit manifestée d'aucun
côté. La Cour décida que la femme n'ayant accompli
aucun acte d'administration, dans la ferme, la tacite reconduction n'avait pas opéré à son encontre, mais seulement à l'égard du mari. Quant au séjour de la femme
sur le domaine, on doit l'expliquer par le respect dû

1. Cass., 9 février 1875, D. 1876, I, 27.
2. Caen, 21 mars 1859, Sir., 59, II, 446.

à l'autorité maritale et par l'obligation où elle est de cohabiter avec son mari. — Cette solution a pour effet de tendre un véritable piège au bailleur, qui, en voyant les deux époux rester sur le domaine, dans la position où ils étaient auparavant, sans rien faire, ni rien dire qui montrât leur intention d'innover, a dû très raisonnablement supposer qu'ils entendaient rester obligés tous les deux vis-à-vis de lui. Souvent, il ne consent à garder le mari qu'en considération de la solvabilité de la femme. On ne peut rien induire de ce que celle-ci n'a accompli aucun acte apparent d'administration, parce que c'est au mari qu'il appartient de gérer seul les affaires extérieures du ménage, et que la situation de preneurs des deux conjoints ne modifie pas les règles du mariage. L'adoption de la doctrine de la Cour de Caen nuirait, dans bien des cas, au renouvellement, si utile à l'agriculture, des baux ruraux.

Aux termes de l'article 1739, lorsqu'il y a un congé signifié, le preneur, quoiqu'il ait continué sa jouissance, ne peut invoquer la tacite reconduction. Ce congé n'a point pour but de mettre fin à un bail qui doit expirer de plein droit ; il sert à manifester la volonté du bailleur, de n'en pas consentir un nouveau, il n'est donc soumis à aucun délai et peut se produire utilement, pendant toute la durée du bail en cours, et même après son expiration, pourvu que le laps de temps écoulé, depuis ce moment, et les actes de culture exécutés par le colon n'impliquent pas, de la part du bailleur, un consentement au renouvellement du bail. Il peut arriver que le congé s'étant produit en

temps opportun, le colon reste néanmoins dans la métairie, au vu et au su du bailleur et accomplisse,
comme par le passé, tous les actes de la culture : il
devait sortir de la métairie en novembre, il y est encore en mai. A ce moment, le bailleur veut l'expulser ;
il ne le pourra pas. Une aussi longue tolérance montre clairement que, dans l'espace de temps qui s'est
écoulé depuis le congé, le bailleur a renoncé à expulser le colon ; il n'a pu, en donnant congé, s'enlever la faculté de changer d'avis et de consentir un
nouveau bail au colon. Pothier (n° 355) donnait cette
solution quand la tacite reconduction était interdite
par une clause du bail : elle doit être appliquée, par
identité de motifs, au cas de congé. Cette question a
un assez grand intérêt pratique, pour les baux à mi-
fruits. Souvent le bailleur fait signifier un congé à son
métayer, pour avoir une plus grande liberté dans la
discussion du nouveau bail ; c'est, en quelque sorte,
une mesure comminatoire de sa part. Puis, ne réussis-
sant pas à obtenir de meilleures conditions, il est
réduit à garder son métayer avec le même bail. Il ne
faut pas que, au bout de plusieurs mois, quand les
travaux de culture sont exécutés, venant à trouver un
colon plus accommodant, le congé lui donne la faculté
d'expulser l'ancien, au mépris d'une convention,
presque toujours expressément conclue [1].

Le bail qui résulte de la tacite reconduction n'est

---

[1]. Sic. Troplong, t. II, n° 457; Duvergier, II, n°s 23 et 504; Marcadé,
art. 1739; Aubry et Rau, IV, § 369; Guillouard, n° 417. — La Cour de
Lyon, dans un arrêt du 23 juillet 1874 (Sir., 75, II, 70) a décidé que le
bail, continué après un congé, signifié ne reproduit pas les conditions
de l'ancien.

pas la reproduction exacte de l'ancien ; « il s'opère un nouveau bail dont l'effet est réglé par l'article 1774. » C'est durée, qu'il fallait dire, l'article 1774 ne s'occupant que de cette question. Quelle qu'ait été la durée du bail primitif, celle du nouveau sera fixée par notre texte, c'est-à-dire que le bail d'un pré, d'une vigne ou de tout autre fonds dont les fruits se recueillent en entier dans le cours de l'année, durera un an. Si, comme cela a lieu généralement, la métairie comprend des prés, des vignes et des terres labourables, le bail durera autant d'années que les terres labourables, presque toujours la partie la plus considérable du domaine, comportent de soles. A l'arrivée du terme ainsi fixé, le nouveau bail expirera de plein de droit, sans que les parties soient obligées de se donner congé : cette solution est imposée par la combinaison des articles 1774, 1775 et 1776, ce dernier soumettant les baux, qui résultent de la tacite reconduction, aux règles édictées par les deux premiers.

Peut-on, par le contrat primitif, modifier la durée du bail qui résultera de la tacite reconduction : faire par exemple un bail d'un an et stipuler que si, à l'expiration de l'année, le colon reste et est laissé en possession, il s'opèrera un nouveau bail dont la durée ne sera que d'un an. M. A. Meplain [1] recommande cette combinaison qui a l'avantage de permettre aux parties de se séparer chaque année si la mésintelligence s'établit entre elles. Cette clause sera valable ; les textes relatifs à la durée du bail, résultant de la tacite reconduction, sont interprétatifs de la volonté présu-

1. *Dialogue sur le métayage*, p. 59 et suiv.

mée des parties : celles-ci peuvent y déroger en manifestant expressément dans le bail une volonté contraire.

La caution, qui avait garanti l'exécution du bail
primitif, ne sera pas garante des obligations résultant
de la prorogation (1740). La portée de son engagement ne peut être accrue dans son consentement.
Quant à l'hypothèque donnée par le preneur, on peut
dire qu'en restant sur la métairie, il a consenti par là
même à maintenir pour l'exécution du nouveau bail
la sûreté qu'il avait fournie pour la garantie du précédent. En droit romain, l'hypothèque était affectée à
l'exécution du bail résultant de la tacite reconduction. Cette solution serait très utile au colon, en lui
permettant d'obtenir du crédit, sans être contraint de
recourir à la formalité coûteuse des baux notariés ; la
solennité de la constitution d'hypothèque ne permet
pas de l'admettre, ce motif l'avait fait repousser par
notre ancienne jurisprudence [1].

Quant aux clauses proprement dites du bail primitif, elles sont maintenues. Cette solution s'appuie sur
la tradition et sur l'intention certaine des parties.
« La reconduction est censée faite pour le même prix
que celui du précédent bail et aux mêmes conditions. » (Pothier, n° 363.) En ne modifiant pas la situation existante, alors que chacune d'elles avait re-
pris sa pleine liberté, les parties ont manifestement
montré qu'elles entendaient la maintenir telle qu'elle
était par le passé. Ainsi, la proportion du partage des

1. Pothier, n° 367.

fruits ne sera pas changée, non plus que l'étendue du
droit de direction et de surveillance du bailleur; le
colon continuera à payer la prestation pécuniaire, à
fournir les diverses faisances, à faire les charrois que
lui imposait le bail original.

CHAPITRE VI

DU COLONAT PARTIAIRE AU POINT DE VUE ÉCONOMIQUE

Généralités. — La valeur du colonat partiaire, en tant que système d'amodiation, a été très contestée. Les économistes du XVIII° siècle condamnaient unanimement ce régime cultural, sans le discuter ; ils le considéraient comme un procédé de culture, de tous points inférieur au fermage, et le rendaient responsable de la misère des provinces, où il dominait, sans se demander si cette pauvreté de la culture n'était pas due plutôt à la mauvaise qualité des terres.

On connaît la boutade d'Arthur Young contre le métayage. « Ce sujet peut être traité promptement, car il n'y a pas un mot à dire en faveur du système dont nous nous occupons, pour mille objections qu'on y peut faire [1]. » Ce qui ne l'empêche pas de le combattre à chaque occasion qui se présente. Il dit des cultivateurs de la Sologne : « Les gens qui cultivent ici sont métayers, c'est-à-dire que, n'ayant pas de ca-

[1]. *Voyages en France, pendant les années* 1787 à 1789, par Arthur Young, traduct. de Lesage, 2e édit., t. II, p. 205.

pital, ils reçoivent du propriétaire le bétail et la semence et partagent avec lui, misérable système qui
perpétue la pauvreté et empêche l'instruction (*Ibid.*
t. 1, p. 23). Turgot et Adam Smith pensaient également que le colonat partiaire ne pouvait donner que de
mauvais résultats. Au commencement de notre siècle,
M. Gilbert, parlant du métayage au tribunat disait :
« On ne peut plus l'envisager que comme un usage
dont la maturité de notre civilisation ne permet plus
de conserver l'idée, que comme d'intéressants souvenirs [1]. » A ce moment là, le colonat partiaire occupait au moins 10.000.000 d'hectares. Pendant longtemps, les économistes de ce siècle, ou du moins la
plupart d'entre eux, n'apprécièrent pas la valeur du
colonat partiaire, davantage que leurs prédécesseurs.
J. B. Say, traite cette exploitation de misérable [2].
Rossi, de Tracy considèrent également ce genre
d'amodiation, comme très inférieur. Un des
premiers, M. de Gasparin, dans son *Traité du métayage*, protesta contre cette condamnation absolue
de notre contrat, mais dans une certaine mesure seulement. Il relève plusieurs de ses avantages, il reconnaît qu'en l'absence de capitaux, il rend plus de services que le fermage, qu'il s'impose en quelque sorte ;
mais dès que ceux-ci apparaissent, le colonat partiaire
doit faire place au fermage : c'est dire que le colonat,
partiaire n'est pas un mode d'exploitation définitif,
auquel on doive s'arrêter, mais un mode simplement

---

1. Voy. de Larminat, *Le métayage dans le département de l'Allier*,
p. 67.
2. *Cours complet d'économie politique*, t. Ier, p. 241.

transitoire, en réalité inférieur ; et M. de Gaspasin intitule un de ses chapitres : « Des moyens de passer du
métayage au fermage [1]. » Quelques années plus tard,
en 1835, M. de Sismondi attribue l'heureuse situation
des paysans Toscans, presque tous métayers, au contrat, en vertu duquel ils détiennent le sol : les conditions de ce contrat, étant partout les mêmes, il n'y a
pas de concurrence entre les tenanciers qui, depuis
une longue suite de générations, se succèdent sur le
même domaine [2].

A partir de cette époque, on rencontre, de loin en
loin, quelques appréciations favorables au métayage.
En 1860, M. Bernard de Lavergne pense qu'on en
peut tirer un bon parti. « Le métayage a une très
mauvaise réputation; nous le verrons en effet, sur
d'autres points de la France, coïncider avec une ex-
trême pauvreté rurale : ici (le Maine et l'Anjou) c'est
le contraire qui arrive ; le bail à moitié fruits est une
association véritable qui, réunissant l'intelligence et
le capital du maître avec l'expérience et le travail de
l'ouvrier, amène des résultats de plus en plus profita-
bles pour tous les deux, et entretient, par la solidarité
des intérêts, l'affection et la confiance réciproque [3]. »
Deux ans plus tard, M. Lecoûteux considère le métayage comme une nécessité d'époque et de localité [4].
C'était lui reconnaître une valeur relative. Bastiat[5] et
de Tracy modifient leur première opinion et recon-

1. V. *Métayage*, notam. p. 4, 31, 79 et suiv.
2. *Etudes sur les sciences sociales*, t. II, p. 292 et suiv.
3. *Economie rurale de la France*, édit. de 1860, p. 200.
4. *Journal d'agriculture pratique*, 1862, t. II, p. 16.
5. *Journal des économistes*, t. XIII, p. 225.

naissent que le métayage a sa place marquée dans la culture. Jusque là, les auteurs les plus favorables au métayage ne vont pas au-delà de l'opinion émise par M. de Gasparin, c'est un mode d'exploitation qui, dans certaines situations, peut rendre de réels services.

D'après M. Cauwès, (*Précis d'économie politique*, t. I, p. 312). Il est le mode d'exploitation le plus rationnel dans les circonstances suivantes : « 1° Lorsque, à cause de la nature des cultures ou du climat, les récoltes sont très inégales d'une année à l'autre ; 2° Lorsque, dans une région éloignée d'un centre de population, l'agriculture ne produit que pour la consommation locale ; 3° Lorsque le paysan ne possède qu'un maigre cheptel et un fond de roulement modique. » Au total, il est inférieur au bail à ferme, vers lequel doivent tendre les efforts d'une agriculture aisée.

La crise que traverse l'agriculture du monde entier, a mis le colonat en relief et fait faire un pas de plus à la question. On a remarqué que les plaintes, soulevées par le malaise agricole, venaient presque toutes des pays de fermage. L'enquête ouverte par la Société des agriculteurs de France en 1879, sur la situation du fermage et du métayage en France, a mis ce fait hors de doute. « Ce qui nous a frappé avant tout, dans les résultats de l'enquête, écrit son éminent rapporteur, M. de Tourdonnet, c'est qu'au milieu de l'engourdissement de l'agriculture et de son malaise, à travers les crises les plus graves et souvent les plus inattendues, le métayage a conservé sa sérénité et sa foi en lui-même. Seul parmi les modes d'exploitation rurale, il est resté debout par la force même de son

principe, par l'excellence de sa constitution de fait[1]...»
M. Eugène Risler, directeur de l'Institut national
agronomique, constate le même fait, dans un rapport
officiel adressé à M. le ministre de l'agriculture, sur
la situation de l'agriculture du département de
l'Aisne : « La crise actuelle, dit M. Risler, est peu sensible dans les pays de métayage, c'est-à-dire dans les
deux tiers de la France[2]. »

Cette résistance du colonat à la crise a attiré l'attention sur ce genre d'amodiation et a créé un véritable
mouvement en sa faveur, dont le point de départ a été
l'enquête déjà citée de la Société des agriculteurs de
France. On ne s'est plus contenté de reconnaître au
métayage une valeur locale, dont l'existence était su-
bordonnée à des circonstances particulières et passa-
gères, on l'a présenté comme un système d'amodiation
ayant des qualités absolues, indépendantes du temps
et des conditions où on l'apppliquait, non seulement
égal, mais bien souvent supérieur au fermage. Dès
1880, M. Clavé le considérait comme le mode de culture de l'avenir et faisait précéder son opinion de
considérations plus justes peut-être que la conclusion
à laquelle il aboutit. « La crise que nous subissons,
dit M. Clavé, a un caractère plus profond et plus sérieux qu'il ne semble d'abord ; elle a presque un caractère social. Qu'on se l'avoue ou non, on sent que
la fonction de propriétaire foncier a fait son temps, et
que celui qui veut vivre de la terre, doit la cultiver

---

1. *Traité pratique du métayage,* avant-propos, p. 10.
2. P. 34. Voir Louis Grandeau, directeur de la station agronomique
de l'Est, *La production agricole en France*, p. 67.

lui-même. A ce point de vue, il n'y a qu'à se féliciter de cette tendance, car plus il y aura de propriétaires cultivant par eux-mêmes, plus l'agriculture sera prospère. Si tous ne peuvent en venir là, tous au moins pourront s'en rapprocher le plus possible, en substituant au fermage à prix d'argent le métayage qui, reposant sur le partage des bénéfices de la récolte entre le propriétaire et le fermier, représente l'association aussi intime que possible entre l'un et l'autre, et correspond au régime de la commandite dans l'industrie. Il deviendra, nous en avons la conviction, le mode d'exploitation de l'avenir et celui d'une culture perfectionnée, parce qu'en réalité, il est le seul équitable, en ce qu'il fait la part de tous les intérêts engagés [1]. »

M. Le Play avait déjà fait valoir tous les avantages que le métayage présentait, au point de vue de l'union des classes, en l'envisageant par le côté très séduisant d'association du capital et du travail. La Réforme sociale, on le comprend, devait dès lors adopter la valeur absolue du contrat de métayage, et, à plusieurs reprises, elle publia des études en sa faveur [2]. « Nous devons y voir, écrivait M. Albert Le Play en 1886 [3], surtout l'organisation du système de culture qui se prête le mieux à assurer la paix sociale, fait

1. *La situation agricole en France*, Revue des Deux-Mondes, 1ʳ février 1880, p. 621 et 622.
2. Voir notam. *Bulletin de la société d'économie sociale* (*Réforme sociale*), t. VII, p. 129, *Le métayage en Gascogne*, par M. le baron Lartigues, et t. IX, *Le métayage en Bourbonnais*, par M. de Garidel.
3. *Ibid.*, 2ᵉ série, t. Iᵉʳ, p. 413, *Le métayage et ses résultats, au point de vue économique et social*, par Albert le Play.

bien plus important que celui d'avoir constaté la valeur d'un meilleur agent de production ».

Au point de vue plus spécialement agricole, le colonat partiaire a également recueilli de nombreux
suffrages [1]. Ce mouvement d'étude contribuera à arrêter et peut-être à faire disparaître, pour longtemps,
la diminution du métayage, auquel une place paraît bien désormais acquise dans les modes défini-
tifs de culture. Sur bien des points, il se substituera
au fermage qui parfois ne l'avait pas remplacé depuis de bien longues années, mais de là à conclure
à la perfection du métayage, comme mode de culture, il y a loin. S'il présente de sérieuses qualités,
que démontre bien sa ténacité au milieu de toutes
les crises, il a également de nombreux inconvénients
qui font que bien des propriétaires et bien des cultivateurs lui préféreront toujours le bail à ferme. C'est
ce qu'a fort bien compris M. de Tourdonnet lorsqu'il
dit de notre contrat, avec toute l'autorité que lui
donne la minutieuse enquête qu'il a faite sur sa situation : « Ce n'est point que le métayage se présente à
nous comme une panacée universelle. Il ne peut avoir
cette portée ; il n'a pas cette prétention. Mais, par
cela que nous repoussons, en son nom, toute idée d'in-
fériorité hiérarchique, par cela que nous réclamons

---

1. Voir notam. Damourette, *Le métayage moderne*; Bignon, *Mémoire
sur le métayage*; de Larminat et de Garidel, *Le métayage dans le département de l'Allier*; de Tourdonnet, *Traité pratique du métayage* et
surtout, *Situation du métayage en France*; baron d'Artigues, *Le métayage en Gascogne*; Lecointre (Eugène), *Le Mas, propriété soumise au
métayage*; Baudrillart, *Le Métayage en France et son avenir d'après une
enquête récente*, (*Rev. des Deux-Mondes*, du 1er octobre 1885).

pour lui « rang égal à services égaux », il ne doit pas
être considéré comme un régime transitoire, mais
comme un but définitif, comme un régime normal,
dans l'organisation de nos institutions rurales [1] ».

La somme des avantages dépasse celle des inconvénients et beaucoup pensent, qu'en contribuant au
développement du colonat partiaire, on ne peut, en
l'état actuel, qu'être utile à l'agriculture. C'est ainsi
que la société nationale d'encouragement à l'agriculture, réunie en assemblée générale, au cours de 1886 [2]
« après discussion, considérant que, dans les pays où il
est pratiqué, le métayage a atténué, dans une large
mesure, l'intensité de la crise agricole actuelle, que,
d'autre part, il concilie le mieux les intérêts du propriétaire et du cultivateur, a émis le vœu que le bureau de la société le favorise de tout son pouvoir ».

Les objections que soulève le bail à portion de
fruits, les avantages qu'il présente varient avec le
point de vue auquel on se place pour l'apprécier.

On peut l'envisager notamment :

I. *Au regard du propriétaire;*

II. *Au regard du colon;*

III. *Au point de vue des améliorations agricoles;*

IV. *Au point de vue social.*

§ I. *Des inconvénients et des avantages du colonat
partiaire pour le propriétaire.* — C'est de la part du
bailleur, que le bail à portion de fruits soulève les plus
sérieuses objections, dont la plus grave est l'incerti-

1. *Traité pratique du métayage,* avant-propos, p. 20.
2. Voy. *Bulletin de la Société d'économie sociale,* an. 1886, 2º série,
t. I, p. 398.

tude du revenu. La rente, consistant en une quote-part des fruits, varie avec le rendement des récoltes et le prix des denrées : le bailleur sera riche ou pauvre, selon que les saisons seront bonnes ou mauvaises, que le marché sera haut ou bas. Avec des recettes aussi variables, il devient impossible d'établir le budget domestique, d'avoir un train de maison uniforme. Le bailleur a un double écueil à éviter : s'il règle ses dépenses d'après les plus mauvais rendements, il tombe dans l'avarice, il se refuse les satisfactions que lui permet sa fortune ; s'il profite d'une série de bonnes années pour mettre sa maison sur un pied plus luxueux, il sera placé dans l'alternative, quand reviendront les mauvaises, de choisir entre le déficit et un retour en arrière, toujours si dur[1]. Cette incertitude, cette variabilité de la rente offre très certainement des inconvénients pour le bailleur : il n'est pas impossible de les atténuer, dans une très large mesure. Un peu de prévoyance évite au bailleur la double extrémité de l'avarice et du déficit. Il n'a qu'à prendre comme base de son budget, le rendement moyen de la métairie ; celui qui n'est pas à même d'apprécier, à quelque chose près, ce rendement moyen, ne tirerait pas un meilleur parti du bail à ferme, dont le prix repose justement sur une exacte évaluation de la valeur des produits moyens. Au moins, dans le colonat, est-on assuré d'avoir toujours sa part de récoltes, et de l'avoir à l'époque prévue ; la sécurité de ce côté-là est complète. Avec le bail à ferme, il faut prévoir non seulement des retards continuels dans le paiement des fer-

---

1. De Gasparin, p. 215.

mages et que l'on est obligé de subir, quelques précautions que l'on ait prises pour les éviter, mais s'es-
timer heureux, quand l'insolvabilité du fermier ne
fait pas perdre plusieurs termes. Trop de propriétaires
font, tous les jours, la triste expérience que c'est là une
éventualité qui doit entrer dans les prévisions du
budget domestique, et une considération qui doit avoir
sa place dans une comparaison du colonat et du fermage. La sûreté absolue de paiement que donne le
colonat partiaire apparaît surtout, comme importante,
quand une crise agricole accumule les ruines parmi
les fermiers; c'est là une des considérations qui, depuis quelques années, ramènent au métayage des propriétaires qui l'avaient abandonné, pour le bail à
ferme [1].

La vente des récoltes est, pour le bailleur à part de
fruits, la source de quelques ennuis et de difficultés;
elle l'oblige à des démarches multiples et désagréa-
bles souvent. Dans les marchés et les foires de la campagne, pas plus du reste que dans ceux des villes, on
n'apporte pas toujours à la négociation des affaires,
toutes les délicatesses d'une éducation bien affinée:
l'homme, d'une éducation supérieure, y subit des
froissements de tous les instants. Jean-Baptiste Say
trace, des ventes opérées à la campagne, un tableau
qui n'est guère flatteur pour ses habitants. « La vente
des produits agricoles, dit-il, est vétilleuse. On est
obligé d'avoir affaire aux consommateurs d'alentour
et aux acheteurs du marché voisin. Car les produits
agricoles ne sauraient se transporter bien loin... Cette

1. V. Baudrillart, *op. cit.*, p. 563.

vente met en contact quotidien avec des gens de peu
d'éducation, et, avec plus de grossièreté, les gens de
la campagne n'ont pas, quoiqu'on en dise, plus de qualités morales que les habitants des villes. » Ces ennuis, à supposer qu'ils soient réels, ne sont pas particuliers au bailleur à portion de fruits, ils sont l'accom-
pagnement inévitable des fonctions de propriétaire
foncier et atteignent avec autant de force celui qui fait
valoir directement. Mais la réalisation des produits
agricoles ne présente, ni autant de difficultés, ni
autant de désagrément que le pensait J.-B. Say. La
plupart de ces produits, les céréales, les vins notamment, se vendant à la mesure ou au poids, ont des
cours connus que publient quotidiennement les mercuriales. Des voies de communication nombreuses,
des moyens de transport, chaque jour plus faciles,
permettent au propriétaire de diriger, sans trop de
frais, ses denrées sur les grands centres d'approvi-
sionnement. En suivant les cours, avec quelque attention, le propriétaire peut, plus facilement que le fermier, réaliser des marchés avantageux ; il n'est pas,
comme celui-ci, obligé de vendre à des époques déterminées pour le paiement des fermages, il a le choix
du moment de la vente.

Aussi le métayage procure au propriétaire un revenu au moins égal à celui que lui donnerait le faire-
valoir direct ou le fermage. La main-d'œuvre est trop
rare et trop chère, les ouvriers apportent trop peu de
soins et de scrupule dans l'exécution des travaux qui
leur sont confiés, pour que la régie directe puisse
donner des bénéfices sérieux, si le maître n'est pas

continuellement présent, participant, d'une façon effective, à tous les détails de l'exploitation. Le métayage supprime la main-d'œuvre salariée, c'est-à-
dire la principale source de dépenses. Comparé au
bail à ferme, au point de vue de la quotité du revenu,
le métayage n'apparaît pas non plus comme inférieur :
c'est ce qu'a démontré l'enquête faite par la Société
des agriculteurs en 1879. La comparaison doit être
établie naturellement entre des terres de qualité semblable.

La Société des agriculteurs de France demandait à
ses correspondants : Pense-t-on que le métayage, tel
qu'il fonctionne, assure mieux les revenus du sol que
tout autre mode d'exploitation domaniale[1]?

Presque toutes les réponses sont favorables au métayage ; beaucoup sont très affirmatives ; quelques
correspondants expliquent les motifs de leur préférence :

Allier. — Autour de Moulins, le métayage est plus
lucratif, donne plus de revenu que tout autre mode
d'exploitation rurale ; c'est le seul mode qui puisse
bien fonctionner, en présence de la rareté et de la
cherté de la main-d'œuvre. — *Alpes (Hautes-).* —
Le pays étant pauvre, les fermiers pauvres et les récoltes mauvaises fréquentes, surtout depuis quelques
années, le métayage est plus certain que le fermage.
— *Ariège.* — La rareté et la cherté des ouvriers agricoles ramènent forcément les propriétaires vers le
métayage, qui était presque abandonné. — *Cantal.*
— Avec le partage en nature, le propriétaire est sûr

1. *Rapport de l'enquête*, par de Tourdonnet, p. 447 à 459.

d'être payé. Pouvant attendre, *il profite de la hausse des cours* pour vendre ses denrées et produits. — *Charente (Saintes)*. — A l'exception de la régie directe par le petit propriétaire, il n'est pas douteux que le métayage ne soit le mode qui assure le mieux les revenus. — *Cher (Saint-Amand et Nord)*. — Le métayage assure mieux que tout autre mode les revenus du sol et, de plus, il permet au propriétaire de faire des améliorations. Les fermiers payent mal, quand les années sont mauvaises. — *Drôme.* — Il est impossible de ne pas avoir recours au métayage, à cause de l'aléa des récoltes et du manque de bras et d'argent. — *Indre, Isère, Landes, Haute-Loire, Loire-Inférieure, Mayenne, Pyrénées-Orientales, Hautes-Pyrénées, Deux-Sèvres, Tarn, Vendée, Vienne.* — En général, dès que le propriétaire s'occupe un peu de l'exploitation, le métayage assure un meilleur revenu que le fermage.

La concurrence, un engouement momentané peuvent amener les fermiers de certaines régions à consentir des conditions exceptionnellement avantageuses au bailleur ; souvent ils ne peuvent satisfaire à leurs engagements. Les prix factices ainsi obtenus ménagent bien des mécomptes aux deux parties, et produisent bientôt une baisse, exagérée, comme l'avait été la hausse. C'est alors que le métayage apparait toujours, comme le seul remède capable d'arrêter la baisse. Longtemps avant l'enquête de 1879, M. Jules Rieffel, directeur de l'école d'agriculture de Grandjouan, défendait cette opinion que le métayage procure un très bon revenu au propriétaire et la faisait reposer sur des résultats positifs, obtenus dans l'ouest et dans le centre de la France. Opérant sur une étendue assez considérable de pays et pour des sols de nature très diverse, le savant agronome constatait une rente de 25 francs par hectare avec le fermage, de 30 francs avec l'exploitation directe, de 40 avec le métayage ; celle-ci atteignait, pour les bonnes terres, 50, 60 et même 100 francs [1]. Remontant à plus de trente ans, faites à un moment où le métayage ne jouissait d'aucun crédit près des économistes, ces observations prouvent que la valeur, accordée aujourd'hui au colonat partiaire, a son fondement dans des qualités réelles et n'est pas le produit d'un entraînement passager et irréfléchi.

On a souvent reproché à la culture par métayers d'astreindre le propriétaire à une surveillance de tous les instants ; elle est, en tous cas, beaucoup moins absorbante que dans le faire valoir direct. Le colon est naturellement poussé par l'intérêt qu'il a dans la réussite des récoltes, à leur donner tous les soins dont il est capable. Le bailleur qui ne désire pas prendre une part personnelle à l'exploitation peut, sans que ses droits aient à en souffrir, se dispenser d'assister, comme y est tenu celui qui fait valoir par ouvriers ou par domestiques, aux diverses opérations de la culture : il doit redouter les fraudes plutôt que la paresse de son colon et sa présence n'est nécessaire qu'aux moments où les détournements sont faciles, c'est-à-dire aux époques où l'on fait les récoltes.

1. Voir Henri Baudrillart, *Le métayage en France*, *Revue des Deux-Mondes* du 1er octobre 1885, p. 577.

Certains auteurs, Burger, Bertagnolli et de Gasparin notamment, font de la moralité du colon un bien sombre tableau : le plus souvent, ce serait un véritable maraudeur. — Il existe certainement des colons peu honnêtes, qui, ayant consacré tout leur temps, toute leur activité à la culture, sont portés à regarder comme leur appartenant ces récoltes qui leur ont donné tant de mal; à trouver la part que leur assigne le contrat trop faible, celle du bailleur trop forte ; quelques-uns sont amenés à rétablir l'équilibre, qui leur paraît détruit à leur préjudice. Le grand nombre résiste à la tentation. Leurs rapines ne vont jamais bien loin; elles irritent le propriétaire qui est naturellement conduit à en exagérer le résultat, plus qu'elles ne lui causent un réel dommage. La soustraction de quelques gerbes de blé, de quelques paniers de pommes ou de poires, voire même de raisins ne diminue pas sensiblement sa rente. Ces légers méfaits sont rendus de plus en plus difficiles par l'emploi d'instruments perfectionnés. Ainsi, d'après de Gasparin (p. 46), une des occasions les plus fréquentes de détournements, est le battage à la grange. Et, en effet, il ne se fait habituellement que longtemps après les moissons, en hiver : pendant ce long espace de temps, le blé placé dans les granges du domaine est à la discrétion du colon, l'enlèvement de quelques gerbes lui est facile. Le battage se poursuit souvent pendant des mois entiers, le partage des grains n'a pas lieu tous les jours; la nuit venue, le colon en est le seul gardien et quelquefois le gardien infidèle. L'usage. de plus en plus général, des batteuses à vapeur tend à faire complètement disparaître ces inconvénients : on bat le blé, peu de temps après les moissons, et, dans les plus vastes domaines, quelques jours suffisent pour mener à bien cette opération, à laquelle le propriétaire peut dès lors assister sans un bien gros dérangement. Les semences sont une autre source de détournements que l'usage des semoirs mécaniques rendra presque impossible. Il est utile que le bailleur assiste aux ventes et aux achats de bétail, plutôt pour les diriger que pour se prémunir contre les abus de confiance, car les fraudes, à cette occasion, sont bien moins fréquentes qu'on peut le supposer et qu'on l'a dit. La plupart des marchés sont conclus en présence de tiers; il y a au moins une personne, le marchand, qui en connaît les conditions. Cette circonstance est pour le bailleur une sérieuse garantie de la sincérité du colon qui redoute, non sans raison, la dénonciation de ces tierces personnes. Ses larcins s'exercent plus aisément aux dépens des haies et des arbres de la métairie. Un auteur[1] remarque que les gens des campagnes professent à l'égard du bois une moralité particulière : ils prétendent, dit-il, que les arbres poussant sans travail appartiennent à tous. Je ne sais si c'est cette considération philosophique qui détermine les colons partiaires, mais il est certain qu'ils ne respectent guère leur bail, en ce qui touche le bois de toute sorte qui peut se trouver sur la métairie. Généralement ils ont droit au bois produit par les arbres soumis à des retailles périodiques, tels que saules, peupliers, or-

1. Rerolle, *Du colonage partiaire*, p. 460.

meaux, frênes ; à l'occasion, ils confondent volontiers avec ces arbres, ceux qui sont destinés à faire des arbres de futaie et rabattent des jeunes baliveaux de très belle venue. Pour les arbres de retaille, pour les haies, ils sont enclins à devancer l'époque de la coupe. Mais cette tendance n'est pas spéciale aux métayers, on la trouve, avec la même force, chez les fermiers à prix d'argent.

Le bailleur avec quelque vigilance, arrive à atténuer très largement, sinon à faire cesser tout à fait les fraudes que le colon serait tenté de commettre à son détriment Il lui suffit souvent de montrer à celui-ci, par quelques observations opportunes, qu'il connaît, les choses de la culture et qu'il est disposé à réprimer sévèrement les abus sérieux. Sans doute, des visites fréquentes sont utiles, mais le propriétaire n'est pas astreint, comme celui qui fait valoir directement, à être toujours présent. Il peut voyager, s'absenter une partie de l'année ; il est même des bailleurs à métairie qui résident habituellement dans une ville voisine, au chef-lieu de département ou d'arrondissement, où les attirent d'autres occupations, et dont les exploitations ne vont pas plus mal [1]. La rapidité et la commodité des voyages facilitent cette combinaison. Mais l'intérêt direct que le bailleur à métairie conserve dans la prospérité des cultures, la participation qu'il est toujours libre de prendre à l'exploitation lui conservent, dans toute leur plénitude, les satisfactions du propriétaire rural ; son domaine

---

1. Baudrillart, *op. cit., Rev. des Deux-Mondes* du 1er octobre 1885, p. 584.

ne devient pas pour lui, comme pour le bailleur à ferme, une chose indifférente, presque étrangère.

§ II. *Avantages et inconvénients du colonat partiaire pour le colon.* — Le colon partiaire peut être comparé soit au journalier et au tâcheron, soit au fermier. Il n'est guère contestable que sa situation ne soit meilleure que celle des premiers. Obligés d'exécuter, sans pouvoir les discuter, les ordres du maître, les journaliers n'ont aucun goût à un travail dont ils ne tirent aucun bénéfice ; ils perdent toute idée d'initiative et prennent des habitudes de paresse, tout repos étant gagné aux dépens de celui qui les occupe. Ils ne sont jamais sûrs du lendemain, leur engagement n'est ordinairement que d'un jour, quelquefois d'une semaine, rarement d'un mois ; à chaque échéance, ils peuvent être congédiés, sans être assurés de trouver de l'ouvrage ailleurs. Les mauvais jours sont durs à passer ; c'est une période de chômage forcé [1]. Il est, à vrai dire, des régions privilégiées pour les journaliers, où le voisinage de quelque centre industriel et le morcellement de la propriété ayant raréfié la main d'œuvre, ils sont certains d'avoir toujours du travail et dictent les conditions du contrat : dans les pays de grande propriété, où le colonat partiaire domine, il n'en va pas ainsi et l'hiver est toujours pour le journalier une époque de chômage. Quant à la dispersion des membres de la famille, elle apparaît partout : le père travaille dans un domaine, tandis que les enfants vont, comme bergers et domestiques, dans un autre, échappant ainsi à

1. V. Meplain, *introduction*, p. 32 et suiv.

l'action moralisatrice de la maison paternelle. Si le
colon est soumis à la direction de son bailleur, ce
n'est que d'une façon très générale : il est pleinement
libre dans le détail de l'exécution et il prend part à
toutes les résolutions d'ensemble. Son esprit d'initiative a mille occasions de s'exercer, dans une entière
liberté. Les soins multiples de l'exploitation assurent
un travail ininterrompu, non seulement au colon,
mais encore à tous les membres de sa famille ; il y a
place pour tout le monde. Plus la famille est nombreuse, plus les bénéfices sont considérables. La sécurité est complète, pour un an au moins, qui est le
minimum de durée des baux à métairie.

Il y a plus : sous bien des rapports, la situation du
colon est préférable à celle du fermier à prix d'argent.
Nous écartons les agriculteurs disposant de gros capitaux, qu'ils cherchent à utiliser dans l'exploitation
de domaines considérables appartenant à autrui. Ils
exigent pour leur spéculation une liberté d'allures, que
peut seul leur donner un bail à ferme de très longue
durée. Le métayage convient au journalier qui, pendant plusieurs années, a mis de côté une partie de son
salaire, au très petit propriétaire [1] possédant quelques
parcelles de terre : le colon peut se dispenser d'avoir,
au début, un gros capital, parce qu'il n'a pas de prix
en argent à payer, qu'il tire son prix de ferme de la
métairie même et que souvent il reçoit de son bail-

1. Dans le Berry et dans le Bourbonnais il arrive fréquemment
qu'un petit propriétaire donne son bien à cultiver à mi-fruits, pour
prendre lui-même une métairie plus considérable. La statistique de
1864 a relevé 203.860 métayers possédant des domaines. V. Baudrillart, *op. cit.*, p. 585.

leur des avances en argent ou en denrées. Ce qui importe avant tout à cette catégorie de preneurs, c'est de ne faire courir aucun risque à leur modeste capital ; ils n'ont pas assez d'argent pour en hasarder une part quelconque, dans une spéculation aventureuse. Le colonat partiaire leur offre toute sécurité. Ils n'ont pas à craindre, comme le preneur à ferme, que leur petit avoir soit compromis par une baisse subite du cours des denrées. Le prix du bétail, des céréales et des divers autres produits de la métairie ne les touche que dans une faible mesure, puisque le prix de leur location en est indépendant. Dès qu'ils ont livré au propriétaire la portion de fruits qui lui revient, ils sont quittes, tandis que le fermier est contraint de compléter avec ses propres deniers la somme qui constitue le prix de ferme, si la vente des produits du domaine ne la lui fournit pas en entier. Cet avantage est surtout appréciable aux époques de crise, quand les cours des denrées perdent leur régularité et sont exposés à de brusques mouvements de baisse : les longs baux à ferme deviennent alors presque impossibles, car le prix n'en peut être calculé, avec quelque précision.

L'exagération de la prestation colonique, peut seule faire courir un danger à l'épargne du colon. On a souvent critiqué ce prélèvement opéré par le bailleur, sur les gains du colon ; ce procédé, dit-on, permet de réduire au strict nécessaire le salaire de ce dernier, le décourage et le détourne de toute amélioration [1]. En

---

1. Méplain, *op. cit.*, *introduction*, p. 11 et 19 ; de Garidel et de Larminat, *Réponse à l'enquête faite par la Société des agriculteurs de France*, p. 34.

fait, les diverses enquêtes agricoles ont établi que la prestation colonique existait partout en France. M. Foucher de Careil, lors de la première délibération au Sénat du projet de Code rural relatif au colonat partiaire, constatait cet usage pour en signaler les inconvénients. L'enquête agricole italienne de 1875 a relevé le même fait pour l'Italie. Un usage, si généralement admis, ne doit pas être aussi contraire à l'équité et aux progrès agricoles qu'on veut bien le dire, et doit répondre aux exigences d'une situation économique. On a vu que la prestation colonique représentait la part contributive du colon au paiement de l'impôt, le loyer de la maison et du jardin, dont il jouit seul, et certains avantages qu'il ne partage pas avec le propriétaire.

M. de Larminat (*op. cit.* p. 34), président honoraire de la Société d'agriculture de l'Allier, estime que dans la région qu'il habite, pour un domaine de 60 à 70 hectares, le total des divers avantages dont le colon jouit seul s'élève à environ 475 francs, qu'il décompose ainsi :

Moitié de l'impôt foncier du domaine : 60 hectares à 3 francs......................................	90
Loyer du jardin et du verger, 50 ares à 80 francs l'hectare	40
Consommation des pommes de terre, 24 hectolitres à 3 francs......................................	72
Bois pris sur les têtards et les haies.............	40
Laitage, pour moitié de sa valeur...............	112 50
Intérêts à 4 0/0 de la moitié des 6000 fr. de premières dépenses d'améliorations faites par le bailleur	120
Total..........................	474 50

On remarquera que le loyer de la maison ne figure pas dans ce chiffre. A ces divers éléments constitutifs de la prestation colonique, vient fréquemment s'en joindre un autre : souvent, elle est un complément du prix et représente l'écart qui existe entre les quantités de travail exigées par des domaines différents, pour obtenir, une même somme de produits. Elle est ainsi une conséquence de l'uniformité du partage. Rien n'est variable comme la fertilité des terres, et souvent ce sont les meilleures qui exigent le moins de soins, de telle sorte qu'avec un moindre travail, le colon obtient dans les bonnes terres, deux ou trois fois plus de récoltes que dans les mauvaises. Cependant le partage se fait toujours à peu près par moitié: c'est là une coutume qu'il serait fort difficile de faire disparaître : si l'on y parvenait, il faudrait varier à l'infini la proportion du partage et l'on n'arriverait pas à la mettre toujours en rapport avec la grande diversité des terres.

La prestation colonique est un procédé plus souple qui permet, tout en maintenant la répartition traditionnelle des récoltes, d'assurer au propriétaire un revenu équitable et d'établir, entre les droits des deux parties, un équilibre aussi parfait que possible. Des faits positifs démontrent qu'un domaine, dont les terres sont bonnes et bien placées, d'une culture facile, donne plus de bénéfices nets au colon, avec une prestation colonique, qui, dans certains cas, atteint et dépasse même un millier de francs, que tel autre, situé dans la même commune, dont le bail n'impose au preneur le payement d'aucune somme d'argent, mais

dont les terres sont moins fertiles et d'une exploitation plus difficile [1].

Si les enquêtes agricoles établissent, ce qu'il est
aisé de croire, que tous les propriétaires sont partisans du maintien de cette institution, on n'y voit pas
que les colons s'en plaignent. Ils l'acceptent librement, comme une nécessité qui s'impose. Et, en effet,
la prestation colonique, très équitable en principe, ne
mérite les critiques que lui adressent certains économistes, qu'autant qu'elle est exagérée. Son élasticité
peut la rendre parfois dangereuse : le colon accepte
plus volontiers une augmentation de cent francs
qu'une modification dans la répartition des fruits. Il
faut remarquer, tout de suite, que le bail à prix d'argent offre le même danger, que le bailleur peut également y procéder, dans ses augmentations, par petites fractions. Bien plus, il n'est pas arrêté dans ses
efforts, tendant à accroître le prix de ferme, par les
considérations qui, s'il juge sainement ses propres
intérêts, l'empêcheront de trop charger son colon.
L'activité des hommes dans une entreprise est en
raison directe des gains qu'ils ont en perspective.
Quesnay disait très justement : « Les hommes ne
sont pas excités au travail, quand ils n'ont rien à es-

---

1. La prestation colonique dans les six métairies, dont M. de Garidel, président de la Société d'agriculture de l'Allier a publié le
compte, varie de 800 à 350 fr.; le bénéfice net réalisé par chaque métayer est sensiblement le même. Dans les environs de Bourbon-l'Ar-
chambault, elle atteint le chiffre de 800 et même de 1200 francs. (V. Baudrillart, *op. cit.*, p. 531.) — En Lombardie, le colon paie de 7 à 16 fr.
par hectare. Dans la province de Bologne, les diverses charges accessoires atteignent parfois 30 fr. par hectare.

pérer pour leur fortune. » Ce qu'un propriétaire mal
inspiré pourra obtenir d'excessif, sous forme de prestation colonique, il le perdra et au-delà par une diminution des produits ; mal rémunéré, le colon travail-
lera mal ; il est protégé contre les exagérations de la
prestation colonique par l'intérêt même du bailleur.

Dans toutes les industries, le salaire tend à augmenter ; dans les rapports du travail et du capital, la
part afférente au premier tend à s'accroître, aux dépens de la part afférente au second. Or, dit-on, le colonat partiaire n'observe pas cette loi économique.
Puisque la proportion du partage ne se modifie pas,
la part revenant au colon, c'est-à-dire au travail, ne
s'accroît pas ; loin de là, elle est diminuée par des
prélèvements divers. — En adressant cette critique au
colonat partiaire, on ne tient pas assez compte de la
plus-value qu'acquièrent les terres. Le capital fourni
au colon devenant plus considérable, alors que la
proportion du partage ne varie pas, reçoit une rémunération proportionnellement moins forte que le travail, qui, lui, n'augmente pas. Loin de là, les améliorations foncières ont souvent pour effet de permettre
au colon de récolter davantage, avec une plus faible
somme de travail. Quand le propriétaire accroît le
cheptel remis au colon, construit de nouveaux bâtiments, réalise, de ses deniers, des améliorations de
diverse nature, dont le colon profite au moins au
prorata de la part de fruits qui lui revient, il peut très
justement réclamer, sous forme de prestation colonique, une partie de l'intérêt des capitaux qu'il a mis
dans la métairie. En général, les propriétaires ne se

montrent pas, à ce sujet, trop exigeants et ne cherchent pas, à profiter de circonstances particulières,
pour enlever au travail une juste rétribution ; il en est
qui sont conduits très loin, dans cette voie de modération, par les sentiments de bienveillance qui naissent
d'une longue participation à l'œuvre commune. On ne
rencontre de réels abus que chez les fermiers généraux, ces ennemis naturels du colon et du colonat.

A vrai dire, le colonat partiaire n'offre que des
avantages matériels au colon, et s'il ne jouit pas de la
faveur qu'il devrait avoir près des cultivateurs de certaines régions, il faut chercher la cause de ce discrédit relatif, dans une considération d'ordre tout différent. On prétend que ce régime cultural n'assure pas
l'indépendance du cultivateur, qui n'est qu'une espèce de domestique dont le gage consiste en une
quote-part des fruits de la métairie, au lieu d'être
d'une somme d'argent, et se trouve ainsi à la complète discrétion du maître. Bien que cette objection
n'ait pas de base sérieuse, il est certain qu'elle contribue à éloigner du métayage les gens dont l'indépendance est si susceptible, qu'elle ne leur permet
pas de se mettre dans une situation où l'on puisse
simplement supposer qu'ils ne sont pas entièrement
libres. M. Baudrillart dit avec raison qu'on ne saurait
trop s'élever contre l'inexactitude de ce reproche
(*Rev. des Deux-Mondes*, 1ᵉʳ octobre 1885, p. 569).
Le propriétaire donne des conseils, réclame l'exécution d'obligations librement consenties et bien défi-
nies ; il ne saurait imposer, suivant son caprice, des
ordres au métayer, qui reste toujours libre de régler

l'emploi de son temps, comme bon lui semble. Le colon peut résister aux conseils que le contrat n'autorise pas le bailleur à lui donner, et recourir aux tribunaux, pour faire repousser les projets qui léseraient ses droits et ses intérêts.

L'engagement que le colon prend communément, de faire pour le bailleur un certain nombre de charrois, de lui fournir des journées d'homme, a été également présenté comme un signe de dépendance. On est allé jusqu'à évoquer, à ce propos, des souvenirs de corvées et de servage : comme s'il pouvait y avoir des points de rapprochement quelconques, entre un homme exécutant volontairement un contrat librement consenti et résiliable et les serfs attachés au sol qu'ils ne pouvaient quitter. En fait, les colons acceptent volontiers les charrois qu'ils acquittent sans bourse délier, et qui diminuent d'autant la prestation colonique. Les critiques adressées à cette clause, utile au propriétaire et au colon, n'ont pas plus de valeur que l'idée émise par le *Journal d'agriculture pratique* [1], « de fonder, à l'usage des métayers, une Société protectrice, comme on l'avait fait pour les animaux ».

§ III. *Le colonat partiaire et les améliorations foncières.* — Arthur Young [2], dans son voyage en France, n'était pas éloigné d'attribuer la triste situation, où se trouvait l'agriculture en Sologne, à la culture par métayer. Jean-Baptiste Say, dans son cours complet d'économie politique (t. I, p. 241) soutient que le mé-

1. Nᵒ du 5 septembre 1863, p. 261.
2. *Op. cit.*, t. I, p. 23.

tayage arrête toute idée d'amélioration foncière, parce
que celui des deux, bailleur ou colon, qui en ferait la
dépense est obligé d'en partager le produit avec son
co-contractant. Cette idée que le colonat partiaire
s'oppose aux progrès agricoles a été reprise, diverses
fois, par des économistes et des agriculteurs, et envi-
sagée sous des aspects très différents [1]. Toute la main-
d'œuvre et tout le matériel agricole, écrit le vicomte
de Dreuille [2], sont à la charge du métayer. Dans les
produits, il n'a que la moitié. Il est donc poussé vers
la réduction du matériel agricole et de la main-d'œuvre, par un intérêt égal à un, et vers l'augmentation
des produits, par un intérêt égal à un 1/2 seulement.
Sa tendance la plus forte le fera ainsi toujours dévier
vers une culture sans matériel agricole et sans main-
d'œuvre, c'est-à-dire vers une culture qui ne cultive
pas. — Ce raisonnement fait très bien ressortir le seul
obstacle qui, dans certaines situations, peut ralentir
les améliorations. L'objection n'a pas une portée générale et tend à trop prouver ; si elle était fondée, il
suivrait que le colonat partiaire est un système absurde qui doit infailliblement ruiner tous les colons :
les faits sont là pour prouver que tous les colons ne se
ruinent pas, que beaucoup s'enrichissent. Et, en effet,
peu importe que le colon n'ait qu'une portion des
fruits, alors qu'il fournit tout le matériel et toute la
main-d'œuvre ; ce qu'il faut considérer, c'est la valeur de la portion de fruits qui lui revient ; tant que

1. V. Paul Leroy-Beaulieu, *Essai sur la répartition des richesses*,
p. 140 et s.
2. *Du métayage et des moyens de le remplacer*, p. 19 et s.

cette valeur est supérieure aux dépenses de main-d'œuvre et de matériel, le colon a tout intérêt à les augmenter, à réaliser des améliorations. Dans bien des cas, la famille du colon assure une main-d'œuvre suffisante au domaine, pour les travaux ordinaires. Son travail commence les améliorations : le secours étranger n'est nécessaire que pour les compléter. Aux époques de grande activité agricole, pour les foins, les moissons, les vendanges, les semences, l'intérêt certain qu'a le colon à se procurer la main-d'œuvre complémentaire, dont il a besoin, est si considérable, qu'il n'hésite jamais à y recourir. Quant au matériel agricole, il ne découle pas du contrat de colonat partiaire, qu'il soit nécessairement à la charge du preneur ; s'il en est souvent ainsi, ce n'est pas la suite d'un défaut inhérent au colonat, mais bien d'une combinaison défectueuse : rien ne s'oppose à ce que le bailleur fournisse tout ou partie du matériel agricole ; de fait, c'est lui qui achète les instruments nouveaux, qui ne sont pas encore d'un usage courant dans la région où est située la métairie[1].

Si l'on veut apprécier exactement l'influence normale du colonat partiaire sur la culture, il ne faut pas envisager séparément le rôle du colon et le rôle du propriétaire, pour les opposer l'un à l'autre. Ce genre d'amodiation repose sur l'action commune des deux parties contractantes, tendant à un même but : l'accroissement des produits. Quand le colon, par exem-

---

1. Le Code des usages ruraux de l'arrondissement de Château-Gontier prévoit le cas où le bailleur remet à son colon des instruments *perfectionnés*.

ple, paraît éprouver un préjudice relativement à tel
fait de la culture, on doit immédiatement se demander si l'intervention du propriétaire, dans tel ou tel
autre acte de l'exploitation, ne rétablit pas l'équilibre.
Il peut y avoir des abus, les parties peuvent faire un
mauvais usage d'un procédé de culture qui offre de
très sérieux avantages : le faire valoir direct et le bail
à ferme n'échappent pas à cet écueil. Normalement,
le colon ne supporte que la main-d'œuvre et ne fournit que les instruments aratoires usités dans le pays :
toutes les dépenses exceptionnelles sont faites en
commun ; quelques-unes restent à la charge du bailleur seul : ces dernières sont rares. La supposition de
J.-B. Say, devenue presque classique, et qui met à la
charge d'un seul des deux co-contractants les frais
d'améliorations foncières, qui deviendraient ainsi impossibles, est loin de répondre à un fait général.

Les engrais, les amendements dont le résultat est
immédiat, tels que la marne, la chaux sont payés
par chaque partie, proportionnellement à la part de
récoltes que lui donne le contrat ; le colon est seul
chargé de les répandre et de les enfouir[1]. S'il s'a-
git d'un drainage, de l'établissement de grands fossés
d'écoulement qui influent sur la qualité même des
terres, autant que sur les récoltes, le bailleur ne peut
réclamer que l'assistance du personnel ordinaire de
la métairie : le surplus du travail, l'achat des tuyaux
de drainage sont à sa charge exclusive. Toutes les
modifications aux bâtiments incombent naturellement

---

1. V. de Tourdonnet, *Traité pratique du métayage*, tout le chapitre
relatif aux améliorations.

au propriétaire, le colon profite de la plus-value
qu'elles donnent à l'ensemble de la métairie. Le propriétaire consent plus facilement à faire des dépenses
que dans le bail à ferme, car il en profite immédiatement, la valeur de la quote-part de fruits qui lui revient
s'en trouvant augmentée ; le même stimulant n'existe
pour le bailleur à ferme, qu'au moment du renouvellement de son bail. De son côté, le colon consent aisément à faire quelques sacrifices, parce qu'il a la presque certitude, basée sur de nombreux exemples, d'en
tirer complètement parti. La stabilité des familles de
cultivateurs sur le même domaine est la condition es-
sentielle de toute amélioration foncière réelle, c'est-à-
dire continue. Il est universellement reconnu que les
colons occupent bien plus longtemps leur métairie,
que les fermiers leur ferme.

Pour Bastiat[1], le bail à colonie a un caractère essentiel de perpétuité ou du moins sa durée dépend entièrement de l'activité, de l'esprit d'ordre, de la probité
du colon partiaire. On en rencontre fréquemment qui
sont nés dans la métairie, que leurs familles cultivaient depuis plusieurs générations. Et il n'est pas
rare de trouver des familles de métayers qui sont plus
anciennes, dans l'exploitation, que celle du propriétaire, dans la possession (De Gasparin, *op. cit.*,
p. 57). « Il y a des familles qui sont depuis 500 ans
dans la même propriété » s'écriait M. de Gavardie[2],
à la tribune du Sénat, au cours de la discussion du
projet de loi, relatif à notre contrat. M. Cauwès (*op.*

1. *Journal des économistes*, XIII, p. 232 et suiv.
2. Sénat, séance du 14 juin 1880, *Officiel*, p. 6491.

cit., n° 310) constate qu'il n'est pas rare de rencontrer
des métairies qui, en fait, sont héréditaires. M. de Tourdonnet affirme le même fait, avec toute la précision
qu'autorise de sa part, son étude minutieuse de l'enquête faite par la Société des agriculteurs de France,
dont il a résumé les résultats dans un très remarquable rapport. Dans un certain nombre de départements,
dit-il, dans l'Allier notamment, dans le Tarn-et-Garonne, dans Vaucluse, ailleurs encore, des métayers
ont passé de longues années, plusieurs générations,
dans les mêmes domaines par tacite reconduction [1].
Cette permanence des engagements a sa base dans le
lien le plus solide : la communauté d'intérêts. Entre
le fermier et le bailleur, l'antagonisme est complet ;
dès que le premier a accru le rendement du domaine,
le second n'attend que la fin du bail, pour augmenter
le prix de ferme ; la concurence qui s'exerce d'autant
plus facilement, que l'enchère s'effectue par fractions
plus petites et mieux déterminées, lui en donne la
commodité. Le nouveau venu consent, sans peine, à
payer la représentation d'une plus-value, qu'il n'a pas
contribué à créer. Les fermiers connaissent le sort
que leur réservent la plupart des bailleurs. Si, les
premières années du bail, ils engagent quelques capitaux dans la culture de la ferme, ils s'empressent de
surmener la terre par des récoltes répétées, pour rentrer dans leurs avances et aussi pour que, à la fin du
bail, le domaine étant épuisé, n'appelle pas les concur-
rents, et qu'au lieu d'avoir à redouter une augmentation de prix, ils puissent réclamer une diminution. Le

1. *Traité pratique du métayage*, p. 24.

fermier n'est poussé qu'aux améliorations transitoires et momentanées : ce ne sont pas là de véritables améliorations.

Le colon n'a pas à redouter le même traitement. Chaque accroissement dans les produits.profite aux deux parties immédiatement. La répartition des fruits ne change pas. Si le propriétaire était tenté, quand la plus-value est importante, d'augmenter la prestation en argent, plus qu'il ne convient, il reculera devant l'expulsion d'un colon actif et intelligent. Il n'est pas sûr que le successeur de celui-ci maintiendra l'accroissement de produits et il a à craindre qu'une diminution dans le rendement des récoltes ne lui enlève, et au-delà, le léger gain qu'il réaliserait sur la prestation colonique. De plus, quand le métayer a reçu son congé, il travaille moins bien, une récolte quelquefois deux s'en ressentent, et la mauvaise culture se fait sentir instantanément au propriétaire, tandis que, dans le bail à ferme, les effets n'en sont perçus, que lorsqu'il s'agit de renouveler le bail. Voilà pourquoi les propriétaires hésitent tant à se séparer d'un bon colon : la cause de la famille qui cultive s'identifie avec la cause de la terre et avec la cause du propriétaire.

Ces longs séjours d'une famille sur le même domaine ne sont pas dus, en général, à des baux de grande durée : très souvent, ils reposent sur le bail le plus court, sur un bail d'un an et il est stipulé, dans le contrat original, que la tacite reconduction n'opérera jamais que pour un an, de telle sorte qu'on voit, maintenu pendant des siècles, un contrat que chacune des

parties a la faculté de rompre chaque année. De prime
abord, il peut paraître paradoxal, à une époque où
l'impérieuse nécessité des longs baux est proclamée
par tout le monde, de dire que le meilleur bail est
celui d'un an, que c'est celui qui, en réalité, assure le
mieux la permanence des engagements. Cependant
des faits bien établis, sérieusement vérifiés, justifient
cette proposition. M. de Tourdonnet qui, en principe,
est opposé à cette brièveté du bail, est obligé de reconnaître les excellents résultats qu'elle donne en maints
endroits. « On nous cite des familles qui, sans contrat, ont de réels quartiers de noblesse agricole, cinquante, quatre-vingts, cent ans et plus encore, de séjour sur le même sol. Les exemples ne manquent donc
pas, nous le savons. » Parmi les questions posées par
la Société des agriculteurs de France à ses correspondants, il s'en trouve une ainsi formulée. « Le métayer
a-t-il la faculté de se retirer au bout de chaque année?
Le propriétaire a-t-il, de son côté, la faculté de le
renvoyer ? »

Voici quelques-unes des réponses [1] :

Allier. — Dans le Bourbonnais, les baux sont généralement annuels. Les métayers et les propriétaires
ont le droit de se séparer, à la fin de chaque année
culturale, en se prévenant, selon l'usage, trois mois à
l'avance. Les baux se continuent, d'année en année,
par tacite reconduction. — *Ardèche.* — La faculté de
se séparer chaque année est mutuelle, sauf avis donné
six mois à l'avance. — *Ariège, Aude.* — La faculté
de la résiliation est mutuelle, à condition de se pré-

1. *Situation du métayage en France*, p. 310 et s.

venir dans l'Ariège trois mois et dans l'Aude six mois,
avant l'époque ordinaire des mutations. De même, le
bail est généralement annuel dans la Charente-Inférieure, la Corrèze, la Dordogne, la Drôme, la Haute-
Garonne, le Gers, la Gironde, les Landes, le Lot-et-
Garonne, la Mayenne, le Tarn, le Tarn-et-Garonne.
Plusieurs des correspondants de la Société des agriculteurs de France ne se bornent pas à constater que
le bail annuel dure en réalité fort longtemps, grâce à la
tacite reconduction ; ils signalent quelques-uns des
avantages de ce procédé. L'harmonie complète entre
le bailleur et le colon est la condition indispensable
de la prospérité de l'exploitation : quand la confiance
a disparu, l'intérêt commun commande de se séparer;
à ce point de vue, l'échéance annuelle est incontestablement bonne. Mais on remarque que cette échéance,
toujours rapprochée, contribue largement à maintenir
cette bonne entente qui peut seule faire vivre le contrat. En possession d'un bail de 9 ou 12 ans — ce qui
est un maximum de durée que les propriétaires accordent difficilement — le colon est aisément frondeur,
pendant les premières années. La direction du bailleur ne s'exerce qu'avec peine et sans profit pour
l'exploitation ; l'harmonie une fois rompue ne se rétablit pas toujours ; à l'expiration du bail, la séparation
s'impose. Avec le bail annuel, le colon sait que s'il
n'exécute pas ses obligations, il s'expose à être con-
gédié à brève échéance ; c'est un bon motif pour qu'il
s'habitue à ne manquer à aucune d'elles [1]. Car si le

---

1. V. A. Méplain, *op. cit.*, p. 58 et 59 ; de Garidel, *Lettres au comte de
Tourdonnet*, p. 17.

bailleur cherche à conserver le colon qui cultive bien, celui-ci ne redoute pas moins les changements qui se traduisent le plus souvent pour lui, par des frais de déménagement. Les deux parties se tiennent mutuellement par leur intérêt, partant plus solidement que par n'importe quelle convention.

Les améliorations à long terme, rendues possibles par la stabilité des colons, sont facilitées par les avances qu'il reçoit du bailleur : pas plus qu'aucune autre industrie, l'agriculture ne peut prospérer sans capitaux ; nombre de cultivateurs ayant les meilleures intentions voient leurs efforts stérilisés par le manque d'argent. Tous les économistes s'accordent à recommander l'organisation du Crédit agricole sans que, jusqu'ici, en France tout au moins, on soit parvenu à rien fonder de durable et de pratique. Le colonat partiaire peut remédier en partie aux inconvénients de cette situation : le banquier naturel du colon est le propriétaire poussé à lui consentir des prêts par un double motif : son privilège lui en garantit le remboursement et il assure l'exploitation de son domaine. Toutes les améliorations lui profitent et il bénéficie des récoltes que produit l'emploi de son argent. Le bail à ferme n'engage pas d'une façon aussi directe le propriétaire à consentir des prêts à son fermier, car il se désintéresse de l'accroissement des récoltes, dont ce dernier jouit seul. De fait, les avances sont à peu près nulles dans le bail à ferme ; elles sont fréquentes dans le colonat partiaire. Le bailleur prête tantôt de l'argent pour acheter des ustensiles aratoires, des engrais, des bestiaux, tantôt des semences supérieures à celles que l'on récolte sur la métairie : il se rembourse de celles-ci sur la récolte qui en est le produit: Il sera rarement obligé de pourvoir, comme le prévoyait Pothier, à la nourriture de son métayer. Les progrès de l'agriculture ont rendu cette éventualité très exceptionnelle.

La terre ne se bonifie pas seulement par l'usage d'instruments nouveaux et par l'emploi d'engrais étrangers. Les améliorations les plus sûres et les plus productives, celles qui arrivent à transformer l'aspect de la métairie, sont le résultat du travail de tous les jours, de la préparation des fumiers de ferme, des façons données en temps opportun, de la bonne administration du cheptel. A ce point de vue, la collaboration permanente d'un colon, ancien sur le domaine, et d'un bailleur, ayant quelque expérience des choses de la campagne, donne de très bons résultats. Au bout d'un certain temps, l'homme qui a cultivé les mêmes terres sans interruption, qui a la conviction qu'il les cultivera aussi longtemps qu'il exécutera loyalement son contrat, se prend à les regarder un peu comme siennes : il les étudie dans son labeur quotidien, bientôt il sait à quel moment il convient de faire les labours, par un temps sec ou humide, quel genre de culture réussit le mieux : il apprend le tempérament de chacun de ses héritages. « On ne saurait croire, nous dit de Sismondi, à quel degré son amour de la terre développe la faculté d'observation du cultivateur [1]. »

Il faut reconnaître que peu de propriétaires appor-

1. *Etude sur les sciences sociales*, t. II, p. 299 et s.

tent à l'œuvre commune leur contingent de connaissances techniques et d'expérience pratique ; bien peu
sont à même d'exercer, dans toute sa plénitude, la
direction générale qui leur appartient dans l'exploitation. Jusqu'ici on a été assez porté, en France, à
considérer l'agriculture comme une science innée,
que tout homme, d'une certaine instruction générale,
possédait en quelque sorte d'instinct : bien des gens
ont appris, à leurs dépens, la fausseté et le danger de
ce paradoxe. Peu d'industries exigent autant de préparation et des connaissances aussi variées que
l'agriculture. Elle emprunte quelque chose à presque
toutes les sciences physiques et naturelles, à la méca-
nique, à la géométrie, à l'économie politique et, par
dessus tout, elle demande une préparation pratique[1].
On commence à comprendre la nécessité absolue
d'études sérieuses et spécialement destinées à former
des agriculteurs ; la création, sous des noms divers,
de nombreuses écoles destinées à répandre la science
agricole, en l'appropriant aux diverses situations que
doivent occuper les élèves, témoignent de cette heureuse préoccupation[2] ; ce mouvement scientifique
n'a pas encore donné les résultats qu'on est en droit
d'en espérer, il profitera au métayage plus qu'à toute
autre institution. L'insuffisance professionnelle de
beaucoup de propriétaires les empêche d'obtenir du
colonat un maximum de productivité : communément cependant, leur participation à la direction de

---

1. V. J. B. Say, *op. cit.* t. I, p. 234.
2. V. Baudrillart, *op. cit.*, *Revue des Deux-Mondes* du 1er octobre
1885 ; Risler, *Revue des Deux-Mondes* du 1er février 1885 ; de Tourdonnet, *Traité pratique du métayage*, p. 222.

l'exploitation n'en reste pas moins encore utile et efficace : l'enquête de la Société des Agriculteurs de France (p. 497 et s.) a mis ce fait hors de doute. Le métayage, disent les correspondants, contribue largement aux améliorations foncières, surtout quand le maître s'occupe de la direction de l'exploitation. En possession d'une instruction générale plus étendue et de termes de comparaison qui font défaut au colon, il n'est pas poussé comme celui-ci à rejeter, avant tout examen, les innovations, les procédés nouveaux de culture. Les moyens de s'instruire ne lui manquent pas : s'il est désireux de se mettre au courant des choses des champs, des journaux, des revues, des ouvrages, dont le nombre s'accroît tous les jours, peuvent le guider dans ses études d'observation personnelle et pratique, que rien ne saurait remplacer ; il peut toujours combler en partie les lacunes ou même l'absence totale d'instruction agricole ; il peut, tout au moins, communiquer le résultat de ses études au colon : l'expérience de celui-ci, sa tendance naturelle à suivre l'ornière tracée, contre-balanceront ce qu'auraient d'excessif ou de prématuré, des projets hâtivement conçus.

Il est aisé de citer quelques exemples d'actes importants de la culture où l'intervention du bailleur se produira utilement. Au premier rang de ses préoccupations, doit figurer l'administration du cheptel que lui réserve expressément l'article 5 du projet du Code rural et que lui accordent actuellement à peu près tous les usages locaux [1]. Le choix des étalons et des

---

1. V. art. 64 et 77 *des usages ruraux de Château-Gontier et de Laval.*

jeunes bêtes destinées à l'élevage est surtout important. C'est par une sélection continue et intelligente
que les bonnes écuries se forment et s'entretiennent :
il est inutile de rappeler, à ce sujet, les résultats célè-
bres obtenus en Angleterre par ce procédé de la sélection, auquel sont dues ces races bovine, ovine et
porcine répandues aujourd'hui sur les marchés du
monde entier. Ces remarques s'appliquent avec la
même valeur aux semences, au choix desquelles on
ne saurait apporter trop de soin et d'attention. Il est
bien démontré aujourd'hui, ce qui a été longtemps
méconnu, que les semences ont une influence déci-
sive sur les récoltes qu'elles produisent ; cependant
beaucoup de cultivateurs n'y attachent pas encore
toute l'importance qui convient et le bailleur a souvent à lutter à ce propos contre l'inertie et l'insou-
ciance du colon.

Le soin de tenir la comptabilité de la métairie incombe naturellement au bailleur, et il peut contribuer, par là, d'une façon très réelle, bien qu'indirecte, à la prospérité de l'exploitation. Sur le grand
livre de la métairie, le colon aura un compte crédi-
teur où figureront le prix des ventes de bestiaux ou
de denrées que le bailleur aura perçu en entier,
les diverses sommes que le colon remet à ce dernier ;
son compte débiteur comprendra notamment les
avances qu'il reçoit en argent ou en denrées, la prestation colonique, au fur et à mesure de son échéance.
Mais, d'après M. de Tourdonnet (*Traité du métayage*),
ce grand livre doit fournir bien d'autres renseignements : « Si le grand livre est bien ordonné, nous dit-

il, il doit indiquer, en outre, à l'ouverture et à la fin
de chaque exercice, les diverses circonstances de l'exploitation, en tout ce qui touche aux labours, aux se-
mailles, aux récoltes, aux mouvements d'étable. On y
doit retrouver, par ordre, le nombre d'hectolitres semés, le nombre de gerbes, les quantités de grains,
racines, fourrages et autres produits qui ont été mis
en grenier et en magasin, qui ont été distraits ou
vendus ; les dates des saillies et des gestations, avec
la désignation de l'âge et de la race, afin que l'amélioration poursuivie puisse se produire avec suite,
avec preuves à l'appui ; les méthodes d'alimentation
adoptées pour chaque espèce d'animaux faisant partie
du cheptel vivant, avec un casier pour chaque catégorie, pour chaque animal traité exceptionnellement ;
les prix d'achat et de vente des animaux, des grains,
des instruments et machines, des amendements et
engrais artificiels. » Cette action combinée du bailleur et du colon vers un même but, la bonne culture
de la métairie, séduisante en théorie, a donné, dans
le domaine des faits, les meilleurs résultats. Sans
doute, on rencontre parfois des colons rebelles à toute
idée de progrès et à toute direction, paresseux et
voleurs, et aussi des propriétaires insouciants et ignorants ; entre de pareilles mains, l'exploitation péri-
clite nécessairement. Ce n'est que l'exception et, en
tous cas, cette situation n'est pas la suite d'un vice
inhérent au métayage, mais bien la conséquence forcée des défauts de ceux qui en font un si mauvais
usage. L'instrument est bon, et des enquêtes diverses faites, soit par des particuliers, soit par des Socié-

tés d'agriculture ou par l'État, ont établi qu'en général on en tirait un bon parti.

Un fait très remarquable proclamé, non pas seulement par les partisans du colonat partiaire, mais, ce qui est plus probant, reconnu même par ses adversaires, est que, dans la crise actuelle, les pays de métayage ont été beaucoup moins éprouvés que ceux à rente fixe. « Dans la crise actuelle, écrit M. Risler, partisan du bail à prix d'argent, le métayage et la petite propriété se montrent supérieurs au système du fermage, et, si la France souffre moins que l'Angleterre, c'est qu'elle a plus de métayers et de petits propriétaires qui cultivent eux-mêmes leurs terres. » Ce rapprochement entre le métayage et la petite propriété, établi par un homme pleinement compétent dans la matière, est très digne d'attention. La bonne tenue du métayage, en présence de la mobilité des cours, qui porte une si rude atteinte au fermage. résulte naturellement de ce que, dans le contrat, le prix consiste en une quote-part des fruits ; elle est reconnue par les jurisconsultes, aussi bien que par les agronomes. M. Guillouard qui, dans la première édition de son *Traité du Louage*, envisageait le colonat partiaire comme un système d'amodiation inférieur « dont la somme des inconvénients dépasse celle des avantages », écrit dans la seconde édition (n° 609) : « La crise agricole que nous traversons pèse lourdement sur les contrées où le bail à ferme est en vigueur ; les fermages ont diminué dans une proportion désastreuse pour le propriétaire et, dans certaines régions, on ne trouve plus de fermiers. Au contraire, il paraît bien établi que, dans les contrées de métayage, la valeur de la terre et son revenu sont restés à peu près les mêmes. » Il suffit, en effet, de rappeler que la Dordogne, l'Allier, la Mayenne, la Sarthe, parvenus à un si haut degré de prospérité, sont soumis au métayage, tandis que la Champagne, notamment le département de l'Aisne, qui se trouve dans la triste situation que M. de Saint-Vallier signalait à l'attention du Sénat[1], appartient au bail à rente fixe.

L'ancien préjugé que le métayage était incompatible avec les progrès de la culture a dû céder devant l'évidence[2]. Les succès obtenus par des métayers, soit dans les concours régionaux, soit au concours annuel du Palais de l'Industrie, ne se comptent plus et témoignent des résultats merveilleux accomplis dans l'amélioration des races par des métayers, sous l'impulsion éclairée de leurs propriétaires.

Dans une communication adressée à la Société nationale d'Agriculture, M. Barral, son regretté secrétaire perpétuel, partisan déterminé du bail à rente fixe, constatait que dans plus de 300 fermes à métayers, visitées par lui, dans le Limousin, au cours des années 1876, 1877 et 1878, le revenu et la valeur des terres avaient au moins doublé depuis 25 ans. L'enquête de la Société des Agriculteurs de France a plus récemment établi le même fait, pour un grand nombre de départements. A cette question : « Y a-t-il

---

1. Séance du 29 février 1884, *Officiel* du 1er mars. V. aussi *Réforme sociale*, année 1886, t. II, p. 260.

2. V. Albert le Play, *Le métayage et ses résultats au point de vue économique et social*, *Réforme sociale*, année 1886, t. Ier, p. 411.

quelques exemples de domaines améliorés par le
mode de métayage », il a été fait, dans les départements surtout, où ce genre d'amodiation est dominant, des réponses qui établissent sa valeur [1] à ce sujet :

Allier (Moulins). — Tous les progrès réalisés depuis 25 ans sont dus au métayage ; c'est grâce à lui
que nos revenus ont doublé. *Alpes (Basses-) Charente.*
— Beaucoup de domaines s'améliorent par le métayage, quand le maître prend la peine de diriger l'exploitation et gagne la confiance du métayer. *Charente-
Inférieure* (Saintes). — Presque tous les domaines
s'améliorent par le métayage. *Cher* (St-Amand). —
Dans plusieurs cantons, pays de landes et de bruyè-
res, les améliorations ont toutes été faites par le métayage : progrès agricole très considérable. *Corrèze*
(Bas Limousin). — L'amélioration est très difficile et
lente, mais elle se produit généralement. On a tenté
le *fermage sans grand succès*. *Indre*. — Les exemples d'amélioration sont nombreux dans tout le département de l'Indre. *Loire-Inférieure*. — L'arrondissement de Châteaubriant a été tout entier *défriché
et amélioré* par le métayage, qui est usité dans toutes
les grandes propriétés. *Maine-et-Loire*. — C'est dans
la contrée le seul mode qui ait fait progresser les cultures et peut les faire progresser encore, parce qu'il
augmente le capital d'exploitation. Le pays tout entier peut servir d'exemple. *Mayenne, Nièvre* (Morvan),
Savoie. — Les exemples d'amélioration par le métayage sont nombreux. *Deux-Sèvres*. — Toutes les

1. *Rapport sur l'enquête,* par de Tourdonnet, p. 447 et s.

métairies qui sont surveillées s'améliorent. *Tarn*. —
Les domaines s'améliorent par le métayage, lorsque
le propriétaire s'occupe de son domaine, aide et guide
le métayer. *Vendée*. — Il y a beaucoup de domaines
améliorés par le métayage. C'est la clef du progrès
lorsque le propriétaire est intelligent. *Vienne*. — Il
y a des domaines améliorés par le métayage, lorsque
le propriétaire s'en occupe. Il y a dans quelques cantons une complète transformation. *Vienne (Haute-)*. —
Les domaines améliorés par le métayage sont nombreux ; mais l'amélioration vient du maître seul qui
a guidé son colon, fourni les engrais, payé les manœuvres et fait toutes les avances.

L'enquête n'établit pas seulement qu'avec le métayage, l'agriculture fait des progrès, elle indique la
cause principale de cette prospérité qui est due à la
direction et aux avances du bailleur. L'évaluation des
propriétés non bâties de la France, effectuée par
l'administration des contributions directes, en exécution de la loi du 9 août 1879 et dont les résultats ont
été publiés en 1883, a montré que la plus-value foncière résultait souvent du métayage. Il est établi, par
cette estimation, que la valeur du territoire agricole a
augmenté de 30 p. 0/0, de 1851 à 1879, dans l'ensemble des campagnes de France. C'est dans les départements, où pendant cette période, le colonat partiaire
dominait, que la plus-value a été surtout considérable.
L'Allier [1] vient en tête du mouvement, avec une aug-

---

1. D'après les appréciations d'Arthur Young, les meilleures terres des
environs de Moulins valaient, quand il visita cette contrée, en 1790,
370 fr. 15 l'hectare, les mauvaises 24 fr. 20. Aujourd'hui, malgré la

mentation de 142 p. 0/0. Les Landes, le Cher, Maine-
et-Loire, le Lot, le Lot-et-Garonne, le Gers bénéficient
d'un accroissement de valeur, variant de 40 à 100
p. 0/0 ; tandis que dans l'est, dans le nord-est, en Normandie où l'on rencontre presque exclusivement le
bail à rente fixe, l'augmentation est insensible et bien
inférieure à la moyenne de 30 p. 0/0 [1].

§ IV. *Le colonat partiaire, au point de vue social.* —
Tout le monde est d'accord pour condamner ce qu'on
est convenu d'appeler l'absentéisme et on sait les ter-
ribles résultats que cet éloignement des propriétaires
du sol a eu et a encore aujourd'hui en Irlande. En
France, il n'a pas le même caractère de gravité, parce
qu'il est moins général et que la propriété est plus divisée. Cependant, nombre de propriétaires ne passant
sur leurs domaines que quelques semaines, un ou deux
mois au plus, qu'ils consacrent à la chasse ou aux dis-
tractions mondaines, ne s'occupant de leur terre que
pour savoir s'il n'y a pas moyen d'augmenter le prix
des baux et des fermiers, que pour leur réclamer les
termes échus où les prier de leur avancer les termes
à échoir [2].

L'argent ainsi obtenu est dépensé dans une ville
souvent éloignée, sans profit pour la région d'où il est
tiré : c'est un drainage continu du numéraire, opéré
au profit des villes et au détriment des campagnes.

baisse assez sensible de ces dernières années, les mêmes chiffres,
quintuplés, seraient au-dessous des prix moyens de vente.

1. V. Risler, *Revue des Deux-Mondes* du 1er février 1885.
2. V. Baudrillart, *Revue des Deux-Mondes* du 1er octobre 1885 ; — Clavé,
Situation agricole de la France, Revue des Deux-Mondes du 1er février
1880.

Cet exemple a été donné par les grands propriétaires, les moyens se sont efforcés de le suivre. Un goût exagéré pour les fonctions publiques et libérales, le discrédit que l'on est parvenu à jeter sur la situation de propriétaire agriculteur, ont accru cette désertion du sol chez ceux qui avaient le plus pressant intérêt à y rester. Ils seraient mal venus à se plaindre que l'agriculture manque de bras, par suite de l'immigration des paysans dans les villes, à l'occasion, ceux-ci pourraient leur répondre qu'ils n'ont fait qu'imiter leur conduite [1].

Ils ne doivent pas être surpris davantage de rencontrer peu de sympathie chez leurs fermiers, à qui ils n'apparaissent que pour demander de l'argent, ni chez les autres habitants de la région, puisqu'ils ne contribuent en rien à la prospérité de l'industrie ou du commerce local. De là naît, chez le paysan, pour celui qui possède, une haine concentrée qui, mieux dissimulée, n'en n'est ni moins vive ni moins effective, à l'occasion, que celle qu'éprouve parfois l'ouvrier des villes pour son patron. De très bons esprits, pensant que cet antagonisme des classes ne saurait contribuer au développement de la prospérité agricole, pas plus qu'il ne peut accroître le progrès industriel, que loin de favoriser la marche en avant de la société, il la ralentit sensiblement, s'efforcent de le diminuer : à plusieurs, le colonat partiaire a paru un moyen de le combattre efficacement.

Il a ce premier effet d'amener les propriétaires fonciers à résider, une notable partie de l'année sur

---

1. Baudrillart, *loc. cit.*

leurs terres, ce qui est le premier pas à faire dans cette voie d'apaisement social, et de faire consommer sur place ce qu'a produit le pays — aux propriétaires qui résident déjà, il offre une occupation nécessaire et suffisante pour échapper à l'ennui et à l'engourdissement ; il les met en rapport avec les cultivateurs de leurs terres et ces relations, loin de naître d'intérêts contraires, ont pour objet d'assurer le succès d'une entreprise commune. Le faire-valoir direct atteindrait ce but, en partie, mais à beaucoup, il paraît trop absorbant et d'un succès trop douteux. Quant au bail à ferme, il n'établit que des oppositions d'intérêts entre bailleur et fermier et va à l'encontre du but proposé. De plus, dans certaines contrées, les fermiers réagissant outre mesure contre la hausse récente, n'offrent plus que des prix dérisoires et, si les détenteurs du sol veulent en tirer un revenu raisonnable, ils sont tenus d'intervenir dans sa culture d'une façon directe. (Jules Clavé, *op. cit.*, p. 646.) Le colonat partiaire tient le milieu entre la régie directe et le fermage. Colon et propriétaire ont mille occasions de se voir, pour régler, d'un commun accord, les actes importants de l'exploitation : ils causent, ils discutent sur la manière de les exécuter et sur leur utilité. Ce simple contact fait disparaître bien des antipathies, bien des préventions secrètes : on se hait souvent, simplement parce qu'on ne se connaît pas. Le bailleur a des conseils plutôt que des ordres à donner à son colon, il est tenu de prendre sa voix en tout, d'écouter son avis avec attention, l'approuver sans réserve s'il lui paraît bon, lui indiquer les motifs qui doivent le faire re-

pousser, s'il est mauvais, céder facilement sur les
petites choses pour se réserver plus d'autorité, dans
celles qui ont de l'importance.

« Si vous vous apercevez de quelque manquement,
de quelque négligence, nous dit M. A. Meplain[1], faites d'abord en sorte d'en bien connaître la cause,
puis adressez vos observations, non pas sous forme
de reproches plus ou moins vifs, vous vous exposeriez
à blesser inutilement votre métayer, mais sous forme
de demandes, d'interrogations. »

Le colon est ainsi mis à même de se justifier et ce
n'est que dans le cas où ses prétendues raisons ne
seraient que des prétextes, que vous l'inviterez à agir
autrement, lui parlant toujours avec affabilité et avec
douceur. « N'entrez pas en piques avec votre métayer
à peu d'occasion, écrivait déjà Olivier de Serres,
mais supportez doucement ses petites imperfections...
Gardez cependant votre autorité afin de ne l'accou-
tumer à désobéir et à ne craindre... N'exigerez de lui,
outre son dû, rien qui lui préjudicie ; lui montrerez,
au reste, l'amitié que vous lui portez, louant son industrie, sa diligence, et vous réjouissant de son profit,
trouvant bon qu'il gagne honnêtement avec vous pour
l'affectionner toujours mieux[2]. » Bien qu'anciennes,
ces indications n'ont rien perdu de leur valeur : le
propriétaire qui s'y conformera, montrant à propos
à son collaborateur un intérêt affectueux, employant
un ton amical plutôt que familier à l'excès, obtiendra
parfois un respect, moins prompt à se manifester par

---

1. *Dialogue sur le métayage*, p. 81.
2. *Théâtre d'agriculture et mesnage des champs*, éd. de 1804, t. I, p. 58.

l'humilité de la déférence extérieure, mais plus sérieux, qui s'exprimera en son absence aussi bien qu'en sa présence. Le niveau plus élevé de l'instruction recommande ces règles de bonne éducation, non moins que les mœurs de la démocratie. « Peut-être certains propriétaires ont-ils conservé des habitudes de hauteur, qu'ils ne soupçonnent pas eux-mêmes et dont l'effet sur le métayer, devenu plus susceptible, est plus fâcheux qu'ils ne se l'imaginent, » dit très justement M. Baudrillart (*op. cit.*, p. 586). — Dans les visites de la métairie, le colon peut se laisser aller à admirer ouvertement ses récoltes, à vanter la prospérité de son cheptel, sans craindre d'éveiller la convoitise de son bailleur et de le pousser à changer les clauses du contrat, tandis que le fermier, espérant écarter une aggravation de ses charges, ne parle à son bailleur que pour se plaindre, pour déprécier la valeur des terres de la ferme. N'ayant pas d'intérêt à dissimuler, le colon parle librement, et c'est beaucoup que la dissimulation soit bannie des rapports journaliers. Dans ces relations de tous les jours, il arrive nécessairement que la conversation s'écarte parfois de ce qui touche l'exploitation ; si le colon en vient à parler de sa situation, de ses projets personnels, le bailleur qui lui montrera qu'il n'est pas indifférent à son avenir ni à celui de sa famille, qu'il porte un réel intérêt à tout ce qui le concerne, qui s'efforcera de lui donner un avis opportun au sujet de quelque contestation judiciaire, d'une liquidation de succession, gagnera souvent son estime et sa confiance. Une fois que le métayer a acquis la conviction que son propriétaire est entendu aux affaires, il le consulte volontiers sur tout ce qui le touche, il en fait son conseiller habituel et n'en exécute que mieux ce qui lui est recommandé pour l'exploitation de la métairie. La supériorité devient inoffensive, les rapports très doux, bienveillants, rapprochent les distances. On y gagne des deux côtés et souvent on se découvre mutuellement des sentiments, des intérêts communs dont l'existence ne se serait point sans cela révélée [1].

Ces bons rapports qui, rationnellement, doivent résulter de la communauté d'intérêts, existent en réalité très fréquemment ; ils sont le fait commun.

Rien ne le prouve mieux que la permanence d'engagements qui peuvent être rompus chaque année, que la stabilité ordinaire des colons sur leur domaine. Il est rare que les discussions qui surgissent mènent le colon et le propriétaire devant la justice ; tout finit par s'arranger à l'amiable. « Dans la région que je connais, disait M. Laborde à la tribune du Sénat, au cours de la discussion du projet de Code rural, le bail à colonage produit des résultats excellents. Ce qui vous montre, à quel point, il présente toutes les chances possibles de concorde et de bonne harmonie, c'est l'aveu même de votre commission. Si vigilante qu'elle ait été, elle a inutilement cherché des documents qui puissent la guider dans ses travaux. Le bail à colonage n'a pas de jurisprudence [2]. » Et quelques jours après, à la même tribune, M. Halgan : « Heureuses sont les

1. V. de Gasparin, *op. cit.*, p. 65 ; — Bastiat, *Journal des économistes*, t. XIII, p. 235.
2. Sénat, séance du 14 juin 1880, *Officiel*, p. 6489.

institutions, quand elles n'ont pas de jurisprudence, c'est ce qui est arrivé au colonage partiaire[1]. » Les quelques décisions judiciaires intervenues, en matière de colonat partiaire, n'ont pas été rendues pour trancher des contestations relatives à l'exécution de quelque clause du bail ou à un règlement de comptes, mais bien au sujet de la durée du bail, de l'existence du privilège et surtout pour définir la responsabilité du colon, au cas d'incendie de la métairie. Dans cette dernière hypothèse, le propriétaire restait étranger au débat qui s'élevait entre le colon et une compagnie d'assurance.

Cette harmonie entre bailleur et colon, favorable à la prospérité générale de l'agriculture autant qu'à la paix sociale, a été critiquée d'une façon indirecte, et quelques personnes ont voulu voir une sorte d'asservissement, de sujétion du colon, dans la confiance et le dévouement que le bailleur arrive parfois à lui inspirer. Ces sentiments ont même été portés à la tribune de la Chambre des députés, à plusieurs reprises, la dernière fois en 1885, lors de la vérification des pouvoirs des députés des Landes. « Il existe dans les Landes, disait le rapport présenté sur l'élection des députés de ce département, un système de bail à colonie qui met en quelque sorte le colon dans la main du propriétaire du sol, du maître, comme on l'appelle, et qui constitue un instrument de servage politique. Vienne une mauvaise année ou une mauvaise récolte, ces malheureux (les colons) sont obligés de recourir à leurs maîtres qui leur font des avances en numéraire

_____

1. Sénat, séance du 17 juin 1880, *Officiel*, p. 6622.

ou en grains et qui les tiennent d'autant plus sous
leur dépendance. Dès lors, les métayers ne sont plus
que les porte-bulletins de leurs maîtres[1]. » — Le colon
qui a reçu des avances de son bailleur est dans la situation de tout débiteur, vis-à-vis de son créancier ; le fermier est très souvent débiteur de son bailleur, de qui
il implore fréquemment des remises ou au moins de
longs délais, et nombre de petits cultivateurs ne détiennent, en quelque sorte, leur petit champ que pour
le compte du créancier hypothécaire qui, le terme
échu, les tient à sa discrétion par la perspective d'une
saisie : on devra dire que les uns et les autres sont dans
la complète dépendance politique de leur créancier.

Aussi bien, l'honorable rapporteur reconnaît implicitement que ses critiques n'ont rien de spécial au
métayage : « Les mêmes procédés, dit-il, sont em-
ployés par certains industriels, vis-à-vis de leurs ouvriers. » Et, en effet, dans toutes les positions, on rencontre des personnes qui essaient d'abuser de leur
situation pour déterminer le vote des gens, sur le sort
desquels elles ont une influence. Mais ces tentatives de
pression, que l'on ne saurait trop condamner, ne peuvent faire l'objet d'un reproche particulier au colonat partiaire ; souvent elles aboutissent tout à l'opposé du but que se proposent les personnes qui les
exercent. A employer des moyens d'intimidation près
du paysan, à lui imposer pareille humiliation, on ne
gagne que sa haine et une sourde hostilité. C'est en
lui témoignant, à tout instant, un bienveillant intérêt,
en causant amicalement avec lui des affaires du pays,

1. Chambre des députés, séance du 13 décembre 1885.

qu'on arrive à l'éclairer, quelquefois à le convaincre. Cette influence, basée sur l'estime que justifient les services rendus est morale et légitime ; pour l'acquérir, il faut persuader et instruire. Par là, le colonat partiaire tend à développer l'éducation politique. Si on se place à un autre point de vue, on remarque qu'il contribue à conserver des cultivateurs à la terre. Ce sont les journaliers surtout qui désertent la campagne pour les villes industrielles, où leur trop grand nombre devient la source d'un malaise économique : souvent, ils abandonnent les champs parce qu'ils n'y ont pas de situation assurée ; le manque de capitaux ne leur permet pas de prendre une ferme, ils peuvent devenir colons, acquérir par là une position sûre, à l'abri du chômage, qui favorise leur initiative personnelle et développe en eux des habitudes d'ordre et de prévoyance. Le salarié est enclin à dépenser immédiatement ce qu'il reçoit à époques fixes et rapprochées : les récoltes ne donnent pas toujours un produit régulier, le métayer est conduit, les années d'abondance, à réserver l'excédant pour pourvoir au déficit des mauvaises. C'est le commencement de l'épargne. Ces grandes fermes contenant des centaines d'hectares, où tout est organisé comme dans une usine, cachent souvent bien des misères. Sans doute, le fermier est un personnage ayant d'autres allures que le modeste colon, mais il est le seul qu'intéresse le succès de l'exploitation ; c'est peut-être, pour n'avoir envisagé que sa situation, que beaucoup d'économistes ont recommandé le système des grandes fermes. Si on regarde au-dessous de lui, on voit une

foule de journaliers, sans certitude de l'avenir et sans
prévoyance, que le succès de leur œuvre ne touche
pas, dont la famille, sans cohésion, est dispersée sur
divers domaines. « Telle est la condition réelle à laquelle ont été réduites ces contrées par le fermage,
écrit Bastiat [1], combinaison trop vantée, parce qu'elle
a été trop souvent considérée, au seul point de vue
de la production et dans le seul intérêt du propriétaire, » et M. Taine, dans ses notes sur l'Angleterre :
« L'agriculture quand elle est exercée en grand et devient une industrie savante, introduit par contre-coup
dans les campagnes, le régime et les misères des ma-
nufactures ; les enfants s'étiolent, restent ignorants,
deviennent vicieux. Dans un district du Lincolnshire,
sur 400 cottages, 200 n'ont qu'une chambre où toute
la famille couche pêle-mêle. » Les grandes exploitations donnent peut-être un total de produits bruts, supérieurs à ceux qu'on obtient avec le métayage ; celui-ci, dans une sphère plus modeste, n'en rend pas
moins à la société des services très réels. Pour obtenir un maximum d'avantages, la métairie ne doit pas
dépasser, c'est ce que paraissent établir différentes
enquêtes agricoles, une étendue de 50 hectares ; M. de
Tourdonnet ramène à 30 hectares la moyenne générale. M. Jules Rieffel pense que, sauf exception, il ne
faut pas aller au-delà de 25 hectares : dans bien des
contrées, on reste au-dessous de ce chiffre. Le colonat
partiaire peut ainsi arracher au salariat un très grand
nombre de familles qui deviennent autant de centres

1. *Journal des économistes*, t. XIII, p. 235.

d'épargne individuelle contribuant à accroître la fortune nationale.

§ 5. — Fermiers généraux.

Pour donner de bons résultats, le colonat partiaire doit être conclu directement entre le propriétaire du sol et celui qui le cultive. Il n'en est pas toujours ainsi. Des propriétaires, tenant avant tout à un revenu égal, ne voulant donner à leurs terres aucune attention et désirant retirer de la propriété tous les avantages, sans en accepter aucune charge, choisissent un cultivateur ayant quelque aisance et lui afferment, en bloc, une propriété ordinairement considérable, divisée en plusieurs métairies [1]. Ce fermier, connu sous le nom, très impopulaire [2] dans les campagnes, de fermier général, sous-loue ses domaines quelquefois à des petits fermiers, le plus souvent à des colons partiaires ; il ne prend aucune part personnelle à la culture : son rôle est tout de surveillance et son gain consiste dans la différence qui existe entre le prix de ferme et la valeur de ce que lui remettent ses colons. Remplissant une des fonctions de la propriété, c'est à elle, équitablement, de le rétribuer, c'est-à-dire que son prix de ferme devrait être diminué de tout ce qui lui est dû pour la rémunération de ses services ; il devrait se contenter de cette juste rétribution. Cette situation est l'exception. Le propriétaire s'efforce d'at-

---

1. V. Baudrillart, *op. cit., Revue des Deux-Mondes*, 1er octobre 1885, p. 587.
2. Baudrillart, *loc. cit.*

teindre le plus haut prix possible, et le fermier, quelque condition qu'il ait obtenu, charge ses colons, sans aucun souci de la justice [1]. Cet intermédiaire, qui se place entre le propriétaire du sol et le cultivateur, ne travaillant pas, ne produisant rien, est un véritable parasite qui espère vivre et s'enrichir aux dépens du colon et du propriétaire.

Spéculant sur le travail du premier, il a pour lui la dureté du spéculateur [2] ; sans doute, il ne peut dépasser les droits que lui donne son contrat, mais il en use comme fait l'usurier envers l'emprunteur nécessiteux, tandis que le propriétaire eût apporté dans les stipulations des ménagements et de la bienveillance ; il n'eût pas réclamé du colon, plus qu'il exige du fermier, et la condition du premier se trouverait améliorée de tout le bénéfice que celui-ci prétend réaliser. Bien que rapproché de la condition du colon, ses rapports avec lui ne sont guère empreints de bienveillance ; en général, il commande durement : la conséquence inévitable de cette manière de faire est un état continuel de défiance et d'hostilité.

Rarement, il rachète ses exigences par une direction utile et éclairée : bien peu de fermiers généraux sont meilleurs agriculteurs que leurs colons. Ils n'ont point fait d'études techniques et ils n'ont, pas plus que le colon, des termes de comparaison empruntés à

---

1. « Comme le métayage n'est pas pour eux un but, mais simplement un moyen, ils oppriment les métayers et leur imposent les plus dures conditions... » Rieflel, *Manuel du propriétaire de métairie.*

2. « Ces fermiers, écrit M. Léonce de Lavergne, simples intermédiaires de fait, et ne s'adonnant pas à l'agriculture, ne sont que des spéculateurs. »

une culture perfectionnée, parce qu'ils ne sont jamais
sortis de la contrée qu'ils habitent; leur expérience
est réduite à la pratique routinière du pays. La participation à la culture du fermier général se borne souvent à l'achat et à la vente du bétail [1]. Les foires et les
marchés sont pour lui une occasion de se montrer,
entouré de ses métayers, et c'est parfois le motif très
futil et très puissant qui détermine les petits propriétaires fonciers à abandonner la culture de leurs héritages pour une ferme générale. Quant aux opérations
de culture qui nécessitent des capitaux, il est à peine
besoin de remarquer que le fermier général n'a pas
les mêmes motifs de réparer et d'améliorer que le propriétaire. Il n'est qu'un usufruitier, et un usufruitier à
court terme : son bail est de six années, neuf au plus;
les améliorations sérieuses, dont les effets se font parfois longtemps attendre, deviennent impossibles.
Bien plus, il met le colon dans l'impossibilité d'améliorer, en lui enlevant ses économies et en le maintenant dans la misère. Toujours à l'affût d'un gain qui
ne lui coûte aucune peine, il n'hésite pas à congédier
un colon, ancien sur le domaine, pour le remplacer
par un nouveau qui lui donne quelques francs de
plus, sous forme de prestation colonique; on comprend qu'aucune considération de bienveillance ne
l'arrête; quand un fermier général succède au propriétaire, il est rare que tous les colons ne soient pas
changés.

Un usage, très répandu parmi les fermiers généraux, les pousse à se faire commerçants en grains, en

1. Méplain, *op. cit.*, p. 7, *introduction.*

vins, en bois; c'est à la fois un moyen d'occuper leurs loisirs et de tirer un nouveau parti de leurs colons : ceux-ci sont transformés en voituriers ; ils emploient au transport des marchandises de leur bailleur le temps qu'ils devraient consacrer à la culture. Les bestiaux, usés par ce rude travail, dépérissent. C'est par de pareils procédés que les fermiers généraux rendent le métayage impopulaire : le campagnard qui peut se soustraire à leur joug a hâte d'y échapper[1].

Cette institution est condamnée à peu près par tous les agronomes qui ont eu à s'en occuper[2]. M. de Tourdonnet, après avoir rappelé que son opinion s'appuie sur l'appréciation des agriculteurs éminents des pays où fonctionne d'une façon générale le système des fermiers généraux, conclut ainsi : « Ce que nous voulons dire, c'est que ce mode d'exploitation mixte, qui tient du fermage, quant à la direction et du métayage, quant au travail, et qui présente tous les inconvénients de l'un et de l'autre mode, sans en avoir les avantages, est parfaitement impropre, par sa nature même, au progrès agricole, aux améliorations les plus élémentaires, et que l'on ne peut en

---

1. V. Baudrillart, *op. cit.*, p. 587.

2. V. notamment Méplain, *op. cit.*, *introduction*, p. 4 et s.; Léonce de Lavergne, *Économie rurale*; Jules Rieffel, *Manuel du propriétaire de métairie*; Baudrillart, *op. cit.*; de Gasparin, *Métayage*. Ce dernier auteur écrivait, il y a cinquante ans : « Il ne faut pas croire que le fermage ne soit pas connu dans les pays de métayage. Au milieu des métayers, il y a des fermiers... S'ils opèrent indirectement, ils se livrent à de telles spéculations, ils se montrent si exigeants, si tyranniques à l'égard des métayers qui dépendent d'eux, qu'ils n'inspirent aucune confiance, même lorsqu'ils paient exactement la rente, à échéance. »

attendre que la lassitude du sol, la stérilisation momentanée des domaines, le malaise et la misère des
métayers [1]. » Un peu plus loin [2], M. de Tourdonnet
nous apprend que l'institution des fermiers généraux
tend à diminuer : avec elle, disparaîtrait le mauvais
renom que le colonat partiaire a conservé, jusque-là,
près des cultivateurs de certaines régions.

§ 6. — Statistique.

Les renseignements statistiques les plus anciens
sur le colonat partiaire, remontent à la seconde moitié
du XVIIIe siècle, et encore ce sont de simples appréciations d'ensemble, et non le résultat d'enquêtes
reposant sur la constatation de faits positifs et con-
trôlés. D'après Turgot, les provinces exploitées par
métayers forment les 4/7 de l'étendue du royaume.
Adam Smith pense que ce genre d'amodiation occupe
les 5/6 du territoire et Arthur Young les 7/8. Ces
derniers chiffres sont certainement exagérés. Dans
une autre partie de ses voyages, Arthur Young constate que le bail, moyennant une rente en argent, est
général en Picardie, en Artois, dans la Flandre, en
Normandie, dans l'Ile de France, en Beauce, en Béarn ;
il ajoute qu'on le pratique dans toute la France, puis
il ne lui accorde que le 1/6 ou le 1/7 du territoire [3].
Il paraît bien y avoir une contradiction entre ces deux
propositions. On ne peut retenir qu'une chose de ces

1. *Traité pratique du métayage*, p. 232 et 233.
2. *Ibid.*, p. 238.
3. *Op. cit.*, t. Ier, p. 202.

évaluations, c'est que, à la fin du XVIIIᵉ siècle, le colonat partiaire tenait une très grande place dans l'agriculture française. En 1832, M. de Gasparin pensait que le métayage occupait au moins la moitié du territoire cultivé. Dix ans plus tard, M. Lullin de Chateauvieux publia une statistique dont la valeur n'a pas été contestée sérieusement et qui donne les résultats suivants :

Terres soumises à la régie directe. .	20.000.000 hect.
— au métayage. . . .	14.530.000 —
— au fermage.	8.470.000 —
Total de la superficie des exploitations.	43.000.000 hect.

Le colonat partiaire n'occupait plus, dès lors, que le 1/3 de la superficie cultivée et, si l'on tient pour exactes les appréciations de MM. de Gasparin et Lullin de Chateauvieux [1], il a perdu environ 1/6 du territoire, qui paraît avoir été gagnée non point par le fermage mais par la régie directe qui a augmenté pendant ce laps de 10 ans, avec le morcellement de la propriété. Il occupe encore une superficie presque double de celle qui est réservée au fermage. En 1860, M. Léonce de Lavergne, envisageant dans son économie rurale, non plus la superficie soumise au métayage, mais le nombre d'exploitations confiées à des métayers, arrive au chiffre de 500.000 ; selon lui, le fermage détient également 500.000 exploitations.

---

1 Le chiffre de 14.530.000 hectares accordés au métayage par M. Lullin de Chateauvieux, a été réduit à 11.000.000 par l'*Encyclopédie pratique*. V. *Situation du métayage en France*, par de Tourdonnet, p. 57.

Au contraire, deux ans plus tard, M. Maurice Bloch estime que, sur 1.000 agriculteurs, il y a 524 agriculteurs travaillant pour eux-mêmes et 476 pour autrui, ces derniers se décomposant ainsi : journaliers 277, fermiers 143, métayers 56 ; le nombre des fermiers serait plus du double de celui des métayers, tandis que, deux ans avant, il y avait égalité numérique. Un de ces deux chiffres est évidemment inexact : en deux ans, la répartition des cultures ne peut avoir subi une modification aussi profonde.

La statistique internationale de l'agriculture, publiée en 1876, donne les résultats suivants :

NOMBRE DES EXPLOITATIONS

Régie directe.	2.826.388
Fermage à rente fixe.	831.943
Métayage.	319.450
Nombre total des exploitations. . .	3.977.781

SUPERFICIE OCCUPÉE PAR CHAQUE MODE D'EXPLOITATION

	Hectares
Régie directe.	17.011.847
Fermage.	11.959.354
Métayage.	4.366.253
Total.	33.337.454

Le métayage qui, en 1842, cultivait 14.530.000 hectares, d'après M. Lullin de Châteauvieux, et 11.000.000, d'après l'*Encyclopédie pratique*, n'en détenait plus, en 1876, que 4.366.253, c'est-à-dire, en chiffres ronds, un tiers de ce qu'il occupait moins de 40 ans avant. Il est certain que, pendant ce laps de temps, qui comprend une période de fermages très élevés et où un

engouement général poussa les propriétaires fonciers
dans les villes, un grand nombre de métairies furent
transformées en baux à rente fixe, tandis que d'autres,
vendues au détail, passaient au régime du faire valoir direct. Mais les pertes subies par le métayage sont-
elles aussi considérables que les indiquent les tableaux
ci-dessus : je ne le crois pas. Le travail des recenseurs
rencontre des causes diverses d'erreur. La plus importante est l'existence des fermiers généraux qui ne
cultivent pas, mais qui, au regard du propriétaire du
sol, comme à l'égard du fisc, sont les détenteurs du
domaine : leur bail, habituellement authentique, est
toujours enregistré. Tandis que les colons qui, en réalité, sont les seuls cultivateurs, détiennent leur métairie, en vertu de conventions verbales ou de sous-
seing, qui échappent à l'enregistrement. On a vu que
le bail à colonat partiaire n'était soumis à l'enregistrement, qu'autant qu'il était constaté par écrit. En
fait, le bail authentique est seul enregistré. L'acte
sous-seing privé, qui est la règle générale, pour les
baux partiaires, n'est présenté à l'enregistrement
qu'au cas de contestations devant les tribunaux. Il arrive ainsi, que des terres soumises au métayage sont
placées à la catégorie du bail à ferme[1] et même de
la régie directe. Dans les grands domaines, gérés par
un régisseur, comprenant à la fois une réserve et des
métairies, on ne fera souvent pas de distinction et, si
la réserve est très importante, on classera toute la

---

1. « Nous estimons, écrit M. de Tourdonnet, qu'il y a, de ce chef,
une erreur de fait de la part de la statistique, mal informée; et les ré-
clamations que nous avons reçues de tous côtés nous confirment
dans cette opinion. » (*Situation du métayage en France*, p. 62).

propriété, à la catégorie du faire-valoir direct. Il y a donc lieu de diminuer les chiffres afférents au bail à ferme et la régie directe, pour augmenter ceux qui concernent le métayage. Dans quelle proportion ? Il n'y a actuellement aucune donnée sérieuse, qui permette de le dire, d'une façon même approximative.

Ce qui se dégage néanmoins des statistiques et des renseignements fournis par des agriculteurs et par les enquêtes, c'est que la place du colonat partiaire a sensiblement diminué en ce siècle, au moins jusqu'en 1876 [1].

Cette décadence du bail à portion de fruits paraît s'être ralentie avec le commencement de la crise actuelle et la diminution du prix des baux à rente en argent. Sur certains points, le métayage regagne, tous les jours, une partie du terrain perdu et il fait sa réapparition dans des départements, où il n'avait subsisté, qu'à l'état de très rare exception. L'enquête de la Société des agriculteurs de France fournit, à ce sujet, des renseignements très intéressants. « Le métayage qui était traditionnel, dit le président du comice de Trévoux, tendait à disparaître ; mais, dans les circonstances présentes, il reprend faveur. » C'est dans le même sens que s'exprime le président de la Société d'agriculture de l'Ariège. « La rareté et la

---

1. « C'est à ce point, écrit M. de Garidel, que dans ma commune, qui compte une population de 800 habitants et environ 40 domaines, d'une étendue moyenne de 50 à 60 hectares, répartis entre les mains d'une douzaine de propriétaires, nous étions autrefois huit faisant valoir, avec nos métayers, trente domaines, tandis que, au 11 novembre prochain, je resterai le seul exploitant, avec six métayers sous ma direction. » (*Rapport aux Unions du Nivernais et du Bourbonnais*, 1883, p. 57).

cherté de la main-d'œuvre amènent forcément les propriétaires à revenir au métayage, qui était presque abandonné[1]. »

Dans un rapport présenté à la Société nationale d'encouragement à l'agriculture, au cours de l'année 1886, M. Heuzé, inspecteur général de l'agriculture, fixe le nombre des métayers à 405.000 dont 201.000 non propriétaires et 204.000 propriétaires[2]. Dans un atlas agricole, intitulé *la France agricole*[3], M. Heuzé, en 1875, donnait déjà le même chiffre de 405.000, supérieur de 85.000 à celui fourni par l'enquête de 1876. L'évaluation de M. Heuzé est probablement plus exacte que celle de la statistique officielle qui, on l'a vu, est amenée, en ce qui touche le métayage, à donner des chiffres inférieurs à la réalité. En accordant à chaque métairie une étendue moyenne de 13 hectares 7, que fournit la statistique officielle, on trouve, avec le nombre de 405.000 exploitations, que le métayage occupe aujourd'hui, en France, une superficie totale de 5.548.500 hectares.

Si l'on recherche dans quelles parties de la France, le métayage est le plus usité, on voit qu'il l'est surtout dans le midi, dans le centre et dans l'ouest. D'après M. de Gasparin, la ligne de démarcation qui sépare les pays de métayage des pays de fermage, après avoir coupé en deux la Savoie et la Bresse, tra-

---

1. *Rapport sur l'enquête*, par de Tourdonnet, p. 64.
2. V. *Bulletin de la société d'économie sociale*, ann. 1886, 2ᵉ série, t. I, p. 398.
3. *La France agricole*, carte nᵒ 12.

verse le Beaujolais, l'Autunois et le Nivernais, longe
la Loire, dans son cours moyen, au centre du Blai-
sois et de la Touraine, s'élève ensuite vers le nord-
ouest, pour redescendre vers le sud et aboutir au
bord de la mer, entre les départements du Morbihan
et de la Loire-Inférieure. Sept départements ont actuellement plus de 10.000 métairies ; les Landes en
comptent 27.484; la Dordogne, 24.893 ; l'Allier,
11,632 ; la Gironde, 11.568 ; la Charente, 10.775 ;
le Lot, 10.500. Au nord de cette ligne, le métayage
est rare, il n'est pas complètement inconnu. D'après
la statistique officielle, deux départements seulement,
la Manche et le Calvados n'ont aucune métairie. On
en trouve quelques-unes même dans le Nord, le Pas-
de-Calais et la Somme, pays traditionnels du fermage
et jusque dans le département de la Seine.

CHAPITRE VII

LE COLONAT PARTIAIRE HORS DE FRANCE

Le colonat partiaire n'existe pas seulement en France; on le rencontre dans presque toute l'Europe, et il tient une assez grande place dans l'agriculture des pays européens qui ont fait partie de l'Empire romain. Il s'est implanté dans l'Amérique du Sud et le Brésil lui a consacré, en 1879, une législation spéciale.

Suisse. — Dans les cantons de Vaud et de Fribourg, un grand nombre de vignes sont cultivées à moitié fruits. Dans le Tessin, la durée ordinaire des baux à colonie est de trente ans. Le Code fédéral des obligations du 14 juin 1881 traite du colonage partiaire, au titre VIII, section II, *du bail à ferme*. Après avoir défini le bail à ferme dans l'article 296, il dispose *in fine* que « le fermage (prix dans le bail à ferme) peut consister, soit en argent, soit en une quote-part des fruits ou produits (colonage partiaire, métayage) ». C'est dire très nettement que le colonat est un véritable contrat de louage.

Autriche-Hongrie. — Le colonage partiaire est connu dans toutes les provinces de l'empire, il est très usité dans le Trentin, l'Istrie et la Dalmatie [1].

L'art. 1103 du Code civil autrichien décide que : « si le propriétaire abandonne son bien, sous la condition que le preneur entreprendra la culture et lui fournira une portion relative des fruits, par exemple un tiers ou la moitié des fruits, il ne se forme pas un contrat de bail, mais bien un contrat de société qui doit être apprécié d'après les règles qui s'y rapportent. » C'est, croyons-nous, le seul texte législatif qui fasse actuellement du colonat un contrat de société. Si la durée du contrat n'a pas été fixée par le bail, le propriétaire ne peut le rompre que dans des cas déterminés ; lorsque le colon meurt, ne laissant ni fils, ni autres parents rapprochés, prêts à continuer le bail, s'il néglige la culture, s'il commet quelque fraude ou détournement. La résiliation doit être prononcée par le juge. Quant au colon, il peut toujours mettre fin au bail, en donnant congé au propriétaire, avant le battage des blés. Le bailleur doit tenir compte au colon, à dire d'experts, des améliorations que celui-ci a faites sur la métairie, pendant le cours du bail. Appliqué aux vignes, le colonat ne prend fin qu'à la mort de celles-ci. En principe, les diverses contributions sont supportées par la société et, lorsqu'elles étaient payables en nature, on les prélevait sur les récoltes avant tout partage. Depuis que l'impôt foncier a été substitué à la dîme, le propriétaire est tenu

---

1. *Etude sur le colonage partiaire, particulièrement en Dalmatie*, par Pappafava, traduction de M. Arnaud, p. 15.

de payer le tout et pour se faire rembourser de la part que le colon doit supporter, il a à sa disposition une procédure administrative très rapide, organisée en 1850.

En *Grèce*, l'État devenu propriétaire, à la suite de la guerre de l'Indépendance, de très vastes propriétés, a adopté pour beaucoup la culture à mi-fruits.

Roumanie. — Le métayage y est très répandu, si l'on s'en rapporte à l'enquête agricole française de 1867 [1]. Le propriétaire ou le fermier livre la terre et le paysan la travaille et l'ensemence ; après les récoltes, le propriétaire prend le tiers, le quart, souvent le cinquième seulement et le paysan prend le reste. La loi du 13 mai 1882 « sur les contrats agricoles [2] » s'applique au colonat partiaire. L'article 1er, alinéa *c in fine*, dit expressément que les conventions par lesquelles un laboureur prend en *location* une prairie ou un champ, en s'obligeant à remettre au propriétaire une quote part de la récolte, sont régies par la présente loi. Il suit que le bail à colonie doit être constaté et enregistré par l'autorité communale du domicile du laboureur. Celui-ci, pour contracter valablement devant une autre municipalité, doit produire un certificat du maire de sa commune, constatant qu'il n'est pas engagé par ailleurs. L'enregistrement a lieu sur un registre, coté et paraphé par la commission permanente du conseil général. Cette institution qui offre des garanties sérieuses d'exactitude, a le triple

---

1. Série III, p. 170.
2. *Annuaire de législation étrangère et française*, année 1882, p. 899 et s.

avantage d'attirer l'attention des paysans sur la portée
de leurs obligations, de les empêcher de contracter
des engagements simultanés, qu'ils ne pourraient
exécuter, enfin de ménager aux deux parties une
preuve des stipulations nombreuses qui figurent ordinairement dans ces sortes de contrats. Mais il est difficile de justifier la disposition de l'article 9, d'où il
résulte que le colonat partiaire ne peut excéder une
durée de trois années. C'est encore à l'autorité communale, que l'article 24 confie le soin d'exhorter les
contractants à exécuter leurs obligations. Si le laboureur refuse de cultiver, le bailleur peut faire exécuter les travaux de culture à ses frais ; l'autorité communale constate par un procès-verbal le montant de
la dépense qui sera réalisée sur les biens du colon ré-
calcitrant.

Italie. — Le colonat partiaire a toujours tenu une
très grande place dans l'agriculture italienne. En
1835, M. de Sismondi[1] constatait qu'il occupait des
provinces entières et lui attribuait le bien-être des
paysans de la Toscane. La transformation des terres
arables en pâturage lui a fait perdre du terrain, dans
certaines parties du royaume. Mais l'enquête agricole, faite en exécution de la circulaire du ministre
de l'agriculture, du commerce et de l'industrie, en
date du 20 juin 1884, et publiée à Rome, en 1886, sous
le titre de : *Notizie*[2] *intorno alle condizioni dell' agri-
coltura : Variazoni del fitto dei terreni,* — a établi que,
pour toutes les cultures, autres que les pâturages, le

---

1. De Sismondi, *Etudes sur les sciences sociales*, t. II, p. 291 et s.
2. *Bulletin de statistique et de législation comparée*, juillet 1886, p. 84.

colonat tendait, dans plusieurs provinces, à se substituer au fermage.

Cette enquête[1] constate que, dans la province de
Sondrio, les loyers en nature sont les plus ordinaires
et que les conditions n'en ont guère changé. De même
pour la province de Côme, où le fermage est très
rare. Dans celles de *Bellune* et d'*Udine*, le métayage
domine ; le bail à ferme n'est pratiqué que pour les
biens des œuvres pies ou, parfois, pour les pâturages
communaux. A *Gênes*, à *Massa-Carrara*, le bail partiaire, sous diverses formes, est presque exclusivement usité. Dans la province de *Parme*, le métayage
commence à dominer ; dans celle de *Reggio d'Emilie, il gagne du terrain*. Ce progrès est la conséquence
de la crise agricole et de la variation dans le prix des
fermages que l'enquête relève à chaque pas. A *Mo-
dène*, un grand nombre de laboureurs prenant, en
qualité de métayers, la place des amodiataires qui
s'en vont, la baisse subit un temps d'arrêt. Cet emploi des cultivateurs directs du sol se propage dans
plusieurs provinces de l'Emilie et semble une bonne
chose à l'autorité locale, qui proclame que le *métayage peut apporter un soulagement sérieux à la crise
que traverse l'Italie.*

Dans la Marche, dans l'Ombrie et surtout dans la
Toscane, le colonat partiaire est la règle ; le fermage
est très rare, déclarent les préfets des différentes provinces qui composent ces régions. A Chieti, il *augmente chaque jour*, de même à Campo-Basso, où il
tend à remplacer le fermage en nature à quantité

. 1. *Ibid.*, août 1886, p. 198 et s.

fixe. Le résultat général de l'enquête est que le colonat, usité dans toute l'Italie, est, dans un grand nombre de provinces, presque exclusivement employé.
Ce qu'il y a de plus intéressant à en retenir, c'est que
cette combinaison apparaît aux autorités placées sur
le lieu même du mal, comme un remède efficace à la
crise agricole.

Prenant en considération l'importance qu'a toujours eu le colonage partiaire, dans l'agriculture de
l'Italie, le code promulgué à Florence le 25 juin 1865,
pour devenir exécutoire dans toute l'Italie à partir du
1ᵉʳ janvier 1866, lui consacre tout un chapitre, placé
au titre IX : *Du contrat de louage*. Le législateur italien prend formellement parti dans la discussion sur
la nature du colonage, en décidant, par l'art. 1647,
que les règles établies en général pour le louage des
choses et, en particulier, pour le louage des fonds ruraux, sont communes à ce contrat, sous la réserve des
exceptions contenues dans les articles 1648 à 1654.
Comme chez nous, il est interdit au colon de sous-
louer ou de céder son bail, à moins qu'il ne s'en soit
expressément réservé la faculté. Défense lui est également faite de vendre le foin, la paille, le fumier, de
faire *aucun transport pour autrui*, sans le consentement du bailleur. Cette prohibition découle naturellement du contrat de colonage, mais il n'est pas de
trop, devant la tendance que les colons de tous les
pays ont à la violer, d'en faire l'objet d'un texte formel.

De quelque manière que le bail à métairie soit stipulé, dit l'art. 1651, il ne cesse jamais de droit : le

bailleur doit donner et le preneur prendre congé,
à l'époque établie par la coutume. C'est tout le contraire de ce qui existe dans notre droit, où le métayage prend fin, sans qu'il soit besoin d'un congé.
En Italie, le terme du bail est déterminé par la convention, à défaut de convention, par la coutume et,
en l'absence seulement de coutume locale, par la loi.
L'article 1664 décide que, dans ce cas, le bail à métairie est réputé fait pour une année et commence le
11 novembre, pour finir à pareille époque de l'année
suivante. Si un congé n'est pas donné ou pris, au plus
tard dans le mois de mars, ce bail est réputé renouvelé pour une autre année. Le code italien facilite par
là la tacite reconduction qui, tendant à assurer la stabilité des familles sur le même domaine, ne peut
qu'être avantageuse aux colons, aux propriétaires et
à la société. Relativement à la résiliation du bail,
l'art. 1652 pose en principe qu'elle peut être demandée « lorsqu'il y a de justes motifs, comme dans le
cas où le bailleur ou le colon partiaire manquerait à
ses engagements, ou qu'une maladie habituelle ren-
drait le colon incapable de cultiver les terres, ou dans
d'autres cas semblables ». L'appréciation de ces
motifs est laissée à la prudence et à l'équité de l'autorité judiciaire. Le juge est absolument souverain : s'il
est mauvais, en principe, d'abandonner toute la décision à l'arbitraire du juge, il faut reconnaître qu'ici
il est facile plus qu'en toute autre matière, de justifier cette abdication de la loi. La prospérité et le succès du colonage partiaire dépendent, à ce point, de la
bonne entente des parties que, neuf fois sur dix, du

moment qu'elles en sont arrivées à un état de dis-
corde qui les oblige à aller devant la justice, leur intérêt réciproque, bien entendu, veut qu'elles rompent
le contrat. En principe, la mort du colon résout le bail
à métairie, qui continuera cependant jusqu'à la fin de
l'année agraire en cours. Et même, si le décès se produit pendant les quatre derniers mois de cette année
courante, il est loisible aux enfants et autres héritiers
du défunt, qui habitaient avec lui, de poursuivre le
bail pendant toute l'année qui suivra : il est juste
qu'ils bénéficient des travaux qui peuvent avoir été
déjà exécutés. Cette disposition concorde avec la théorie du congé. A défaut d'héritiers cohabitant avec le
colon, ou si ceux-ci ne veulent ou ne peuvent continuer le bail, ce droit passe à sa veuve. Les uns et les
autres ont un droit d'option et, au lieu de continuer le
bail, peuvent se retirer, s'ils le jugent convenable.
S'ils restent, ils s'engagent par là même à cultiver en
bons pères de famille. Comme le bailleur est obligé de
les subir, lors même qu'ils n'ont pas sa confiance, il
doit être particulièrement protégé contre eux. Aussi
le paragraphe 2 de l'art. 1653 décide que s'ils ne cultivent pas le fonds en bons pères de famille, le propriétaire pourra le faire cultiver à leurs frais et prélever le coût des travaux sur la portion de fruits à
laquelle ils ont droit.

Le législateur italien a compris qu'une combinaison agricole, destinée à donner satisfaction à des
situations très diverses, ne pouvait recevoir de la loi
un régime uniforme et qu'à part un petit nombre de
règles dont l'utilité est générale, le mieux était de

renvoyer à l'usage des lieux. L'article 1654 décide très justement que, pour tout ce qui n'est pas réglé par les dispositions précédentes ou par des conventions expresses, on observera les coutumes locales. Mais prévoyant le cas où il n'y aurait ni conventions expresses, ni coutumes locales, le code donne dans les articles suivants, un certain nombre de solutions, destinées à former, en quelque sorte, le droit commun du métayage, mais qui ne recevront d'application que dans le silence des conventions et des coutumes.

Le colon doit fournir le bétail nécessaire à la culture et suffisant pour consommer les fourrages produits par la métairie (art. 1655). En présence de la pauvreté ordinaire des colons, il eut peut-être mieux valu mettre cette obligation à la charge du bailleur. En France, dans le centre, tout au moins, pareille disposition ne donnerait que de très mauvais résultats. Il est au contraire tout naturel que le colon, chargé de la culture, se munisse des instruments qui lui sont nécessaires, et encore plus qu'il supporte toutes les dépenses occasionnées par la culture ordinaire des champs, par la récolte des fruits (article 1657). Le curage des fossés situés dans l'intérieur des terres, est un véritable acte de culture et, comme tel, incombe évidemment au preneur ; l'art. 1659 va plus loin et impose au colon l'entretien des fossés longeant une route et l'exécution des travaux que les communes sont dans l'usage d'ordonner pour la conservation des voies publiques. Le même article l'oblige à exécuter les charrois ordinaires destinés aux réparations du fonds ou des bâtiments d'habitation et d'exploitation et au transport des récoltes à la maison du bailleur.

Les semences sont fournies en commun par les deux parties, et tous les fruits naturels ou industriels se partagent par moitié. Le colon ne doit ni recueillir, ni battre les grains, ni vendanger les vignes, sans en avertir le bailleur, afin que celui-ci soit mis à même de surveiller les actes de culture, où ses intérêts courent le plus de risques, et de se protéger contre les détournements.

S'il y a des taillis dans la métairie, le colon ne peut y prendre que le bois nécessaire, soit à l'échalassement des vignes, soit à d'autres usages du fonds, tel que l'entretien des haies sèches. Le surplus appartient au bailleur, à la charge duquel sont tous les frais d'exploitation. Le soin d'élaguer les arbres, soumis à la taille périodique, incombe au colon qui peut prélever la quantité de branches, dont il a besoin, pour le service du fonds ou pour son propre usage : le propriétaire a droit à l'excédant. Quant aux arbres morts ou fortuitement abattus, il faut distinguer entre les branches qui sont pour le colon dans la limite des besoins du fonds et de son service personnel, et les troncs qui sont réservés au bailleur. Le remplacement de ces arbres sera effectué par le colon, mais les plants ainsi que les objets de protection, tels que liens, tuteurs, seront fournis par le bailleur. Cependant, si la métairie a une pépinière, ces plants pourront y être pris, sans que le colon puisse prétendre à aucune indemnité.

D'après l'article 1662, si le bailleur tient un regis-

tre contenant les articles de débit et de crédit avec indication d'époques et de causes, et si ces mêmes articles ont été successivement reportés sur un livret
qui doit être conservé par le colon partiaire, ce registre fait pleine foi tant en faveur du bailleur que
contre lui, lorsque le colon n'a pas réclamé dans les
quatre mois de la date du dernier règlement de
compte. Le livret que le colon garde entre ses mains
fait pleine foi, pourvu qu'il ait été écrit par le bailleur
de la manière sus-énoncée. Faute par le bailleur ou
le colon de présenter son livret, soit par négligence,
soit parce qu'il a été perdu, on s'en tient au livret qui
est présenté. Aux termes de l'article 1663, le registre
du bailleur et le livret du colon, tenus dans la forme
indiquée à l'article précédent, font également foi des
conventions qui peuvent avoir été faites entre eux en
addition ou modification aux règles établies dans ce
chapitre.

En résumé, le Code italien fait du colonat partiaire
un contrat de louage, et, par suite, lui applique les dispositions générales de ce contrat, avec quelques
exceptions rendues nécessaires par le but que se proposent les parties. Pour le surplus, il pose en principe,
avec beaucoup de raison, l'application des coutumes
locales, et ce n'est que pour le cas où la convention
et les coutumes sont muettes, qu'il édicte un certain
nombre de dispositions favorables, dans leur ensemble, au bailleur, et assez dures pour le preneur. On
peut regretter que dans un cadre très détaillé, le
législateur italien n'ait pas trouvé une place pour le
droit de surveillance et de direction du bailleur,

d'une si haute importance dans ce contrat. Notre
projet de Code rural, plus court et plus concis, ne
commet pas pareil oubli.

Brésil. — Les premiers essais de colonage partiaire
furent faits dans ce pays par le sénateur Vergueiro,
vers 1841, et ne réussirent pas. Cependant d'autres
propriétaires suivirent cet exemple et, après des tentatives infructueuses assez nombreuses, le colonage se
répandit un peu dans tout le Brésil où il ne tient encore qu'une petite place, bien inférieure à celle qu'il
y pourrait occuper. Plus que partout ailleurs, cette
combinaison culturale peut y rendre d'importants
services. Ces immenses étendues de terre, appartenant à un seul, bien plus vastes que les *latifundia* de
l'empire romain et où l'on ne trouve aucune route,
aucune ville, ne peuvent être affermées. Le bail à ferme
n'est pas un instrument de colonisation, il ne peut ap-
paraître que lorsque les terres sont défrichées et mises
en culture, que le numéraire est répandu et que les
denrées ont acquis des cours à peu près fixes, grâce
à des débouchés réguliers. Pour le défrichement des
terres, le propriétaire n'a le choix qu'entre la régie
directe et le colonage. Ce dernier a la grande supériorité de diminuer la nécessité de la surveillance, là
où elle est justement rendue très difficile, par l'im-
mensité des domaines et la difficulté des communica-
tions. Le législateur de 1879 a compris le rôle important que le colonage pourrait jouer dans la colonisation
et c'est pour le propager et en faciliter le développement, disait le rapporteur [1] de la commission de lé-

1. *Annuaire de législation étrangère et française*, année 1879, p. 922.

gislation, que la loi du 15 mars 1879 sur « le contrat de louage de services agricoles » le réglemente en détail et lui consacre un chapitre spécial (chap. IV, art. 43 à 57).

Le titre de cette loi dit assez que le législateur brésilien fait du colonage un louage d'ouvrage : l'article 9 classe, en effet, dans le louage de service « le louage d'industrie, moyennant le partage des fruits d'un fonds rural, désigné sous le nom de colonage partiaire[1].» Le colon apparaît dès lors comme un ouvrier, intéressé dans l'exploitation : le propriétaire ne pouvant surveiller efficacement ses nombreux serviteurs n'a qu'un moyen d'en tirer un travail utile, qui est de les faire participer aux résultats de ce travail. C'est ce point de vue qui paraît avoir décidé le législateur brésilien à faire du colonage un louage d'industrie, d'où résulte, pour le propriétaire, un droit de contrôle et de direction très étendu, indispensable quand les colons, comme au Brésil, n'ont aucuns capitaux et reçoivent du bailleur, à titre d'avance, l'argent nécessaire à leur établissement. L'article 43 définit le colonage « un contrat, par lequel une personne livre à une autre un fonds rural afin d'être cultivé, sous la condition de partager les fruits entre les deux parties, de la manière stipulée » et le fonds rural « tout fonds destiné à l'agriculture ».

Les ustensiles aratoires sont fournis par le colon, ils sont l'accessoire indispensable de son travail. Les

---

1. L'ordonnance Philippine, en vigueur avant la loi de 1879, considérait le colonage partiaire comme une espèce de société; livre IV, titres 45 et 49.

dépenses occasionnées par la culture ordinaire des champs et par la récolte des fruits, sont à sa charge : ces deux dispositions sont tirées presque textuellement du Code italien, et les suivantes s'en inspirent largement. C'est ainsi qu'en l'absence de stipulations expresses, les semences sont fournies en commun et que tous les fruits se partagent par moitié (art. 49). Sur ce dernier point, le projet français adopte une décision semblable (art. 2). Le partage par moitié tend à devenir, dans toutes les législations, le droit commun du colonage. — Les arbres et arbustes morts ou abattus fortuitement seront remplacés par le propriétaire. — La perte par cas fortuit de tout ou partie des récoltes à partager est supportée en commun, par les deux parties : il est bon de constater que la même solution est donnée par toutes les législations, quelque parti qu'elles prennent sur le caractère juridique de notre contrat ; c'est qu'au lieu d'être la conséquence de tel ou tel système, elle découle nécessairement de la force des choses.

Le colon partiaire ne peut pas recueillir les fruits sans avoir prévenu le bailleur (art. 50). Il n'est rien dit du droit de direction de ce dernier ; il est vrai qu'en faisant du colonage un louage de service, la loi brésilienne a suffisamment armé le propriétaire et cette omission a moins de gravité que celle du Code italien. Mais il n'aurait pas été inutile, pour couper court à toute difficulté pratique, de préciser cette importante question par un texte formel.

La mort du colon entraînera naturellement la résiliation du contrat. Dans le louage d'industrie, la con-

sidération de la personne de l'ouvrier est déterminante et, quand il ne peut plus exécuter par lui-même
les travaux convenus, il y a réellement inexécution du
contrat. Cependant, et cette décision repose sur l'é-
quité, si au momènt où la mort se produit, des travaux sont déjà exécutés en vue de la prochaine récolte ou si des dépenses sont engagées, le contrat se
continuera avec les héritiers du colon, pendant le
temps nécessaire pour mettre à profit les travaux et
les dépenses (art. 47). — L'impéritie, la maladie habituelle ou prolongée, la condamnation à une peine
criminelle ou le départ pour le service militaire du
colon partiaire mettent également fin au contrat. Le
texte est absolu. L'habileté des personnes qui habitent avec le colon et participent à la culture, même
si ce sont ses enfants, ne pourra mettre obstacle à la
résolution.

A plus forte raison, le colon ne peut se substituer
un étranger en sous-louant. Le propriétaire est protégé, avec une rare énergie, par la loi brésilienne
contre cette éventualité, tant à l'égard du sous-pre-
neur, contre lequel il a l'action d'expulsion immédiate (*despejo in continenti*, art. 56) qu'au regard du
colon qui, par le seul fait de la sous-location, encourt
un emprisonnement de 5 à 20 jours (art. 69).

En dehors de ces règles spécialement édictées pour
le colonage partiaire, l'art. 53 déclare applicables à
ce contrat un certain nombre de dispositions contenues dans la partie de la loi relative au louage de
services en général. Il en résulte que la durée du colonage ne peut excéder six ans si le bailleur est brési-

lien, cinq ans s'il est étranger (art. 11 et 14). S'il n'y a pas de terme stipulé, il est réputé fait pour trois années agraires, comptées selon l'usage des lieux. Les inconvénients de cette brièveté obligatoire des baux sont atténués, en partie, par la tacite reconduction qui s'opère s'il n'y a pas un congé donné ou pris, avant le commencement du dernier mois du bail ; le nouveau bail aura la même durée que celui qu'il continue. « On considère, dit l'art. 13, qu'il y a reconduction du louage de services pour le même terme stipulé ou présumé, si, jusqu'au dernier mois de l'année agraire, le locataire ne donne pas congé ou le locateur n'en exige pas. » Cette décision, contraire à celle de notre droit, nous paraît mieux répondre à l'intention probable des parties. La durée qu'elles ont assignée au bail primitif est celle qui leur a paru le mieux convenir à la nature de l'exploitation ; si elles laissent se former un nouveau bail, c'est que le premier leur a donné pleine satisfaction et la présomption la plus forte est alors qu'elles n'y veulent rien changer.

Le bailleur, locataire de services, doit avoir un registre de compte-courant, coté, paraphé et visé par le juge de paix (art. 22) : tous les articles de débit et de crédit sont portés, par ordre de dates, sur ce registre. Il reste, entre les mains du bailleur, qui est tenu de le représenter, en cas de contestation du colon, lors du règlement de compte annuel ou définitif et, d'une façon générale, chaque fois où le colon l'exige. L'art. 25 délègue au gouvernement le soin de déterminer, par des règlements d'administration publique, la forme et la tenue de ce registre ainsi que la créance qu'on devra lui accorder. L'existence du registre est utile au colon qui, incapable le plus plus souvent, d'en tenir un lui-même, a là un moyen de se rendre un compte exact de la situation où il se trouve. Il est regrettable que la loi n'ait pas imposé au bailleur l'obligation de reporter sur un livret, qui serait resté entre les mains du colon, toutes les inscriptions du registre. La concordance des deux exemplaires aurait fourni une preuve certaine et complète que ne saurait donner le registre unique laissé à la disposition du bailleur.

APPENDICE

Titre IV du projet de Code rural. — Bail à colonat partiaire, — adopté par le Sénat, voté en première délibération par la Chambre des députés [1] dans la séance du 11 février 1889.

ART. 1er. — Le bail à colonat partiaire ou métayage est le contrat par lequel le possesseur d'un héritage rural le remet pour un certain temps à un preneur qui s'engage à le cultiver sous la condition d'en partager les produits avec le bailleur.

ART. 2. — Les fruits et produits se partagent par moitié, s'il n'y a stipulation ou usage contraire.

ART. 3. — Le bailleur est tenu à la délivrance et à la garantie des objets compris au bail. Il doit faire aux bâtiments toutes les réparations qui peuvent devenir nécessaires. Toutefois les réparations locatives ou de menu entretien, qui ne sont occasionnées ni par la vétusté, ni par force majeure, demeurent, à moins de stipulation ou d'usage contraire, à la charge du colon.

ART. 4. — Le preneur est tenu d'user de la chose louée en bon père de famille en suivant la destination qui lui a été donnée par le bail ; il est également tenu des obligations spécifiées pour le fermier par les articles 1730, 1731 et 1768 du Code civil.

Il répond de l'incendie, des dégradations et des pertes arrivées pendant la durée du bail, à moins qu'il ne prouve qu'il a veillé à la garde et à la conservation de la chose en bon père de famille.

Il doit se servir des bâtiments d'exploitation qui existent dans les héritages qui lui sont confiés, et résider dans ceux qui sont affectés à l'habitation.

1. *Journ. off.*, année 1889, Chambre des députés, p. 376.

ART. 5. — Le bailleur a la surveillance des travaux et la direction générale de l'exploitation, soit pour le mode de culture, soit pour l'achat et la vente des bestiaux. L'exercice de ce droit est déterminé, quant à son étendue, par la convention, ou à défaut de convention, par l'usage des lieux.

Les droits de chasse et de pêche restent au propriétaire.

ART. 6. — La mort du bailleur de la métairie ne résout pas le bail à colonat.

Ce bail est résolu par la mort du preneur, la jouissance des héritiers cesse à l'époque consacrée par l'usage des lieux pour l'expiration des baux annuels.

ART. 7. — S'il a été convenu qu'en cas de vente l'acquéreur pourrait résilier, cette résiliation ne peut avoir lieu qu'à la charge par l'acquéreur de donner congé, suivant l'usage des lieux.

Dans ce cas, comme dans celui qui est prévu par le dernier paragraphe de l'article précédent, le colon a droit à une indemnité pour les impenses extraordinaires qu'il a faites, jusqu'à concurrence du profit qu'il aurait pu en tirer pendant la durée de son bail; la résiliation, en cas de vente, est régie au surplus par les articles 1743, 1749, 1750 et 1751 du Code civil.

ART. 8. — Si, pendant la durée du bail, les objets qui y sont compris sont détruits en totalité par cas fortuit, le bail est résilié de plein droit. S'ils ne sont détruits qu'en partie, le bailleur peut se refuser à faire les réparations et les dépenses nécessaires pour les remplacer ou les rétablir. Le preneur et le bailleur peuvent, dans ce cas, suivant les circonstances, demander la résiliation.

Si la résiliation est prononcée à la requête du bailleur, le juge appréciera l'indemnité qui pourrait être due au preneur, conformément au deuxième paragraphe de l'art. 7 de la présente loi.

ART. 9. — Si, dans le cours de la jouissance du colon, la totalité ou une partie de la récolte est enlevée par cas fortuit, il n'a pas d'indemnité à réclamer du bailleur. Chacun d'eux supporte sa portion correspondante dans la perte commune.

ART. 10. — Le bailleur exerce le privilège de l'art. 2102 du Code civil sur les meubles, effets, bestiaux et portions de récolte appartenant au colon, pour le payement du reliquat du compte à rendre par celui-ci.

ART. 11. — Chacune des parties peut demander le règlement annuel du compte d'exploitation.

Le juge de paix prononce sur les difficultés relatives aux articles du compte, lorsque les obligations résultant du contrat ne sont pas contestées, sans appel lorsque l'objet de la contestation ne dépasse pas le taux de sa compétence générale en dernier ressort, et à charge d'appel, à quelque somme qu'il puisse s'élever.

Le juge statue sur le vu des registres des parties ; il peut même admettre la preuve testimoniale s'il le juge convenable.

ART. 12. — Toute action résultant du bail à colonat partiaire se prescrit par cinq ans, à partir de la sortie du colon.

ART. 13. — Les dispositions de la section première du titre du louage contenues dans l'article 1718, et dans les articles 1736 à 1741 inclusivement, et celles de la section 3 du même titre, contenues dans les articles 1766, 1777, 1778, sont applicables aux baux à colonat partiaire. Ces baux sont, en outre, régis, pour le surplus, par l'usage des lieux.

POSITIONS

V. Les maladies de la vigne constituent, selon leur gravité, un vice ou défaut, ou la perte totale ou partielle de la chose même donnée à bail partiaire, p. 152 et p. 161.

POSITIONS PRISES EN DEHORS DE LA THÈSE

DROIT ROMAIN

I. Dans le droit classique, les fruits étaient définitivement acquis au possesseur de bonne foi, par cela seul qu'ils étaient séparés du sol.

II. La nature des servitudes prédiales dépend de la nature du fonds dominant.

III. Même sous Justinien, les pactes et stipulations ne suffisent pas à créer une servitude.

IV. Justinien a fait du *jus distrahendi* un attribut essentiel de l'hypothèque.

DROIT CIVIL

V. La possession d'État ne suffit pas pour prouver la filiation naturelle.

VI. La reconnaissance d'un enfant naturel, contenue dans un testament authentique, subsiste malgré la révocation du testament.

VII. L'article 1753 accorde au propriétaire, contre le sous-locataire, une action qui aboutit à un droit de préférence.

VIII. L'action en garantie qui appartient au propriétaire, contre l'architecte ou l'entrepreneur, au cas de destruction de l'édifice, par suite d'un vice de construction ou d'un vice du sol, se prescrit par dix ans, à compter du jour de la réception des travaux.

DROIT ADMINISTRATIF

IX. Les ministres sont, chacun pour les affaires de son département, les juges ordinaires et de droit commun du contentieux administratif, au premier degré de juridiction.

X. En cas d'expropriation pour cause d'utilité publique, le locataire a droit à une indemnité, lors même que son bail n'a pas date certaine.

DROIT COMMERCIAL

XI. Les sociétés civiles à formes commerciales constituent des personnes morales.

DROIT PÉNAL

XII. La Cour d'assises ne peut pas accorder la mise en liberté provisoire.

Vu par le Doyen,   *Vu par le Président de la Thèse,*
Colmet de Santerre.   J.-E. Labbé.

Vu et permis d'imprimer,
Le Vice-Recteur de l'Académie de Paris,
Gréard.

TABLE DES MATIÈRES

DROIT FRANÇAIS

Bail à colonat partiaire.

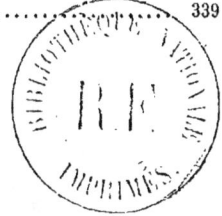

Châteauroux. — Typ. et Stéréotyp. A. MAJESTÉ.

www.ingramcontent.com/pod-product-compliance
Lightning Source LLC
Chambersburg PA
CBHW061125220326
41599CB00024B/4169